Kohlhammer

Edgar Forster/Barbara Rendtorff/
Claudia Mahs (Hrsg.)

Jungenpädagogik im Widerstreit

Verlag W. Kohlhammer

Gefördert vom

Bundesministerium
für Familie, Senioren, Frauen
und Jugend

Alle Rechte vorbehalten
© 2011 W. Kohlhammer GmbH Stuttgart
Umschlag: Gestaltungskonzept Peter Horlacher
Gesamtherstellung:
W. Kohlhammer Druckerei GmbH + Co. KG, Stuttgart
Printed in Germany

ISBN 978-3-17-021807-9

Inhalt

Einleitung: Jungenpädagogik im Widerstreit   7
Edgar Forster & Barbara Rendtorff

1   Theoretische Fluchtlinien des Widerstreits

Jungen und Schule: Ein Hintergrundbericht über
die „Jungenkrise"   27
Michael Kimmel

Männlichkeitskrisen und Krisenrhetorik, oder:
Ein historischer Blick auf eine besondere Pädagogik für Jungen   45
Felix Krämer & Olaf Stieglitz

Back to the Brain? Geschlecht und Gehirn zwischen
Determination und Konstruktion   62
Sigrid Schmitz

2   Sexuelle Identität – Risiko – Vorbilder: Brennpunkte der Jungendebatte

Probleme der sexuellen Identität von Jungen und Männern   81
Rolf Pohl

Brauchen Jungen männliche Vorbilder?   96
Erich Lehner

Zur Bedeutung von männlichen Pädagogen für Jungen   108
Tim Rohrmann

Riskante Praktiken von Jungen   127
Michael May

3 Beiträge zu einer kritischen Pädagogik der Geschlechter

Polyphonie? Ausblicke auf einen anderen Geschlechterdiskurs
in der Pädagogik   147
Carrie Paechter

Neue Wege für Jungs: Geschlechtsbezogene Unterstützung
bei der Berufs- und Lebensplanung   164
Miguel Diaz

Konfrontative Pädagogik mit muslimischen Jugendlichen   178
Ahmet Toprak & Aladin El-Mafaalani

Jungenförderung als Politik: das Beispiel Australien   191
Thomas Viola Rieske

Verzeichnis der Autorinnen und Autoren   209

Edgar Forster
Barbara Rendtorff

Einleitung: Jungenpädagogik im Widerstreit

Die derzeitige Debatte über Jungen und ihre Probleme ist gekennzeichnet von einer dramatisierenden, alarmierenden Tonlage und vor allem von starken Vereinfachungen, die die Komplexität der Problematik eher verdecken als sie aufzuklären helfen.

Die Vermischung von berechtigten Sachargumenten und misogynen Affekten schiebt zudem die These der „Umkehr" geschlechtlicher Machtverhältnisse in den Vordergrund. Sie lässt die (relativ) gewachsene Stärke von Frauen und Mädchen als Bedrohung für Männer und Männlichkeit erscheinen, sodass die Separation der Geschlechter und die Entwicklung von Sonder-Pädagogiken für Jungen als zeitgemäße logische Konsequenz erscheinen müssen – der populärpädagogische Markt reagiert darauf bereits mit einer Fülle von spezifischen Angeboten.

Die in diesem Band vorgelegten Aufsätze wollen sich dieser Tendenz der Vereinfachung, Dramatisierung und Ideologisierung nicht anschließen, sondern einen Schritt zurücktreten und die Sachlage differenziert in den Blick nehmen. An dieser Stelle seien einleitend einige Überlegungen skizziert, die in den nachfolgenden Aufsätzen auf die eine oder andere Weise aufgegriffen und diskutiert werden.

1 Kurze Bestandsaufnahme: Fakten und Mythen

Es sind vor allem zwei Aspekte, die die Interpretation aktueller Daten erschweren – einmal die Konzentration der Betrachtung auf den Leistungsaspekt, den *Output*, und zweitens wird jetzt offensichtlich, wie wenig die Pädagogik über Jungen und Männer weiß. Der erste Aspekt führt vor allem dazu, dass die Fakten wegen der Verkürzung des Blicks unterkomplex interpretiert werden, weil durch die Konzentration auf messbaren Erfolg die Komplexität der Probleme auf dem Weg dorthin übersehen wird. Der zweite Aspekt trägt ebenfalls zur Unterkomplexität der Debatte bei, weil unbegriffene und unhinterfragte Denkgewöhnungen und -begrenzungen die Sicht auf die Thematik einfärben. Beide Aspekte führen dazu, dass Fakten und Daten in einer „*Gender-only*"-Perspektive vereindeutigend unter dem Blickwinkel des Vergleichs mit „den" Mädchen interpretiert werden, wobei aufschlussreiche Differenzierungen innerhalb der Geschlechtergruppen außer Acht gelassen werden. Hierzu einige Beispiele:

Ein wichtiger Anlass für die These der Benachteiligung von Jungen ist ihre geringere Partizipation an gymnasialer Bildung. Diese ist jedoch nicht (nur) ein Effekt von Dropout, sondern tritt im deutschen Schulwesen schon mit der fünften Klasse auf, obgleich Schulvergleichsuntersuchungen für die Grundschule keine dramatischen Leistungsunterschiede feststellen. Für die Schulübergangsempfehlung nach der Grundschule werden vor allem die Deutsch- und Mathematiknoten herangezogen – doch über 40 % der Kinder bewegen sich mit ihren Noten in einem Mittelfeld, in dem Empfehlungen für alle Schulformen möglich sind und auch ausgesprochen werden. Ganz offensichtlich gehen also (vermutlich weitgehend unbewusst) schulfremde Faktoren in die Einschätzung der Lehrkräfte mit ein, für welche Schulform ein Kind „geeignet" sei. Das „den" Mädchen attestierte schuladäquatere Verhalten wird hier sicherlich eine Rolle spielen, während den Jungen nur eine geringere Anpassungs- und Anstrengungsbereitschaft zugeschrieben wird. „Bereitschaft" ist nun aber, psychologisch wie pädagogisch besehen, keineswegs dasselbe wie „Fähigkeit" oder „Potenzial", verweist also weder auf Leistungsfähigkeit noch auf mangelnde schulische Förderung, sondern auf die Frage, warum sich viele Jungen die Angebote der Schule und ihre Forderungen nicht zu eigen machen können. Die Vorstellung, dass es „uncool" sei, etwas für die Schule zu tun, ist kein reines Jungenphänomen, ist aber bei männlichen Jugendlichen besonders verbreitet, und diese Distanz zur Schule hindert sie nicht zuletzt daran, ihre Neugier zu erhalten sowie ihre Anstrengungsbereitschaft und Lust an intellektueller Betätigung zu entwickeln.

Allerdings ist der leistungsbezogene *Gender Gap* nach allem, was wir wissen, eigentlich ein schichtspezifischer Effekt, der gehäuft bei Jungen aus bildungsfernen Elternhäusern auftritt. Die erwähnte *„Gender-only"*-Perspektive verzerrt auch hier das Bild und lässt den Eindruck entstehen, dass sich alle Jungen und alle Mädchen nach demselben Muster entwickeln und verhalten würden. Dazu kommt, dass die englische Schulforschung mit ihren Vergleichsdaten zeigen kann, dass die Mädchen in ihren Leistungen kontinuierlich besser werden, die Jungen jedoch das gleiche Niveau beibehalten, sodass der Eindruck entsteht, sie würden *schlechter* werden (vgl. dazu den Beitrag von Michael Kimmel in diesem Band). Es finden sich folglich auch mehr Mädchen in der Gruppe der *„Overachiever"*, deren Leistungen die Erwartung der Lehrkräfte übertreffen, während mehr Jungen als *„Underachiever"* auffallen – sie bleiben also hinter den in sie gesetzten Erwartungen und vermutlich auch hinter ihren Möglichkeiten zurück. Auch dieser Effekt ist wenig aufgeklärt.

Der Befund „Weniger Jungen bekommen eine Gymnasialempfehlung" führt uns also bei differenzierter Betrachtung schnell weg von der Frage nach der Leistungsfähigkeit zu der Frage, wie das männliche Selbstbild der Jugendlichen beschaffen ist und welche Faktoren darauf Einfluss nehmen (vgl. dazu auch die Beiträge von Rolf Pohl und Michael May in diesem Band).

Entsprechend müssen auch andere Daten betrachtet werden. Aus dem Heilmittelbericht 2010 der AOK geht beispielsweise hervor, dass fast jeder vierte bei der AOK versicherte sechsjährige Junge logopädische Leistungen verordnet bekommt, jedoch nur 16% der Mädchen. Das naheliegende Fazit „Jungen brauchen mehr Unterstützung als Mädchen" kann jedoch auch hier vereindeutigend sein. So wissen wir beispielsweise, dass Eltern und Erzieher/innen es bei Mädchen eher tolerieren (oder es als Teil des Normalitätsspektrums ansehen), wenn sie still, zaghaft oder ängstlich sind – hier spielt die Auswirkung traditioneller Weiblichkeitsbilder eine Rolle sowie die lange Gewöhnung daran, die intellektuelle Leistungsfähigkeit von Mädchen tendenziell zu unterschätzen. In diesem Fall würde die Differenz zwischen Jungen und Mädchen möglicherweise größer erscheinen als sie faktisch ist. Andererseits könnte der Befund ein Hinweis darauf sein, dass Eltern (oder Erzieher/innen) unterschiedliche Arten der Gesprächsführung praktizieren, die Beziehungsdimensionen von Sprache und Sprechen unterschiedlich nutzen oder betonen, verschiedene Arten von Sprachanlässen aufsuchen usw. – auf diesen Zusammenhang deutet auch die Tatsache hin, dass die bei PISA getesteten 15-jährigen Jungen mehr Probleme bei der Sinnentnahme aus narrativen Texten hatten als beim Verständnis von Sachtexten und Anweisungen. In diesem Fall könnten die im Heilmittelbericht aufgezeigten Unterschiede also auf unterschiedliche Praxen von Eltern und betreuenden Erwachsenen hinweisen und auf die Tendenz, Normalitätserwartungen geschlechtstypisch zu färben. Die routinemäßig auf Leistungsaspekte und Benachteiligung verkürzende Interpretation greift also auf jeden Fall zu kurz, wenn nicht auch Interpretationen auf anderer Ebene in die Analyse der Sachlage eingehen.

Zur Normalitätserwartung an Männer gehören an prominenter Stelle die Überlegenheit und die Gewöhnung an kompetitive Wahrnehmungsstrukturen und konkurrenzbetontes Handeln. In der Shell-Jugendstudie 2006 wird gezeigt, dass Wettbewerb keine selbstverständliche Grundlage für Lebensentwürfe darstellt, sondern ein geschlechtsspezifisch bedeutsames Modell ist, nach der vor allem Männer ihr Leben organisieren. Das Gefälle zwischen Werthaltungen von Mädchen und Jungen nimmt gegenüber der Untersuchung von 2002 noch zu. Hier liegt sicher auch ein Grund dafür, warum die Jungen-Debatte zu diesem Zeitpunkt auftritt – in einem historischen Moment also, an dem Frauen und Mädchen aufgeholt haben und der Vorsprung der Männer in Fragen der Intellektualität, der Verdienstmöglichkeiten oder der politischen Einflussnahme ein wenig geschrumpft und nicht mehr ganz so fraglos ist wie früher. Das eigentlich die Öffentlichkeit Beunruhigende ist doch, dass die Jungen nicht besser als die Mädchen sind (was zu erwarten wäre), und die Reaktionen fallen vermutlich deshalb so heftig aus, weil diese selbstverständliche Erwartung durchkreuzt und damit das gewohnte Bild der Geschlechterverhältnisse erschüttert wurde. Und hier rächt es sich nun, dass die Wissenschaften so wenig über Männer und Männlichkeiten wissen. Weil über so lange Jahrhunderte das Männliche mit dem Allgemeinen (und mit Normalität) gleichgesetzt wurde, ist Männlichkeit als strukturierende Kategorie und sind Männer als Geschlechtswesen erst sehr spät und nur am Rande in den Blick der Wissenschaften geraten. Das hat viele wissenschaftliche Probleme verursacht (wie routinemäßige Kategorienfehler; vgl. dazu auch den Beitrag von Sigrid Schmitz in diesem Band) und zu einer Verarmung der Vorstellung von Männlichkeiten geführt, die insbesondere für Jungen und heranwachsende männliche Jugendliche fatal ist. Die scharfe Trennung zwischen „richtigen Männern" und solchen, die als „abweichende", marginalisierte Individuen eben keine „richtigen Männer" sind, hat es dann obsolet erscheinen lassen, diese Normalitätsvorstellungen und Normativitätsforderungen genauer zu analysieren.

2 Unterscheidungswünsche und Unterschiedsbehauptungen

Woher kommt die aktuelle Tendenz, Unterschiede zwischen den Geschlechtern stärker als in den letzten dreißig Jahren zu betonen, herauszustellen und sogar herzustellen, und dies zugleich als moderne zeitgemäße Errungenschaft darzustellen? Wir werden diese Frage nicht beantworten können, aber einige Hinweise lassen sich vorab geben, die in den nachfolgenden Texten in unterschiedlichen Facetten noch an Klarheit gewinnen werden.

Grundsätzlich sind Unterschiedsbehauptungen in der Regel nicht unschuldig oder neutral, sondern dienen einer hierarchisierenden Kategorisierung; und wo diese im Vordergrund steht, sind das Passend-Machen und die dafür dienlichen Vereindeutigungen notwendige strategische Hilfsmittel, denn kategorisieren lässt sich schließlich nur das, was auch erkennbar und eindeutig in eine Kategorie „passt" und sich vom Nicht-Passenden deutlich unterscheiden lässt. Eine mögliche These wäre folglich, dass es vor allem darum geht, Überlegenheitspositionen zurückzugewinnen. Das könnte die Überlegenheit von Männern über Frauen betreffen oder auch die bestimmter Gruppen von Männern (oder: eines Typs von Männlichkeit) gegenüber anderen.

Überlegenheitsbehauptungen sind ein zentrales Element von Männlichkeitskonzepten – das Vorbild des „Bestimmers und Gewinners" ist zumal für kleine Jungen Verlockung und Druck erzeugendes, weil schier unerreichbares Ziel. Die Frage, wer der Chef ist, kann ganze Kindergruppen paralysieren und in Atem halten, und die *Peergroups* der Älteren erben diese oft leidvoll erfahrene Orientierung. Glücklich jene, die sich nicht in ständiges Rivalisieren verwickeln müssen, aber je unsicherer die Jungen sind, desto dringlicher wird sich die Verbindung von Männlichkeit und Überlegenheit für sie stellen. Aus dieser Perspektive wären Überlegenheitsbehauptungen eine Möglichkeit, mithilfe der Abgrenzung von anderen doch noch einen Platz in der Gruppe der Sieger und „richtigen Männer" zu erreichen. Dies würde dann im Unterschied zur Konstellation in der ersten These darauf hindeuten, dass diese Männlichkeit von innen her bedroht ist – durch andere Männer/Männlichkeiten oder indem sie obsolet oder unproduktiv wird angesichts gesellschaftlicher und ökonomischer Veränderungen. Sie würde also eher wie ein Luftballon eingehen oder sich auflösen, als dass sie von außen bedroht würde.

Dennoch bleibt unklar, warum in Bezug auf Ethnizität oder Behinderung die Tendenz in der öffentlichen Rede eindeutig dahin geht, Unterschiede *nicht* zu betonen und auf Inklusion, Integration und gegenseitige Annäherung zu setzen, in Bezug auf Geschlecht jedoch das Gegenteil passiert. Wo es auf der einen Seite modern und zeitgemäß erscheint, Unterschiede zu ent-

dramatisieren, ist es auf der anderen umgekehrt. Die populärpädagogische Literatur ist hieran durchaus aktiv beteiligt, wenn etwa ein Verlag für Schulmaterialien (PONS) spezielle, getrennte Bücher herausbringt, für Mädchen auf rosa Papier mit zwei als Engeln verkleideten süßen blonden Mädchen auf dem Cover, für die Jungen sind innen Blau- und Grüntöne vorhanden und außen ein Pirat; für Mädchen gibt es Geschichten und Aufgaben mit Blumen, Pferden und Ballett, für Jungen mit Räubern, Fußball und Computer – wer es nicht mit eigenen Augen gesehen hat, würde es für eine Parodie halten. Diese Produktlinie wirbt damit, dass Jungen bzw. Mädchen „anders lernen" und „unterschiedliche Lernbedürfnisse" hätten – so müssen Eltern nachgerade zu dem Schluss kommen, dass sie ihren Kindern schaden würden, wenn sie sie nicht in ihren vermeintlichen „besonderen" geschlechtsspezifischen Interessenlagen unterstützen. Interessen jedoch können gar nicht „geschlechts*spezifisch*" sein – sofern der Ausdruck streng genommen aussagt, dass etwas nur bei einem Geschlecht auftritt (wie Menses oder Bartwuchs). Alle anderen Phänomene, die gehäuft, aber nicht zwingend nur bei einem Geschlecht auftreten, sind geschlechts*typisch* und insofern kontingent. Interesse ist zudem eine „Gerichtetheit" der Aufmerksamkeit und insofern nicht naturgegeben.

Auch *Lego* wirbt mit getrennten Produktlinien für Mädchen und Jungen. Hervorgehoben werden die Unterschiede: Jungen und Mädchen spielen „anders", sie haben unterschiedliche Interessen und unterschiedliche Fähigkeiten und Fertigkeiten. Betrachten wir die Bauanleitungen von zwei Sets, die hinsichtlich der Altersempfehlung und des Preises vergleichbar sind. Nicht nur die Aufmachung – blau für Jungen und pastellfarbenes Rosa für Mädchen – sticht sofort ins Auge, sondern auch die Größe und Anzahl der Steine und die damit verbundene unterschiedliche Funktionalität der Sets: Das Zusammenbauen der kleinen Einzelteile ist das Ziel für Jungen; deshalb bleibt die Figur klein, abstrakt – anstelle der Hand befindet sich nur eine „Klaue", während die Hand der Mädchenpuppe im Detail ausgeformt ist – und im Vergleich zur Figur im „Mädchenbaukasten" unbeweglich. Die Bauanleitung, aber auch die Assessoires im Set für Mädchen lassen erkennen, dass das Ziel nicht im Zusammenbauen der wenigen großen Teile besteht, sondern im Spielen damit.

Im *Zwölften Kinder- und Jugendbericht* von 2005 wird die Vorstellung entwickelt, dass der natürlichen Geschlechterdifferenz durch ein geschlechtsdifferenzierendes Erziehungsverhalten Rechnung getragen werden müsse, um eine gelingende Entwicklung zu ermöglichen. Auf den ersten Blick erscheint es widersinnig, auf die Natur des Geschlechterunterschieds zu pochen und im gleichen Zug die Forderung zu erheben, die Natur durch soziale Aktivitäten zu unterstützen, weil sie selbst zu schwach sei, sich im Sozialen auszudrücken. Der Widerspruch löst sich auf, wenn man die Natur als ein Potenzial betrachtet, das es zu kapitalisieren gilt, weil sie eine wertvolle Ressource darstellt.

Warum also hier der Aufwand, uns glauben zu machen, dass Jungen sich von Natur aus für Piraten, Autos und das Zusammenbauen interessieren und Mädchen für süße blonde Engelchen, für Püppchen und Rollenspiele? Warum diese Betonung von Verschiedenheiten, von Trennendem und Unvereinbarkeiten zwischen den Geschlechtern, die doch in Bezug auf andere Differenzen zurückgewiesen wird? Woher der – manchmal leicht verschämte, aber extrem verbreitete – Glaube an Pease & Pease und daran, dass sich Männer und Frauen in grundverschiedenen, getrennten Gefühlsuniversen bewegen? Drückt sich hier nur ein Wunsch aus, dass die Welt einfacher sein möge, als sie ist, zumal doch hierarchische Ordnung und Unfreiheit auch in Bezug auf Geschlecht letztlich immer bequemer sind als Selbstverantwortung und Gestaltungsfreiheit? Oder ist die Sorge um die Männlichkeit eine Sorge um ihre Souveränität und Dominanz?

3 Der *Boy Turn* und die Krise der Männlichkeit in der medialen Öffentlichkeit

Medien und Sachbücher produzieren und transportieren seit etwa zehn Jahren eine moralische Panikmache über die Krise von Männlichkeit und die Benachteiligung von Jungen. Dazu haben auch eine Serie von Amokläufen und die Zunahme von Gewalt unter Jungen beigetragen und die Frage nach der destruktiven Sozialisation junger Männer aufgeworfen. Der Begriff „*Boy Turn*" beschreibt diese Hinwendung zur Problemlage von Jungen. Neu ist die Aufmerksamkeit für Jungen *als* Jungen. Ihr männliches Geschlecht scheint zum Problem geworden zu sein. Die Rede ist von einem „kulturellen Passungsproblem", und Michael Kimmel (vgl. seinen Beitrag in diesem Band) spricht von einem Anachronismus der Männlichkeitsideologie. Die ‚Schuldigen' dieser Misere sind schnell ausgemacht: Mütter, die Ablöseprozesse von Söhnen nicht zulassen (vgl. den Beitrag von Rolf Pohl in diesem Band), Erzieherinnen und Lehrerinnen, die jungenfeindliche Lern- und Leistungskulturen an Schulen etabliert haben, eine zu einseitige Konzentration auf Mädchenförderung zulasten von Jungen und schließlich der Feminismus mit einer einseitigen Deutungshoheit über Geschlechterfragen. Der *Boy Turn* ist damit ein sichtbares Zeichen einer grundlegenden Krise der Männlichkeit, wie auflagenstarke Magazine beschwören.

Die Aufmerksamkeit auf Problemlagen von Jungen zu richten, ist positiv einzuschätzen, weil Männlichkeit als gesellschaftlich relevante Identitätskategorie thematisiert wird und auf diese Weise Anerkennung in bildungspolitischen und wissenschaftlichen Diskursen findet, die genützt werden kann, um Geschlechterdemokratie voranzubringen. Hierzu ist allerdings eine reflexive Analyse der Kategorien Geschlecht, Männlichkeit und Krise unabdingbar. Die Vereinfachungen „die" Jungen und „die" Mädchen treffen die komplexen Problemlagen ebenso wenig wie die Konzeption der Relationalität der Geschlechter in Begriffen der Opposition. Dieses Denken behandelt alle Geschlechterfragen als eine Gewinn- und Verlustrechnung: Jungen verlieren auf Kosten von Mädchen. Auch der Begriff Krise muss, wie Felix Krämer und Olaf Stieglitz in ihrem Beitrag darlegen, mit der nötigen Reflexion verwendet werden, um problematische Naturalisierungen von Geschlecht zu vermeiden. „Krise" suggeriert, es gäbe Männlichkeit als eine essentielle Persönlichkeitseigenschaft, die in ihrem Bestand geschützt werden müsse. Unklar bleibt oft auch, ob sich der Begriff „Krise" auf gesellschaftliche Problemlagen oder psychodynamische Dimensionen von Männern bezieht. Ebenso wenig deutlich sind das Ausmaß und die Intensität der Krise. Empirische Studien stellen keine Krise „der" Männer fest, sondern eher die zunehmende Akzeptanz von pluralen Männlichkeitsentwürfen. Ausgeblendet werden zudem Widersprüche zwischen Selbst- und Fremdwahrnehmung von Männern ebenso wie gesellschaftliche Widersprüche, die mit Männlichkeitsbildern verknüpft sind; z. B. Widersprüche zwischen Berufszentrierung und aktiver Vaterschaft oder zwischen konkurrenzorientiertem Lebenskonzept und Teamorientierung. Anstatt diese Widersprüche zu bearbeiten, werden sie in einen Geschlechterkampf verwandelt.

Wenn man also von einem *Boy Turn* spricht, hat man es mit einem komplexen theoretischen und politischen Prozess zu tun, in dem unterschiedliche Interessen und Dimensionen von Geschlechtertheorie und -politik verknüpft werden.

Die folgende Übersicht folgt der Dreiteilung des Buches: Wir beginnen mit zentralen theoretischen Fluchtlinien des Widerstreits, geben dann eine Vorausschau auf aktuelle Brennpunkte der Jungendebatte und schließen mit Beiträgen zu einer kritischen Pädagogik der Geschlechter.

4 Theoretische Fluchtlinien des Widerstreits

Obgleich sich die Presse derzeit intensiv mit der Thematik der „Jungenkrise" befasst, sind selbst die allgemeinsten Grundlagen der zur Debatte stehenden Sachlage und des Streits um deren Einschätzung umstritten. Ziel des ersten Abschnitts *Theoretische Fluchtlinien des Widerstreits* ist es deshalb, die theoretischen Grundlagen der Kontroverse zu thematisieren und zu fragen, wie auf Jungenpädagogik geblickt wird und mit welchen Konsequenzen dies verbunden ist.

In weiten Teilen der Welt könne man beobachten, so Michael Kimmel in seinem Beitrag *Jungen und Schule: Ein Hintergrundbericht über die „Jungenkrise",* dass Bildungsmöglichkeiten und Zugangschancen zu Schulen und Universitäten für Mädchen nach wie vor eingeschränkt sind und bei Alphabetisierungsraten ein großer *Gender Gap* herrscht. Anders ist die Situation in Europa, Australien und in den USA, wo trotz anhaltender Diskriminierungen von Frauen im Bereich von Karrieren und Verdienstmöglichkeiten eine Jungenkrise die pädagogische Debatte bestimmt. Dafür sind drei Indikatoren verantwortlich: Deutlich mehr junge Frauen besuchen höhere Schulen und Universitäten als junge Männer; die Leistung von Studentinnen sind besser als die ihrer männlichen Kollegen; junge Männer fallen in Bildungseinrichtungen, in der Öffentlichkeit und im Privaten zunehmend durch gewalttätiges Verhalten auf. Michael Kimmel zeichnet in seinem Beitrag erstens ein differenziertes Bild von den empirischen Grundlagen, die in der Debatte über die Jungenkrise verwendet werden und korrigiert falsche Eindeutigkeiten: Oft werden kleine Unterschiede zwischen Jungen und Mädchen überinterpretiert und größere Unterschiede innerhalb der Gruppe der Jungen und Mädchen vernachlässigt. Zweitens zeigt Michael Kimmel, dass aufgrund stereotyper Annahmen, wie Mädchen und Jungen ‚sind', falsche bildungspolitische Strategien abgeleitet werden: So sei es ein Irrtum anzunehmen, dass die Jungenkrise mit einer übertriebenen Mädchenförderung zu tun habe. Der aktuelle *Gender Gap* in der Bildung und im Verhalten könne nur im Kontext einer fehlenden Übereinstimmung zwischen wirtschaftlichen und gesellschaftlichen Veränderungen einerseits und der relativ unflexiblen Definition von Männlichkeit andererseits begriffen werden. Die Welt habe sich im letzten halben Jahrhundert enorm verändert, aber die Ideologie von Männlichkeit habe mit diesen Veränderungen nicht schritthalten können. Wenn man die Ideologie von Männlichkeit anspreche, die Jungen erfahren und wiedergeben, dann erhalte die Jungenkrise ein völlig anderes Gesicht und erscheine als Ausdruck einer gewalttätigen Jungenkultur, gegen die es Interventionsmaßnahmen bedürfe.

Felix Krämer und Olaf Stieglitz untersuchen in ihrem Beitrag *Männlichkeitskrisen und Krisenrhetorik, oder: Ein historischer Blick auf eine besondere Pädagogik für Jungen* nicht die Jungenkrise selbst und ihre Gründe, sondern die mediale Rhetorik dieser Krise. Dann zeigt sich, dass die Jungen- und Männlichkeitskrise nicht neu ist, sondern immer an neuralgischen Punkten der modernen Historie aufzuflackern scheint und als Ursache allen gesellschaftlichen Übels ausgemacht wird. Deswegen ist mit der Krisendiagnose der Appell verbunden, das Geschlechtermodell der hegemonialen Männlichkeit wieder in Stellung zu bringen. Dahinter verbirgt sich die Vorstellung einer essentialistisch gedachten Männlichkeit in einer nostalgisch verklärten einfachen Vergangenheit, die darüber hinwegtäuscht, dass das Krisennarrativ auf kulturelle Verteilungskämpfe, auf Macht und hegemoniale Ansprüche in der Gesellschaft verweist. Krisen führen dazu, dass Gruppen als Gruppen sichtbar und als Kollektive handlungsfähig werden können. Und dies lasse sich am aktuellen Diskurs über Jungenpädagogik zeigen, wenn für eine bestimmte Gruppe eine besondere Pädagogik entwickelt werden soll, ihr also besondere Aufmerksamkeit, wechselweise in Form kultureller oder materieller Ressourcen, zugestanden wird.

Aktuelle Debatten über eine Jungenpädagogik nehmen in zwei verschiedenen Formen Bezug auf Genetik und Neurowissenschaften. Zum einen wird versucht, Unterschiede biologisch zu erklären und damit Verhalten zu legitimieren oder Forderungen nach einer anderen Umwelt – nach anderen Lernwelten und Pädagogiken – aufzustellen, zum anderen lässt sich eine gegenläufige Tendenz erkennen, und mit Bezug auf konstruktivistische Paradigmen in der Hirnforschung werden biologistische Positionen infrage gestellt. Sigrid Schmitz nimmt in ihrem Beitrag *Back to the Brain? Geschlecht und Gehirn zwischen Determination und Konstruktion* den alten Streit zwischen *nature* und *nurture* wieder auf, um am Beispiel der Hirnforschung Fragen der Determination und Konstruktion von Geschlecht genauer zu bestimmen. Hierzu müssen zunächst die Möglichkeiten und Grenzen der Hirnforschung für die Beschreibung von Geschlechterunterschieden beschrieben werden, um die widersprüchlichen Forschungsbefunde interpretieren zu können. Schmitz plädiert für eine stärkere Berücksichtigung von *Embodying*-Ansätzen, in denen der Gegensatz zwischen Natur und Kultur, zwischen Körper und Geist zugunsten vielfältiger dynamischer Prozesse der Wechselwirkung und des Austausches überschritten wird. Körperliche Materialität werde einerseits von sozialen Erfahrungen und Lernprozessen geformt, gleichzeitig beeinflussen körperliche Aspekte kognitive Prozesse. Daraus folgt, dass Geschlechterfragen nicht durch den Verweis auf die Natur legitimiert werden können, sondern immer wieder neu ausgehandelt werden müssen.

Aus verschiedenen disziplinären Perspektiven und mit unterschiedlichen theoretischen und methodischen Ansätzen kommen die Autor/innen zu ähnlichen Ergebnissen: Erstens sind die Befunde aus sozial- und naturwissenschaftlichen empirischen Studien widersprüchlich und dies hat unter anderem damit zu tun, dass in die Studien stereotype Auffassungen über Geschlechter einfließen. Michael Kimmel zeigt, dass die Kategorien *Gender* und Männlichkeitsideologie als zentrale Faktoren der Jungenkrise ausgeblendet werden. Zweitens lässt sich die Jungenkrise nicht unabhängig von ökonomischen, politischen und kulturellen Entwicklungen begreifen. Sie ist Ausdruck von Kämpfen um gesellschaftliche Hegemonie. Krisensymptome klären deswegen auch nicht darüber auf, wie Jungen und Männer wirklich sind und welche Pädagogik daraus ableitbar ist.

5   Brennpunkte der Jungendebatte

Im Anschluss an Michael Kimmels Erkenntnis, bei der Erklärung der Jungenkrise den Fokus stärker auf *Gender* und Männlichkeitsideologie zu richten, haben wir drei aktuelle Brennpunkte der Jungendebatte ausgewählt: erstens Fragen der sexuellen Identität von Jungen und Männern; zweitens: Welche Bedeutung haben männliche Vorbilder für Jungen? Und drittens, mit Blick auf die Funktion von Gewalt und Aggression in der biografischen Entwicklung: Wie lässt sich das Risikoverhalten vieler Jungen erklären?

Rolf Pohl stellt in seinem Beitrag *Probleme der sexuellen Identität von Jungen und Männern* die Frage nach der sexuellen Identität von Jungen und Männern, denn auf diesem Feld zeigen sich bewusste und unbewusste Konflikte, die mit der Reproduktion männlicher Identität einhergehen. Männlichkeit werde nicht nur erworben, sondern müsse immer wieder unter Beweis gestellt und erneuert werden. In männerdominierten Gesellschaften greifen Jungen und Männer dazu auf Strategien einer doppelten Abgrenzung zurück: Abgrenzung gegenüber Frauen und gegenüber anderen Männern. In Theorien zur Geschlechtsidentität finde dieser Abgrenzungswunsch Ausdruck im Konzept der Ent- oder Gegen-Identifizierung als Voraussetzung für die Entwicklung einer stabilen Geschlechtsidentität. In der Praxis heißt das Abgrenzung von der Mutter, und die vielfältigen Formen des *Motherblamings* sind auch in der Pädagogik, etwa in der Debatte über die Feminisierung der Schule sichtbarer Ausdruck einer Geschlechtertheorie, der zufolge Männlichkeit nur in Absetzung vom Weiblichen gebildet werden könne. Nach Pohl neigen die unter den herrschenden Geschlechterhierarchien sozialisierten Männer dazu, zwischen Abhängigkeit und Unabhängigkeit eine „falsche Antinomie", wie Jessica Benjamin sagt, herzustellen. Wenn diese Antinomie unterlaufen wird, führe dies zu existenziellen Ängsten und Gegenmaßnahmen zur Abwehr der assoziativ mit Weiblichkeit verknüpften Gefahren. Eine Befriedung des Geschlechterverhältnisses sei möglich, ohne dabei Differenzen des Gegengeschlechtlichen aufzugeben, dies aber erst, wenn die Frau als Genus gesellschaftlich gleichwertig sei.

Die Frage der Entwicklung von Geschlechtsidentität gewinnt in der Diskussion über eine Jungenpädagogik vor allem im Widerstreit über die Rolle männlicher Vorbilder Bedeutung. Erich Lehner stellt die Frage grundsätzlich: *Brauchen Jungen männliche Vorbilder?* Mit Bezug auf die Psychoanalyse und die Theorie des Modell-Lernens zeigt er auf, dass die Frage, ob Jungen Vorbilder benötigen, zunächst davon ausgehen muss, dass es bei Vorbildwirkungen um höchst komplexe Prozesse der Aneignung und Auseinandersetzung von Verhaltens- und Denkweisen geht, in der die individuelle Entwicklung und soziale Beziehungen eine große Bedeutung haben. Jungen (und auch Mädchen) orientieren sich nicht an Vorbildern, sondern höchstens an Bildern und Modellen als äußeren Anreizen, die vor dem Hintergrund ihrer bisherigen Entwicklungsgeschichte und eingebunden in ein Beziehungsgeschehen bearbeitet werden. Was bedeutet dies für die in der Jungendebatte erhobene Forderung nach mehr männlichen Lehrern, die als *Role Models* Funktionen für vielfach abwesende Väter übernehmen sollen? Lehner weist nicht nur darauf hin, dass die Ergebnisse der Väterforschung keine einfachen Interpretationen zulassen, sondern er zeigt, dass die Idee der *Role Models* in der Geschlechterrollentheorie wurzelt, die der Komplexität und Dynamik von Prozessen geschlechtlicher Identitätsentwicklung nicht gerecht werde. Was Jungen und Mädchen brauchen, seien fachkompetente Lehrpersonen mit Genderkompetenz. Mehr Männer in der Schule könnten aus zwei Gründen sinnvoll sein: Erstens eröffne das durch Personen in einem Interaktionsvorgang verkörperte Geschlecht auch Erfahrungs- und Reflexionsräume und zweitens könne ein Zeichen für mehr Gerechtigkeit und Gleichheit auf gesellschaftlicher Ebene gesetzt werden, wenn eine Gruppe von Männern sich verstärkt mit der empathischen Begleitung von Kindern und Jugendlichen beschäftigt und somit auf das in der Gesellschaft dominante Männerbild einwirkt.

Tim Rohrmann wählt in *Zur Bedeutung von männlichen Pädagogen für Jungen* eine ähnliche Perspektive: Lassen sich Ergebnisse der Väterforschung auf pädagogische Settings übertragen und damit bildungspolitische Maßnahmen begründen? Wie Lehner geht auch Rohrmann davon aus, dass Väter und Männer in Erziehungsprozessen nicht aufgrund ihres biologischen Geschlechts eine zusätzliche pädagogische Qualität einbringen, sondern dass sich die Qualität und Effekte väterlichen Erziehungsverhaltens in hohem Maße dem Geschlechterarrangement beider Eltern verdanken, das heißt ihrer gemeinsamen Interpretation von Mann- und Frausein und der Qualität ihrer Paarbeziehung. Diese ‚erweiterte' Perspektive überträgt Rohrmann auch auf den schulischen Kontext, denn möglicherweise sei der Mangel an empirischen Belegen über den Zusammenhang zwischen männlichen Pädagogen und schulischen Problemen von Jungen auch auf eine verkürzte theoretische Perspektive zurückzuführen, und die Frage des Einflusses männlicher Pädagogen müsse im Kontext von Erziehungsvorstellungen, Männlichkeitsbildern und *Peergruppen* von Jungen betrachtet werden. Während Kimmel einen Widerspruch zwischen einer überkommenen Männlichkeitsideologie und dynamischen gesellschaftlichen Entwicklungen ortet, spricht Rohrmann im Anschluss an Budde von „kulturellen Passungsproblemen", in die Jungen mit einem männlichen Habitus geraten, der sich nicht mit der Schulkultur verträgt. Auch für Rohrmann ändert die bloße Anwesenheit von männlichen Lehrern wenig. Im Vordergrund stehen vielmehr Männlichkeitskonstruktionen, die mit Erwartungen von Pädagog/innen in Konflikt geraten können. Nach Rohrmanns Auffassung, und hier gibt es graduelle Unterschiede zur Position von Lehner, verschärfen sich die Konflikte, wenn keine Männer zur Auseinandersetzung zur Verfügung stehen, sodass Aushandlungsprozesse „stellvertretend" von Frauen und Jungen geführt werden. Rohrmann zieht daraus den Schluss, dass männliche Pädagogen diese konflikthafte Dynamik nur verändern können, wenn sie den Jungen, aber auch den weiblichen Kolleginnen für solche Aushandlungsprozesse zur Verfügung stehen. Und dies setzt wiederum voraus, dass sie Genderangebote für die Reflexion ihrer eigenen Identität erhalten.

Die Frage nach männlichen Vorbildern für Jungen müsste in den Kontext der Argumente zur sexuellen Entwicklung von Rolf Pohl gestellt werden, denn wenn sexuelle Entwicklung eng mit Fantasien über Autonomie und Abhängigkeit verknüpft ist, die mit der Realität in Konflikt treten, und wenn Autonomiestreben in männerdominierten Gesellschaften vor allem als Ablösung von der Mutter begriffen wird, dann stellt sich die Frage der Vorbilder im Kontext des Bestrebens einer Autonomie, die selbst Teil einer Männlichkeitsideologie darstellt. Daraus könnten zwei Erkenntnisse gewonnen werden: Erstens müssten männliche Pädagogen über Genderkompetenz verfügen, damit die Auseinandersetzungen über Männlichkeitskonstruktionen nicht zu einer Perpetuierung von Dominanzerfahrungen führt, die auf Kosten von Frauen und Jungen, die dem Bild hegemonialer Männlichkeit nicht entsprechen, geführt werden. Zweitens müssten Lehrerinnen und Lehrer ihre Geschlechterarrangements und die institutionalisierten Formen, die sie annehmen, thematisieren, denn es sind komplexe Verhältnisse, die als Bilder Vorbildwirkung haben.

Die tatsächliche Jungenkrise sei die einer gewalttätigen Jungenkultur, hatte Kimmel in seinem Beitrag geschrieben. Michael May analysiert eine

Facette dieser Thematik in *Riskante Praktiken von Jungen*. Risikoverhalten gehöre zum Repertoire von biografischen Übergängen bei Mädchen und Jungen, aber obwohl Mädchen sich Jungen angleichen, so tendieren diese immer noch eher zu aggressivem, gewalttätigem oder abweichendem Verhalten und zu riskantem Handeln in Alltag, Sport und Straßenverkehr. Neben biologischen sowie beziehungs- und psychodynamischen Ansätzen wird Risikohandeln auch männlichkeitstheoretisch erklärt: Es gilt als „Einsozialisierung in den männlichen Habitus". Im Risikohandeln werde Männlichkeit eingeübt und bekräftigt. Antriebskraft dafür seien zum einen die „libido dominandi", das Bestreben, andere Männer zu dominieren, und zum anderen eine gemeinschaftsbildende Kraft, die von kollektiven Ritualen ausgeht. Ähnlichkeiten bei diesem efferveszenten Rausch gebe es zum Erlebnis des *Flows*, der allerdings stärker mit Aspekten von Kontrolle verbunden sei. Immer gehe es dabei um Größen- und Allmachtsfantasien, aber während es im traditionellen männlichen Habitus vor allem um eine ‚Bezwinger-Mentalität' ging, nehmen die in den neuen risikobetonten Bewegungskulturen ausgebildeten Habitusformationen von Männlichkeit sehr viel stärker den Kampf mit einer Realität auf, die weder eindeutig noch jemals in den Griff zu bekommen sei.

6   Beiträge zu einer kritischen Pädagogik der Geschlechter

Die Aufsätze des dritten Teils des Buches versammeln Beiträge zu einer kritischen Pädagogik der Geschlechter. Carrie Paechter eröffnet diesen Abschnitt mit *Polyphonie? Ausblicke auf einen anderen Geschlechterdiskurs in der Pädagogik*. Ein herausragendes Merkmal des derzeitigen Boy Turn in Großbritannien ist die Forderung der Medien, spezielle Bildungsangebote für Jungen zu schaffen, die „ihren Bedürfnissen gerecht" würden. Die schulische Bildung sei feminisiert und diesem Problem müsse begegnet werden, um die Entstehung einer verlorenen Generation ungebildeter junger Männer zu verhindern. Carrie Paechter nennt diesen Diskurs polyphon, weil er das Nebeneinander von zwei unabhängigen Programmen vorschlägt. Der Ausdruck ist vielleicht ein wenig irreführend, wenn man von dem Wortbestandteil „poly" auf „mehrere" Beteiligte schließen wollte – doch Carrie Paechter will hier vor allem betonen, dass die beiden Stimmen, wie die geschlechtsbezogenen Pädagogiken, unabhängig voneinander in einem Nebeneinander geführt werden. Der polyphone Diskurs wurde zeitweilig von einem monophonen Diskurs abgelöst: Für alle Kinder und Jugendlichen galt, zumindest offiziell, das gleiche Curriculum. Dem monophonen Diskurs sind auch feministische

Bestrebungen verpflichtet, die darauf abzielten, den Mädchenanteil in den Naturwissenschaften oder in Technik zu erhöhen, denn Mädchen wurden dazu ermuntert, sich der weitgehend maskulinen Lehrplangestaltung und Pädagogik anzupassen. Beide Formen, polyphone und monophone Unterrichtsgestaltung, führen zu Problemen, die einerseits sexistisches Verhalten und Geschlechterstereotype und andererseits Dualismen und die damit verbundene Hierarchisierung der Geschlechter verstärken anstatt sie abzubauen. Demgegenüber könnte der heterophone Diskurs fruchtbarer sein, denn er geht zwar von der Grundannahme aus, dass alle Kinder, also Mädchen und Jungen, einen allgemeingültigen gemeinsamen Lehrplan und eine ebensolche Pädagogik erhalten, das heterophone Verfahren lässt aber verschiedene Variationen davon zu. Diese Pädagogik unterstreicht, dass Menschen verschieden sind und auf verschiedene Weisen lernen, distanziert sich jedoch davon, dies auf stereotype Unterscheidungen nach Geschlecht und sozialer Schicht zurückzuführen. Stattdessen gehe es darum, den einzelnen Menschen und seine individuellen Fähigkeiten im Rahmen eines gemeinsamen Lehrangebots in den Blick zu nehmen. An die Stelle von Stereotypen trete ein Diskurs, der es dem Curriculum und der Pädagogik erlaube, sich zu jeder Zeit danach zu richten, wie ein Individuum leben und lernen möchte. Ein solcher Diskurs stelle Geschlechternormen infrage und ermögliche eine Fülle von Lebens- und Lernweisen für Mädchen und Jungen.

Miguel Diaz präsentiert anschließend die Initiative *Neue Wege für Jungs*. Diese *geschlechtsbezogene Unterstützung bei der Berufs- und Lebensplanung* geht von dem Befund aus, dass sich junge Männer und Frauen in ihrer Berufs- und Lebensplanung nach wie vor sehr stark von traditionellen Geschlechterbildern leiten lassen. Entscheidend für die Wahl eines Ausbildungsberufes scheinen die Geschlechtszugehörigkeit, tradierte Vorstellungen von Männlichkeit und Weiblichkeit, die geschlechtliche Konnotation vieler Berufe als ‚Männer-‘ oder ‚Frauenberuf‘ und das Image von Berufen zu sein. Diese eng an Männlichkeitsideologie ausgerichteten Entscheidungen geraten zunehmend in Widerspruch zum Wandel des Arbeitsmarktes und zur Organisation von Arbeit. Während klassische Angebote der Berufswahlorientierung der traditionell männlichen Perspektive folgen und lediglich die Berufswahl thematisieren, verknüpft die staatliche Initiative *Neue Wege für Jungs* Berufs- und Lebensplanung. Es gälte z. B. die starke Erwerbszentriertheit vieler Jungen bei der Zukunftsplanung kritisch zu reflektieren und um Bereiche zu erweitern, die traditionell stärker von Frauen übernommen werden, wie beispielsweise die *Care*-Tätigkeiten. Damit seien aber Männlichkeitskonstruktionen berührt, deren Reflexion in die Beratung einbezogen werden müsse, wenn Veränderungen bei Berufswahlentscheidungen gelingen sollen. Zu den Angeboten von *Neue Wege für Jungs* zählen deswegen auch die Flexibilisierung von Männlichkeitsmustern und -bildern sowie die kritische Reflexion des traditionellen Männerbildes zugunsten pluralisierter Männlichkeitsformen.

Ahmet Toprak und Aladin El-Mafaalani beschreiben in ihrem Beitrag eine *konfrontative Pädagogik mit muslimischen Jugendlichen*, die in pädagogischen Feldern dann zur Anwendung kommt, wenn Vereinbarungen oder feste Regeln verletzt werden. Der Vorzug der konfrontativen Pädagogik besteht darin, dass das Fehlverhalten in Bezug auf Regeln, die für alle gelten, thematisiert wird, aber nicht mit Bezug auf persönliche Merkmale. Ergänzt werden sollte diese Pädagogik durch ressourcenorientierte Maßnahmen, die die Stärken des Jugendlichen hervorheben oder durch Sensibilität gegenüber den persönlichen, sozialen und migrationsspezifischen Rahmenbedingungen Einfühlsamkeit signalisieren. Deswegen ist es notwendig, dass Pädagog/innen über interkulturelle Kompetenz verfügen, um Verhaltensweisen, die oft auf widersprüchliche Anforderungen, mit denen sich Jugendliche vonseiten der Familie, der Bildungseinrichtungen und der *Peergroup* konfrontiert sehen, besser verstehen zu können.

Nirgendwo wurde der *Boy Turn* nachdrücklicher in bildungspolitische Maßnahmen umgesetzt als in Australien, dessen Regierung Richtlinien zur Jungenpädagogik formuliert und landesweit pädagogische Programme für Jungen initiiert und finanziert hat. Thomas Viola Rieske unterzieht in seinem Beitrag *Jungenförderung als Politik: das Beispiel Australien* die australische Jungenpädagogik einer Kritik. Zwei Charakteristika kennzeichnen ihre politische Programmatik: Australische Jungenpädagogik sei typisch für eine konservative Modernisierung der Geschlechterpolitik, die systematische und strukturelle Ungleichheiten zwischen Männern und Frauen ausblende. Zweitens lasse sich daran die Rolle des starken Staates studieren, der auf Druck transnationaler Organisationen verstärkt Einfluss auf Bildung nimmt. Zugleich jedoch, so Rieske, lassen sich auch gegenteilige Effekte beobachten: Die Dramatisierung von Geschlechterverhältnissen schaffe auch Möglichkeiten zur Diskussion und Verbreitung geschlechterdemokratischer Wissensformen und Praktiken. Es gebe eine Aufmerksamkeit für Geschlechterproblematiken, die produktiv genützt werden könne. Der *Boy Turn* sei nicht einfach eine Fehlentwicklung, die Frage ist vielmehr, wie er progressiv gewendet werden könne. Als ein Beispiel nennt Rieske die Produktion verständlicher, praxisnaher Literatur zur pädagogischen Arbeit mit Jungen, die deren Erfahrungswelten und Deutungsmuster berücksichtigt. So ist in Australien nicht nur ein staatliches bildungspolitisches Programm für Jungen durchgesetzt worden, sondern dort sind in der kritischen Auseinandersetzung damit auch Überlegungen zu einer auf Geschlechterdemokratie basierenden Jungenpädagogik entstanden: Ansätze zu einer „Produktiven Pädagogik".

7 Resümee: Genderkompetenz lernen

Die Zusammenschau der Beiträge zeigt, so lässt sich resümieren, dass der Weg hin zu zeitgemäßen gleichberechtigten Entwürfen von Männlichkeit und Weiblichkeit noch weit ist, dass sich aber einige klare Voraussetzungen erkennen lassen, die wir für diesen Weg benötigen. Wo auch immer man mit Erklärungsversuchen ansetzen will – und die in diesem Buch vorgelegten Beiträge zeigen hierzu etliche produktive Ansatzmöglichkeiten –, man wird nicht umhinkönnen, von der Ebene der schlichten Wahrheitsbehauptungen (Jungen/Männer *sind* soundso ...) wegzukommen und den gesamten Komplex der Geschlechterverhältnisse zu reflektieren: die Machtverteilung zwischen den Geschlechtern, die Frage der Geschlechterdimensionen von Autonomie und Abhängigkeit, von Subjektivität und Identität in einer unübersichtlich werdenden Welt. Das wird nicht ohne die selbstverantwortliche Anstrengung jedes Einzelnen gehen, im Denken und im Handeln, aber wir können auch einigermaßen sicher sein, dass die schlichte hierarchische Anordnung zwischen männlich und weiblich weder in der Realität noch in ihren Konzepten langfristig Bestand haben wird – trotz der aktuellen Versuche von Resouveränisierung von Männlichkeit. Dazu sind die Veränderungen in den gesellschaftlichen Konstellationen und im Denken der Individuen bereits zu weit fortgeschritten.

Und das ist es im Übrigen, was man als *Genderkompetenz* verstehen und anstreben sollte: erkennen zu können, welche Unterschiede zwischen den Geschlechtern welche Effekte machen; soziale Unterschiede in Bezug auf ihre Geschichte und ihre Bedeutung verstehen und in das eigene Handeln einbeziehen zu können; die eigenen, individuellen Vorurteile und deren Wirkung auf Wahrnehmung und Handeln zu durchschauen. Hierzu soll das vorliegende Buch einen Beitrag leisten.

Danksagung

Dieses Buch ist aus der wissenschaftlichen Tagung „Back to the Boys? Brauchen wir eine Pädagogik für Jungen?" hervorgegangen, die im Mai 2010 als internationales Kooperationsprojekt von der Universität Paderborn, der

Universität Salzburg und dem Zentrum für Geschlechterstudien/Gender Studies an der Universität Paderborn veranstaltet wurde.

Wir danken folgenden Institutionen, die durch ihre finanzielle Unterstützung die Durchführung dieser Tagung und die vorliegende Veröffentlichung ermöglicht haben: Deutsche Forschungsgemeinschaft; Österreichisches Bundesministerium für Unterricht, Kunst und Kultur; Deutsches Bundesministerium für Familie, Senioren, Frauen und Jugend; Universität Paderborn; Universität Salzburg.

1

Theoretische Fluchtlinien des Widerstreits

Michael Kimmel

Jungen und Schule: Ein Hintergrundbericht über die „Jungenkrise"*

Überall auf der Welt gibt es eine Geschlechter- und Bildungs-‚Krise'. Doch es herrscht wenig Einigkeit darüber, was diese Krise eigentlich ausmacht und um genau zu sein, nimmt diese Krise an unterschiedlichen Orten sehr verschiedene Formen an. In den Entwicklungsländern bezieht sich die Krise auf mangelhafte Bildungsmöglichkeiten für Mädchen, ihr Zugang zu Bildung wird durch kulturelle oder religiöse Traditionen eingeschränkt. In Entwicklungsländern gibt es einen signifikanten *Gender Gap* bei Alphabetisierungsraten, bei Schüler/innenzahlen und Abschlussraten und diese Schere klafft zwischen den Geschlechtern umso weiter auseinander, je höher man die Bildungsleiter emporklimmt. In den Industrieländern ist die Situation durchmischter: Frauen sind in höheren Berufen noch immer enorm unterrepräsentiert, ebenso in naturwissenschaftlichen und technischen Studien- und Ausbildungsgängen.

---

* *Aus dem amerikanischen Englisch übersetzt von Daniela Babilon.* Redaktion: Edgar Forster.

Andererseits ist in Nordamerika und Europa eine neue, entgegengesetzte ‚Geschlechterkluft' entstanden: In den USA und in Europa sind insbesondere an Universitäten mehr junge Frauen als junge Männer vertreten. Die Disparität bei Beurteilungen nimmt zu: Mädchen erzielen bessere Noten und weitaus mehr herausragende Schulabschlüsse. Bei Jungen hingegen ist die Wahrscheinlichkeit von Verhaltensauffälligkeiten, die Fördermaßnahmen erfordern, weitaus höher. In Nordamerika und Europa kennzeichnen drei Dimensionen die derzeitige ‚Krise der Jungen': Schüler/innen- und Studierendenzahlen, Leistung und Verhalten.

In diesem Artikel wird vor allem gezeigt, wie über die Jungenkrise nachgedacht wird. Einige der Strategien, die uns bisher nahegelegt worden sind, schaffen keine Abhilfe für die Schwierigkeiten von Jungen in der Schule; im Gegenteil, sie verschlimmern die Situation nur noch. Anstelle dessen werde ich argumentieren, dass es zwar eine ‚Jungenkrise' an den Schulen gibt, dass sie sich jedoch anders gestaltet, als wir in der Regel annehmen. Ich stelle die These auf, dass wir Lösungsstrategien nur entwickeln können, wenn wir das Thema des sozialen Geschlechts (*gender*) und insbesondere Ideologien von Männlichkeit ansprechen.

1 Die Fehlkonzeption der Jungenkrise

In vielerlei Hinsicht lassen Diskussionen über die ‚Jungenkrise' Debatten wieder aufleben, die wir bereits in der Vergangenheit geführt haben. Beispielsweise fürchteten Kulturkritiker/innen um die Jahrhundertwende, dass der Zuwachs an Büroangestellten (*white collar businessmen*) dazu führen würde, dass Männer träger und arbeitsscheuer werden. Damals wie heute bestanden die Lösungsvorschläge darin, Bereiche zu finden, in denen Jungen einfach Jungen und Männer einfach Männer sein konnten. Damals boten Bruderschaften Männern homosoziale Zufluchtsorte, und *Dude Ranches* und Sportaktivitäten lieferten einen Platz, an dem diese Männer erleben konnten, was Theodore Roosevelt „*the strenuous life*" nannte. Und Jungen, von weiblichen Lehrern, Müttern und Lehrerinnen der Sonntagsschulen bedroht, konnten mit den Pfadfindern, die sich als *Fin-de-Siècle*-‚Jungenbefreiungsbewegung' verstanden, davonmarschieren. Die moderne Gesellschaft, so formulierte es ihr Gründer Ernest Thompson Seton, mache aus abgehärteten, robusten Jungen „eine Masse von schmalbrüstigen Rauchern mit schwachen Nerven und fragwürdiger Vitalität" (vgl. Kimmel 1996). In Europa drückte sich diese Krise der Männlichkeit zu Beginn des 20. Jahrhunderts auf ähnliche Weise aus.

Es gibt jedoch trotz des strukturellen Wandels der Wirtschaft für junge Männer weiterhin Möglichkeiten, auch fernab von höherer Bildung ins Erwachsenenalter überzutreten: Erstens bleibt das Militär einer der wichtigsten Arbeitgeber für junge Männer von der *High School*. Allein die *U. S. Army* wirbt jedes Jahr 65 000 Männer *mehr* an als Frauen. Zweitens: Obwohl Manufaktur, Handwerk und Schwerindustrie zurückgegangen sind, bleiben sie doch große Arbeitgeber für eine Arbeitersparte, die überproportional aus Männern ohne Hochschulabschluss besteht. Schließlich, drittens, ist das Gefängnis eine beachtliche ‚Option' für viele junge Männer dieser Altersgruppe. Laut Angaben des *U. S. Departments of Justice* saßen im Jahr 2008 231 600 Männer im Alter von 18 bis 24 Jahren eine Gefängnisstrafe ab (verglichen mit 12 600 Frauen der gleichen Altersgruppe).

Was ist, abgesehen von historischen Parallelen und ökonomischen Strukturveränderungen, falsch an dem Argument, dass die Förderung der Mädchen ‚zu weit' ginge und nun den Jungen schade? Erstens erzeugt das Argument eine falsche Spaltung zwischen Mädchen und Jungen: Es wird angenommen, dass die Bildungsreformen zur Unterstützung der Mädchen die Bildungsentwicklung der Jungen behindern. Aber diese Reformen führten in Wirklichkeit dazu, dass einer größeren Anzahl von Jungen eine bessere Bildung ermöglicht wurde. Sie wenden sich gegen Geschlechterstereotype, und, wie Susan McGee Bailey und Patricia Campbell (2000, 1) unterstreichen, „gender stereotypes, particularly those related to education, hurt both girls and boys". Wenn diese Stereotype hinterfragt werden, weniger Gewalt an Schulen und weniger Mobbing toleriert werden und häuslicher Gewalt mehr Aufmerksamkeit geschenkt wird, können sich sowohl Mädchen als auch Jungen in der Schule sicherer fühlen. Wenn beschrieben wird, was Jungen benötigen, werden in Wahrheit oft die Bedürfnisse von Kindern beschrieben. Heranwachsende Jungen möchten geliebt werden, Sex haben und nicht verletzt werden (vgl. Kindlon/Thompson 1999, 195). Und Mädchen wollen das nicht? Eltern wird geraten: den Jungen Emotionalität zuzugestehen, ein hohes Maß an Aktivität zu tolerieren, die Sprache der Heranwachsenden zu sprechen und sie mit Respekt zu behandeln; zu vermitteln, dass es mutig ist, Mitgefühl zu zeigen; Disziplinarmaßnahmen zu ergreifen, um zu führen und zu formen, sowie emotionale Bindungsfähigkeit in das Konzept von Männlichkeit einzubeziehen. Absehen von den offensichtlichen Wiederholungen ist das, was sie fordern, genau das, was feministische Frauen zur selben Zeit für Mädchen gefordert haben. Was Jungen brauchen, ist das, was Mädchen benötigen (vgl. ebd., 245 ff.).

Zweitens haben Strukturprobleme der Schulen wenig mit feministisch inspirierten Reformen zur Stärkung von Mädchen zu tun. In der Tat hat der schrittweise Abbau der öffentlichen Unterstützung für Schulen in den

Vereinigten Staaten – alle Wahlbemühungen zur Anhebung der Schulsteuer haben versagt – das Problem für Jungen nur verschlimmert, indem Freizeitprogramme, Ferien und Sportangebote abgeschafft oder reduziert und Beratungs- und Förderprogramme gestrichen wurden.

Das Hauptargument dieses Artikels ist jedoch, dass die drei Dimensionen der Jungenkrise – Geschlechterunterschiede in den Bereichen Besuch von Bildungsinstitutionen, Leistung und Verhalten – besser mit Interaktionsdynamiken unter Jungen und mit Männlichkeitsideologien erklärt werden können. Derjenige Aspekt, der *alle* angebotenen Erklärungen vereint, ist relativ simpel: Die Welt hat sich im letzten halben Jahrhundert enorm verändert, aber die Ideologie von Männlichkeit hat mit diesen Veränderungen nicht schritthalten können. Nur im Kontext dieser fehlenden Übereinstimmung zwischen den strukturellen, wirtschaftlichen und gesellschaftlichen Veränderungen und der relativ unflexiblen Definition von Männlichkeit können wir den derzeitigen *Gender Gap* in der Erziehung und Bildung begreifen. Das Versäumnis, *Gender* zu betrachten, ist die Ursache für das Versagen der meisten Bildungsdiskussionen über die Jungenkrise. Wir müssen den Schwerpunkt unserer Überlegungen auf *Gender* legen, insbesondere auf die Männlichkeitsbilder, die Jungen erfahren und wiedergeben.

2 Geschlechterunterschiede im Bereich ‚Besuch von Bildungsinstitutionen'

Obwohl es stimmt, dass der Anteil der Frauen an Hochschulen heute bei über 58 % liegt, bedeutet das nicht, dass nun weniger Männer studieren. Es besuchen nur mehr Leute als je zuvor insgesamt die Hochschulen. 1960 gingen 54 % der amerikanischen Jungen und 38 % der Mädchen direkt auf das *College*. Heute liegen die Zahlen bei 64 % der Jungen und 70 % der Mädchen. Dies bedeutet schlicht, dass der Zuwachs der Mädchen schneller verläuft als der der Jungen, doch sowohl die Raten der Jungen als auch die der Mädchen steigen an.

Viel von dem beschworenen großen Geschlechterunterschied stellt sich Cynthia F. Epstein (1988) zufolge tatsächlich als eine *„deceptive distinction"* dar: Der Unterschied, der als Geschlechterunterschied bezeichnet wird, bezieht sich tatsächlich auf etwas anderes; in diesem Fall auf Schichtzugehörigkeit und *race*/Ethnizität. Letztlich ist die niedrige Anzahl männlicher *College*-Studenten in den USA größtenteils ein Mangel an *nicht-weißen* Männern. 65 % aller Jungen schließt die *High School* erfolgreich ab, aber nur weniger als die Hälfte aller hispanischen (49 %) oder afro-amerikanischen Jungen (48 %) erreicht dieses Ziel. Die Geschlechterdifferenz zwischen weißen Mittelschichts-Männern im Hochschulalter und weißen Frauen ist dagegen eher gering, sie liegt nämlich bei 51 % Frauen gegenüber 49 % Männern, aber nur 37 % aller afro-amerikanischen und 45 % aller hispanischen Studierenden sind männlich (gegenüber 63 % bzw. 55 % Frauen). Solche Unterschiede innerhalb der Gruppe der Jungen werden nicht in den Blick genommen (alle Angaben nach den aktuellen Bildungsstatistiken).

Ein verkürzter und inkorrekter biologistischer Determinismus beeinträchtigt fast zwangsläufig einen Großteil der Beobachtungen zur problematischen Situation von Jungen. Die Gefahr bei einem Rückgriff auf biologische Unterschiede liegt darin, dass oftmals geringe Differenzen zwischen Männern und Frauen überbewertet werden. Gleichzeitig werden signifikante Unterschiede innerhalb der Gruppe der Männer oder Frauen unterschätzt. Dies führt zwangsläufig zu Stereotypisierung – Einzelfaktoren werden an die Stelle der Gesamtverteilung gesetzt oder einzelne Merkmale werden generalisiert, wenn sie bei vielen oder den meisten Gruppenmitgliedern gefunden werden. Das zieht auch einen unbeabsichtigten Nebeneffekt nach sich: das ‚Normale' – der häufigste Fall in einer Verteilung – wird als das ‚Normative' gesetzt – das, was durch Sanktionen und Regeln verstärkt wird. Infolgedessen wird das, was Sozialwissenschaftlerinnen und Sozialwissenschaftler als *normativ* sehen, nun als *normal* gefeiert; es wird Vorschrift, anstatt Anlass für kritische Analyse.

3 Der *Gender Gap* in den Leistungen

Auch bei den Leistungsunterschieden scheint die Lage komplizierter zu sein als zu sagen, Mädchen sind besser, Jungen sind schlechter. „With few exceptions, American boys are scoring higher and achieving more than they ever have before", schreibt Sara Mead (2006). „But girls have just improved their performance on some measures even faster." Wie bei Studierendenzahlen sind die Zuwachsraten bei Mädchen höher als bei Jungen, doch sowohl Jungen als auch Mädchen verbessern sich.

Erzieher/innen beschreiben das Problem zunehmend so: „Die Jungen verlassen das Schiff." Der Direktor eines Berufsberatungszentrums einer Universität erklärte: „It's almost as though there's an expectation for boys not to do well in school." Das Problem ist, dass eine bestimmte Ideologie von Männlichkeit insbesondere unter Jungen der Arbeiterschicht und Jungen, die sozialen Minderheiten angehören, hartnäckig fortbesteht, nämlich, dass es den Regeln der Männlichkeit widerspricht, die Schule ernst zu nehmen. Im Gegenteil, schulisches Desinteresse wird als Mittel zur Steigerung von Männlichkeit gesehen. Für Mädchen gibt es keinen Zusammenhang zwischen Leistungen, Ehrgeiz und Kompetenz einerseits und Geschlecht andererseits. Genauso durchgehend sehen Jungen eine Verbindung zwischen Schule und Weiblichkeit. Wer erfolgreich in der Schule ist, verhalte sich nicht wie ein richtiger Junge. Und jeder Junge, der gut in der Schule ist, riskiert eine Menge: schwindendes Selbstbewusstsein, Angst, Freunde zu verlieren und gemobbt zu werden.

Angemessenes Geschlechterverhalten lernen Schülerinnen und Schüler durch die Jugendkultur. Gleichaltrige machen die Gesetze und achten darauf, dass sie eingehalten werden. In *Raising Cain* (1999) schreiben Dan Kindlon und Michael Thompson, dass männliche *Peers* einen kleinen Jungen mit einer „Kultur der Grausamkeit" konfrontieren, im Rahmen derer sie ihn dazu zwingen, seine emotionalen Bedürfnisse zu verleugnen und die eigenen Gefühle zu verbergen, sodass sie sich schließlich emotional isoliert fühlen. Und in *Real Boys* (1998) nennt der Therapeut William Pollack dies den *Boy Code* und die „Maske der Männlichkeit": Es handle sich um eine Art prahlerische Haltung, die Jungen einnehmen, um ihre Ängste zu verbergen, Abhängigkeit und Verletzlichkeit zu unterdrücken und stark und unempfindlich zu wirken. Mein Buch *Guyland* (vgl. Kimmel 2008) greift die Situation von Jungen in Grundschulen und weiterführenden Schulen auf und verfolgt ihre Geschichte bis zur Universität und sogar ein paar Jahre darüber hinaus. Erstaunlich ist, dass der *Boy Code,* der *Guy Code* oder *Bro Code* trotz der massiven Veränderungen von Frauenwelten ziemlich hartnäckig Bestand hat. Die Ideologie von Weiblichkeit, also Vorstellungen von Frauen, was es heißt, eine Frau zu sein, hat eine fundamentale Revolution durchgemacht. Auf die Frage, was es bedeutet, eine Frau zu sein, antworten Studentinnen für gewöhnlich: „It means I can be anything I want." Männer hingegen antworten impulsiv oft auf negative Weise: niemals Schwäche zeigen, niemals weinen, niemals verletzbar sein und, am allerwichtigsten, nicht schwul sein. Vor 25 Jahren hat der Psychologe Robert Brannon diese Männlichkeitsideologie in vier Grundregeln festgehalten (vgl. Brannon/David 1976):

1. *„No Sissy Stuff":* Man darf niemals etwas tun, was auch nur im Entferntesten auf Weiblichkeit hinweist. Männlichkeit ist die unerbittliche Ablehnung des Weiblichen.
2. *„Be a Big Wheel":* Reichtum, Stärke und Status sind Merkmale von Männlichkeit. Wir messen Männlichkeit an der Höhe des Einkommensschecks – gemäß eines Sprichworts aus der Reagan-Ära: „He who has the most toys when he dies, wins."
3. *„Be a Sturdy Oak":* Was einen Mann ausmacht, ist, dass man sich in Krisenzeiten auf ihn verlassen kann, und man kann sich dann auf einen Mann

verlassen, wenn er einem leblosen Objekt gleicht: Felsen, Säulen, Bäume – dies sind maskuline Bilder.
4. *„Give 'em Hell!"*: Strahle eine Aura des Mutes und der Aggression aus. Riskiere etwas im Leben.

Diese vier Regeln gelten in verschiedenen Gruppen von Männern und Jungen natürlich auf unterschiedliche Weise: *Race*/Ethnizität, Klasse, ethnische Religion, Sexualität, Alter beeinflussen und formen die traditionelle Definition von Männlichkeit. In den Sozialwissenschaften sprechen wir von Männlichkeiten, um den unterschiedlichen Definitionen des Mannseins, die wir konstruieren, gerecht zu werden. Nicht alle Männlichkeiten haben den gleichen Stellenwert, und alle amerikanischen Männer müssen sich auch damit abfinden, dass es ein hegemoniales Bild von Männlichkeit gibt, eine bestimmte Definition, die als Leitmodell hochgehalten wird und an der wir uns alle messen. Somit erfahren wir, was es bedeutet, ein Mann in unserer Gesellschaft zu sein, indem wir unsere Definitionen ‚den Anderen' gegenüberstellen – ethnischen Minderheiten, Minderheiten mit einer anderen sexuellen Orientierung und, vor allen Dingen, Frauen. Weil kein Junge und kein Mann diesen Kriterien immer gerecht werden wird, bedeutet dies, dass sich alle Männer an einem gewissen Punkt in ihrem Leben wertlos, unvollständig und unterlegen fühlen. Aus dieser emotionalen Grundlage heraus lässt sich auch erklären, dass viele Jungen und Männer Risikoverhalten zeigen, um ihrer *Peergroup* zu beweisen, dass sie sehr wohl ‚wahre' Männer sind und keine ‚Weicheier' oder ‚Tunten'.

Wie wirkt sich nun die Einführung der Ideologie von Männlichkeit auf die Debatte um die Geschlechterkluft in den Bildungserfolgen aus? Unter anderem hilft es, Schwierigkeiten von Jungen in der Schule zu verstehen. Betrachten wir die Parallele zu den Mädchen. Carol Gilligans erstaunliche Arbeit mit jugendlichen Mädchen zeigt, wie diese selbstbewussten, bestimmten und stolzen jungen Mädchen ‚ihre Stimme verlieren', wenn sie ins Jugendalter eintreten (vgl. z. B. Gilligan 1982; Brown/Gilligan 1992). Zur gleichen Zeit, bemerkt William Pollack (1998), werden Jungen selbstsicherer, überschätzen ihre Fähigkeiten sogar. Man könnte sagen, dass Jungen ihre Stimme *finden*, doch ist es die unechte Stimme der Herausforderung, des ständigen Posierens, des törichten Risikoverhaltens und grundloser Gewalt. Der *Guy Code* lehrt sie, dass sie die Mächtigeren sein sollen und sie deshalb besser anfangen sollten, sich auch so zu verhalten. Sie versuchen, damit ihre Schüchternheit zu verbergen oder, wie William Butler Yeats einst schrieb, „[they] ruffle in manly pose for all their timid heart".

Die Ursache für dieses ganze Posieren und Sich-zur-Schau-Stellen ist eine Kombination aus Geschlechterideologie und struktureller Geschlechterungleichheit. Im Jugendalter bekommen Jungen und Mädchen ihre erste Portion Geschlechterungleichheit ab: Mädchen unterdrücken ihren Ehrgeiz, ihr Selbstbewusstsein nimmt ab, das der Jungen nimmt zu und sie übersteigern ihren Ehrgeiz. Die Korrelation zwischen Selbstbewusstsein und akademischer Leistung ist wiederum eine lang bekannte Konstante. Sie trifft allerdings nicht immer zu: Schwarze Jungen bilden die einzige Gruppe, für die kein positiver Zusammenhang zwischen Selbstbewusstsein und akademischer Leistung zu finden ist. Ihre Bindung an Schule ist so gering, dass auch ein gesteigertes Selbstwertgefühl keine Auswirkungen auf die Schulleistung hat (vgl. Noguera 2008).

Jüngste Studien über die Geschlechterkluft in den Schulleistungen unterstreichen die Ergebnisse. Für Mädchen ist es wahrscheinlicher, dass sie ihre Fähigkeiten unterschätzen, insbesondere in den traditionell ‚männlichen' Bildungsbereichen wie Mathematik oder Naturwissenschaften. Nur die leistungsstärksten und selbstsichersten Mädchen belegen die Leistungskurse in Mathematik und Naturwissenschaften. Deshalb sind sie zahlenmäßig unterrepräsentiert und ihre Noten gut. Jungen hingegen, geleitet von dieser falschen Stimme des Könnens und der Herausforderung (und oft auch von starkem familiären Druck), tendieren dazu, ihre Fähigkeiten zu *über*schätzen und Kurse auch weiterhin zu belegen, obwohl sie weniger qualifiziert sind und ihre Erfolgsaussicht geringer ist. Dies ist einer der Gründe dafür, dass sich die Durchschnittsergebnisse von Mädchen in Mathematik und Naturwissenschaften denen der Jungen annähern.

In einer unlängst veröffentlichten Studie untersucht die Soziologin Shelley Correll (2001) tausende Schüler/innen der achten Klasse in vergleichbaren Schullaufbahnen und mit identischen Noten und Testergebnissen. Sie stellt fest, dass Jungen sehr viel eher als Mädchen von sich sagen „Ich war immer gut in Mathe" und „Mathematik ist eines meiner besten Fächer". Doch selbst die gefeierte Differenz der Geschlechter in den Mathematikleistungen stellt sich als nicht universell heraus. In einer länderübergreifenden Studie von Janet Hyde und anderen (Hyde et al. 2008) erzielten in einigen Ländern Jungen, in anderen Ländern wiederum Mädchen bessere Mathematikergebnisse; in den meisten Fällen waren die Leistungen *de facto* identisch. In einer anderen internationalen Untersuchung fanden David Baker und Deborah Perkins Jones (vgl. 1993, 99) ebenfalls heraus, dass die Geschlechterkluft in den Mathematikleistungen erheblich variiert. Im Durchschnitt seien Jungen nicht generell besser als Mädchen.

Was sind Ursachen für diese Unterschiede? Die Variation, so argumentieren die Forscher/innen, „correlates with cross-national variations in women's access to higher education and the labor market; in countries that approach equal opportunities for males and females, there are smaller sex differences in the mathematical performance of students" (ebd.). Das bedeutet, dass die Länder, in denen Mädchen bessere Mathematikleistungen zeigen als die Jungen, in der Regel auch in anderen Bereichen mehr Geschlechtergerechtigkeit aufweisen. In einigen Ländern wie beispielsweise in Japan sind die Mädchen nicht besser als die Jungen, wohl aber besser als US-amerikanische Jungen. Das heißt, je größer der Grad der Geschlechtergerechtigkeit in einem Land ist, desto besser sind Mädchen in diesem Land in Mathematik (vgl. Guiso et al. 2008). In den USA werden die schwindenden Leistungsunterschiede der Geschlechter in Mathematik mit der Erweiterung der allgemeinen Möglichkeiten für Frauen in Verbindung gebracht (vgl. Baker/Jones 1993, 99). Solche Beispiele zeigen, dass Maßnahmen, die es versäumen, den sozialen Kontext der Geschlechterunterschiede mit in den Blick zu nehmen, zwangsläufig das Problem falsch diagnostizieren und deshalb auch inadäquate Gegenmaßnahmen verordnen.

Ähnlich sind die Werte in anderen Fächern. Die Durchschnittswerte der Mädchen in Englisch- und Fremdsprachentests übersteigen die der Jungen enorm. Dies ist jedoch nicht das Ergebnis positiver Diskriminierung, sondern damit zu begründen, dass Jungen mit Männlichkeitsnormen in Konflikt kommen. Jungen sehen Literatur und Sprachen als ‚weibliche' Fächer an. Richtungsweisende Forschungen in Australien von Wayne Martino (vgl. 1999; 1997) haben ergeben, dass Jungen nicht an englischer Literatur interessiert sind, weil dies etwas über ihre (vorgespielte) maskuline Haltung aussagen könnte (vgl. auch Yates 1997; 2000). Lesen sei langweilig, und es sei erbärmlich, sich hinzusetzen und Wörter anzusehen, berichtet ein Junge. Die meisten Jungen, die Englisch mögen, seien schwul. Das traditionelle Curriculum der freien Künste wird als feminisierend angesehen, wie Catharine Stimpson kürzlich sarkastisch formulierte: „real men don't speak French".

Aber nicht Schulerfahrungen ‚feminisieren' Jungen, sondern die Ideologie traditioneller Männlichkeit hält Jungen davon ab, in diesen Fächern gute Leistungen erzielen zu wollen. Die Konformität mit den Männlichkeitsbildern ist für Jungen der Antrieb, sich nicht mit ihrer Bildung zu identifizieren. Programme, die dem Vorsatz folgen, auf die Wünsche der Jungen einzugehen, werden diese Abwendung nur unterstützen und verstärken. Was Jungen brauchen, sind nicht Programme, die diese Abwehrhaltung als gegeben und normal ansehen, sondern solche, die sich der tatsächlichen Unterschiedlichkeit der Erfahrungen der Jungen zwar bewusst sind, die aber zugleich die vereinfachte Verbindung zwischen akademischem Desinteresse und Männlichkeit durchbrechen. Das muss Erfahrungen von schüchternen Jungen und derer einschließen, die die Schule mögen und/oder fleißig sind und die die

Verbindung zwischen akademischem Desinteresse und Männlichkeit durchbrechen.

4 Geschlechterunterschiede im Verhalten

Berichte über die Jungenkrise thematisieren das Verhalten von Jungen: Sie benehmen sich schlecht und bei ihnen werden vermehrt bestimmte Verhaltensstörungen diagnostiziert. Zwar möchte ich die Möglichkeit nicht leugnen, dass diese Störungen biologische Ursachen haben können, doch Verhaltensunterschiede können zumindest zum Teil auch dadurch erklärt werden, dass sich Jungen traditionellen Männlichkeitsbildern verschreiben, die mit der Welt, in der die Jungen leben, immer mehr in Widerspruch geraten.

Ein Junge zu sein, ist oft von Isolation und der chronischen Angst geprägt, permanent seine Männlichkeit beweisen zu müssen. Das Jungenalter ist ein konstanter, unaufhörlicher Männlichkeitstest. Aber es kann auch die Freiheit von den Pflichten eines Mannes, Freude an körperlichen Herausforderungen und athletischem Triumph, die verschüchterte, zaghafte Spannung der ersten sexuellen Erfahrung und sorgloses Spiel bedeuten. Mehr noch, das Jungenalter bedeutet auch das Recht des eigenen Lebensweges, das Recht darauf, dass die eigene Meinung gehört wird, aber auch die oft unsichtbaren Privilegien des Mannseins. Das Jungenalter ist die Berechtigung zur und der Vorgeschmack auf Macht.

Durch die Drohung, diese Berechtigung zu destabilisieren oder zu verhindern, wird erreicht, dass sich alle an den traditionellen *Guy Code* oder *Boy Code* halten. Das wiederum wird dadurch erreicht, dass die Jungen permanent geärgert, gemobbt und als schwul verhöhnt werden. In den USA weiß jeder *Tween* oder *Teenie*, dass die schärfste Abwertung an weiterführenden Schulen die Phrase „*that's so gay*" ist. Und ebenso weiß jeder, dass eine solche Bemerkung weniger mit der angenommenen sexuellen Orientierung als vielmehr mit der Konformität des *Gender Policings* zu tun hat, der Sicherstellung, dass niemand die Regeln von Männlichkeit missachtet (vgl. Kimmel 2008).

Middle Schools und *High Schools* sind viel mehr als akademische Testgebiete, sie sind das zentrale Feld, auf dem Geschlechteridentitäten ausprobiert und demonstriert werden. Die Angst vor Mobbing und die Angst, angegriffen zu werden, sind einige der zentralen Mechanismen des *Gender Policings*. Geschlechtervorschriften für gleichgeschlechtliche Jugendliche verstärken stereotype Vorstellungen von Männlichkeit und Weiblichkeit. Die strenge Befolgung und Aufrechterhaltung klar definierter Geschlechterbilder schürt

Intoleranz, die schädliche Auswirkungen auf solche Jungen hat, die nicht der amerikanischen gesellschaftlichen Konzeption von Geschlechternormen folgen (vgl. Crozier 2001).

5 Sind geschlechtergetrennte Schulen die Lösung?

Es gibt ein paar Hinweise darauf, dass geschlechtergetrennte Klassen oder Schulen für Mädchen förderlich sind, und das veranlasst manche zu der Überlegung, dass mit geschlechtergetrennten Schulen oder Klassen auch die Jungenkrise gelöst werden könne. Einige Befunde deuten darauf hin, dass sich die Leistungen der Männer an geschlechtergetrennten Hochschulen verbessern. Aus empirischer Sicht sind diese Ergebnisse jedoch nicht überzeugend, denn die Effekte verschwinden fast gänzlich, sobald die soziale Schichtzugehörigkeit und Erfahrungen von Jungen an weiterführenden Schulen mit in den Blick genommen werden. Es gibt vielmehr klare Indizien, dass monoedukative Schulen Geschlechterstereotype eher verschärfen. Monoedukativer Unterricht für Mädchen verbreitet schädliche Verhaltensweisen und Vorurteile gegenüber Frauen weiter, z. B., dass Mädchen und junge Frauen von Natur aus oder situationsbedingt in koedukativen Institutionen nicht erfolgreich sein oder gut lernen können (vgl. Epstein 1997, 191). Diese Vorstellung signalisiert, dass Frauen in der gleichen Umgebung nicht mit Männern konkurrieren können, dass sie einer Sonderbehandlung bedürfen. Dies zeugt von Unfähigkeit oder Unwilligkeit, eine nationale Angelegenheit daraus zu machen, gleichwertige und sichere Schulen für alle zu gründen.

Der gemeinsame Unterricht fördert die Interaktion mit dem ‚anderen' Geschlecht. Sozialpsychologische Studien zeigen, dass Stereotype nur durch Kontakt durchbrochen werden können. Eine meta-analytische Untersuchung von 515 Forschungsstudien hat ergeben, dass der Kontakt zwischen verschiedenen Gruppen typischerweise Vorurteile unter ihnen vermindert (vgl. Pettigrew 2006). In umfassenden Studien zum amerikanischen Bildungssystem hat Alexander Astin (1997) herausgefunden, dass an geschlechtergetrennten Schulen „virtually every gender input observed at input widens over time". Kleine Unterschiede, die zu Beginn eventuell zwischen Jungen und Mädchen beobachtet werden, verästeln und verbreiten sich mit der Zeit, sodass genau die stereotypen Unterschiede produziert werden, die die Regelungen eigentlich verhindern wollten. Die einzige systematische Studie eines Pilotprogramms für geschlechtergetrennte Schulen in Kalifornien (vgl. Datnow/Hubbard/Woody 2001) berichtet von deprimierenden Ergebnissen: Erstens wurden traditionelle Geschlechterstereotype in geschlechtergetrennten Schulen oft verstärkt. Jungen wurden häufiger auf streng reglementierte, traditionelle und individualistische Weise unterrichtet, Mädchen in eher pflegenden, kooperativen und offenen Umgebungen. Eine solche Schulpolitik überspitzt schwach ausgeprägte durchschnittliche Präferenzunterschiede und macht daraus bedeutende Erfahrungsunterschiede. Dadurch wird eine Bandbreite an Lernstilen in kategoriale und somit stereotype Geschlechterunterschiede gepresst. Zweitens wurden Schüler/innen unterschiedliche Botschaften bezüglich des Geschlechts gesendet. Zwar wurde beiden Gruppen gesagt, Frauen könnten alles sein, was sie wollten, doch Mädchen wurde eine Erwartungshaltung bezüglich ihrer Kleidung und ihres Aussehens vermittelt, während Jungen dazu erzogen wurden, dass sie als Männer die Hauptverdiener sein werden, stark sein und für ihre Frauen sorgen müssten. Drittens kam durch geschlechtergetrennte Teilschulen innerhalb des Campus ein polares Verständnis von Geschlecht auf, demzufolge die Mädchen ‚die Guten' und die Jungen ‚die Bösen' waren. Schlussendlich schlossen fünf der sechs Schulbezirke nach drei Jahren ihre geschlechtergetrennten Schulen.

Die Ursache dafür, dass monoedukative Schulen Geschlechterstereotpye verschärfen, liegt darin, dass die Programme in der Bestrebung, Unterschiede *zwischen* Jungen und Mädchen anzuerkennen, jegliche Unterschiede *unter* Jungen und *unter* Mädchen nivellieren. Aber was ist mit Jungen, die in einem Unterricht, den Verfechter/innen der Geschlechtertrennung als ‚feminisiert' bezeichnen, erfolgreich sind? Was ist mit Jungen, die Gedichte mögen, gut mit Mädchen befreundet sind und sozial angepasst, intellektuell engagiert oder auf andere Art und Weise nicht geschlechterkonform sind? Was ist mit Jungen, die Musik, Kunst und Fremdsprachen lieben? Die Verteilung der Fähigkeiten, Charakterzüge, Verhaltensweisen und Einstellungen überschneiden sich zwischen Mädchen und Jungen – in den meisten Fällen überschneiden sie sich sogar signifikant.

Ein weiterer Grund, warum geschlechtergetrennte Schulen kein angemessenes Mittel gegen den *Gender Gap* sind, ist methodologisch begründet. Die *Expectations States Theory* beschreibt das Phänomen, dass Erwartungen von Lernenden und Lehrenden erhebliche Auswirkungen auf Leistungen haben. Beispielsweise wurde Lehrpersonen in Experimenten gesagt, dass eine willkürlich zusammengestellte Gruppe von Lernenden besonders intelligent sei; am Ende des Semesters hatten sich ihre Noten erheblich verbessert. Eine andere Gruppe wurde den Lehrkräften als besonders förderbedürftig präsentiert; ihre Noten verschlechterten sich im Verlauf des Semesters.

Auch die wenigen Behauptungen über Vorteile des geschlechtergetrennten Unterrichts werden von einer kürzlich erschienenen Studie der *American Association of University Women* (1999) empirisch herausgefordert und hinterfragt. Diese Studie fand heraus, dass Mädchen in monoedukativen Klassen keine signifikanten Leistungssteigerungen in Mathematik und Naturwissenschaften zeigen, obwohl viele Mädchen der Meinung sind, dass monoedukative Klassen lernförderlicher seien. Ein Wissenschaftler fand einige bedeutende Unterschiede zwischen ko- und monoedukativen Schulen, aber nur in katholischen Schulen, nicht in monoedukativen Privatschulen und auch nur für Mädchen. Ein dritter Forscher merkt an, dass Vorteile des einen oder des anderen Schultyps für Schülerinnen und Schüler der Mittelschicht oder für anderweitig privilegierte Lernende nicht existent seien, fand jedoch einige positive Effekte für schwarze oder hispanische Mädchen aus sozial unterprivilegierten Elternhäusern. Kenneth Clark, ein herausragender afroamerikanischer Bildungsforscher, äußert sich unzweideutig: Er könne nicht glauben, dass wir tatsächlich solche Rückschritte machten. Warum, so fragt er, reden wir immer noch darüber, schwarze Männer auszusondern und zu stigmatisieren? Seine Forschungen lieferten im wegweisenden Zivilrechtsurteil des obersten US-amerikanischen Gerichts im Fall *Brown gegen das Bildungsministerium* von 1954 das empirische Argument gegen *Separate-but-equal*-Schulen, an denen verschiedene Lerner/innen-Gruppen getrennt voneinander unterrichtet werden, alle Formen jedoch gleichwertig seien. Vereinfacht gesagt, bietet *Separate but equal* in Fragen der Chancengleichheit in der Bildung niemals gleiche Möglichkeiten (vgl. Haag 1998; Lee/Bryk 1986; Leslie 1998; Marsh 1989).

6 Konfrontation mit der echten Jungenkrise

Diese Diskussion leitet über zu einer ‚echten' Jungenkrise in Amerika. Normalerweise nennen wir sie bei einem anderen Namen. Wir reden von ‚Gewalt von Teenagern', ‚Jugendgewalt', ‚Gewalt in Vorstädten' und ‚Gewalt in Schulen'. Das ‚Geschlecht' dieser Gewalt ist dabei unsichtbar.

Aber stellen wir uns vor, alle Mörder der Amokläufe an amerikanischen Schulen wären schwarze Mädchen aus armen Familien gewesen, die stattdessen in New Haven, Newark oder Providence gelebt hätten; was wäre, wenn Tim Kretschmer, der im März 2009 zahlreiche Lehrpersonen und Schüler/innen im deutschen Winnenden tötete, oder Robert Steinhäuser, der 19-jährige Schüler aus Erfurt – was wäre, wenn diese jungen Männer muslimische Immigranten aus Pakistan oder der Türkei gewesen wären? Selbstverständlich wären sofort langwierige Diskussionen über Klasse, *race/* Ethnizität und Religion entfacht worden. Wir würden Ethnizität, Klasse und Geschlecht sehen. Die Medien würden wieder einen neuen Begriff für das

Verhalten der jungen Männer erfinden, so wie vor ein paar Jahren ‚wilding' erfunden wurde. Aber die offensichtliche Tatsache, dass all diese Amokläufer weiße junge Männer aus der Mittelschicht waren, scheint den meisten Menschen entgangen zu sein.

Die wahre Jungenkrise ist eine Krise der Gewalt, die sich gegen die kulturellen Vorschriften wendet, die Männlichkeit mit der Fähigkeit zur Gewalt gleichsetzen. Männer und Jungen sind in den USA für 95 % aller Gewaltverbrechen verantwortlich. Jeden Tag begehen zwölf Jungen und junge Männer Selbstmord (siebenmal mehr als bei Mädchen). Jeden Tag werden achtzehn Jungen und junge Männer ermordet (zehnmal so viele wie Mädchen). Die beiden Variablen, anhand derer man den Großteil der Gewalt voraussagen kann, sind Alter und Geschlecht. Einfach ausgedrückt: Junge Männer sind in jeder Gesellschaft die gewalttätigste Gruppe. Dies ist die ‚wahre' Jungenkrise: die chronische, anachronistische und potenziell tödliche Assoziation von Gewalt mit Männlichkeit.

Keine andere Kultur hat eine so gewalttätige ‚Jungenkultur', wie der Historiker E. Anthony Rotundo (1993) es nennt. Wo sonst trugen Jungen noch in den 1940er Jahren kleine Holzstückchen auf ihren Schultern, um zu provozieren, dass jemand sie herunterstieß und sie dann einen Kampf anfangen konnten? Das Sprichwort „carrying a chip on your shoulder" beruht auf einer historischen Wahrheit – es ist ein Männlichkeitstest für heranwachsende Jungen. In welcher anderen Kultur wurden Prügeleien für eine gesunde männliche Entwicklung der Jungen von einigen der führenden Experten sogar explizit vorgeschrieben? Der gefeierte Psychologe G. Stanley Hall (1844–1924) glaubte, ein Junge, der nicht kämpft, sei eine *„Non-entity"* (zit. nach Stearns 1994, 31). Bis zum heutigen Tag ist Gewalt Teil des Bildes von Männlichkeit, auf die Männer traditionell ihr Mannsein getestet, demonstriert und bewiesen haben. Weil Jungen keinen anderen kulturellen Mechanismus hatten, durch den sie sich selbst als Männer sehen konnten, haben sie Gewalt bereitwillig als Weg zum Mannsein anerkannt.

In einer neuen Studie zu jugendlichen Gewalttätern lokalisiert James Garbarino (1999) die Ursachen für männliche Gewalt in der Art und Weise, wie Jungen Wut und Verletzung herunterschlucken. Jugendliche Gewalttäter verbergen tiefe emotionale Wunden hinter extremer Gereiztheit. Durch ein übersteigertes Gefühl von Größe könne ein inneres Gefühl von Verletzung, Drangsalierung und Ungerechtigkeit kompensiert werden. Ein Gefängnisinsasse formulierte es folgendermaßen: „I'd rather be wanted for murder than not wanted at all" (ebd., 128, 132). In einer anderen Untersuchung argumentiert der Psychiater James Gilligan (1997), dass Gewalt ihre Ursache in der Angst vor Verspottung und Schande habe und in dem anmaßenden

Bedürfnis, andere davon abzuhalten, über einen selbst zu lachen, indem man sie stattdessen zum Weinen bringe. Gewalt, so Gilligan (ebd., 71, 223), „has far more to do with the cultural construction of manhood than it does with the hormonal substratres of biology".

7 Erfolg versprechende Interventionsmaßnahmen

Es gibt mehrere Wege, der ‚wahren' Jungenkrise zu begegnen – der Assoziation von Gewalt mit Männlichkeit, dem unbarmherzigen *Gender Policing* durch Jungen und der selbstzerstörerischen Gleichsetzung von Männlichkeit mit der Abwendung von der Schule. Eine mögliche Strategie ist natürlich, einfach gar nichts zu sagen: „Boys will be boys." Dagegen könne man nichts machen. Ich finde, dies ist der deprimierendste Satz der gesamten Bildungsdebatte. Wenn sogenannte ‚Anwälte der Jungen' wie Michael Gurian oder Leonard Sax in den USA oder Steve Biddulph und Peter West in Australien das sagen, meinen sie nichts anderes, als dass Jungen biologisch dazu programmiert seien, wilde Urtiere zu sein.

Sind Jungen dann also nicht dafür veranlagt, Mitgefühl zu empfinden, zu pflegen und zu lieben? Wenn wir dazu nicht auch veranlagt wären, würden wir uns niemals dafür engagieren, dass Männer mehr mit Kindern zu tun haben. Wir würden eher Schutzmaßnahmen entwickeln, um Kinder vor diesen biologisch prädisponierten gewalttätigen Tieren mit dem Namen ‚Mann' zu schützen.

Aber nehmen wir doch einmal an, die Verfechterinnen und Verfechter dieser Überzeugungen hätten Recht. Nehmen wir an, Männer seien veranlagt zu Gewalt und Aggression. Sagen wir, die Gewalttendenz sei angeboren, das unvermeidliche Ergebnis des elterlichen Testosteron-Cocktails. Das ändert doch nichts – wir müssten uns trotzdem entscheiden, ob wir die Gesellschaft so organisieren wollen, dass die ‚natürliche' Veranlagung der Jungen zur Gewalttätigkeit maximiert oder minimiert wird. Biologie allein kann diese Frage nicht beantworten, und wenn wir einfach nur darauf verweisen, dass Jungen immer Jungen sein werden und nur hilflos mit den nationalen Schultern zucken, verleugnen wir unsere politische Verantwortung (vgl. Miedzian 1991). Aber wir wissen es besser und entwickeln Regelungen, durch die Männer *ermutigt* werden sollen, aktivere Väter zu sein, denn wir wissen, dass Männer ebenso vollständig über das emotionale Repertoire verfügen, das es ihnen ermöglicht, liebende, gute Eltern zu sein. Die Frage ist nicht, ob wir prädisponiert sind, sondern welche Elemente dieser Veranlagungen wir fördern und welche wir herausfordern und bekämpfen wollen.

Um der Ideologie zu begegnen, dass Männlichkeit mit Gewalt verbunden ist, bedarf es anderer Interventionsmaßnahmen: Die britischen *High-School*-Lehrer Jonathan Salisbury und David Jackson (1997) möchten traditionelle Männlichkeitsvorstellungen herausfordern, das vereinfachte ‚*boys will be boys*'-Modell durchbrechen und dem Anspruchsdenken der Jungen den Boden entziehen. Ihr Buch gibt Praxistipps, wie Heranwachsenden ermöglicht werden kann, Probleme anzusprechen, sich Ängsten zu stellen und sie zu überwinden, und wie es Lehrpersonen erleichtert werden kann, Mythen abzulegen, kooperatives Arbeiten zu fördern und gewalttätige Lösungswege für Probleme abzulehnen. Das hilfreiche Material des Buches hilft Jungen dabei, Mythen über Sexualität zu dekonstruieren und sexuelle Gewalt und Belästigung zu bekämpfen. „We believe that masculine violence is intentional, deliberate, and purposeful", sagen Salisbury und Jackson (1997, 108). „It comes from an attempt by men and boys to create and sustain a system of masculine power and control that benefits them every minute of the day."

Um Jungen zu fördern, muss man Wege finden, um die vorherrschende Männlichkeitsvorstellung aufzudecken und herauszufordern. Denn in Wahrheit ist diese Vorstellung sowohl für Mädchen als auch für Jungen problematisch. Und dafür scheint mir die Frauenbewegung unsere stärkste Verbündete zu sein. Der Feminismus öffnete Frauen und Mädchen die Türen zu mehr Möglichkeiten. Und er veränderte die Verhaltensregeln: am Arbeitsplatz, wo sexuelle Belästigung nicht mehr einfach an der Tagesordnung ist; bei *Dates*, wo versuchte Vergewaltigung nicht mehr länger zur *Dating-Etiquette* gehört; an Schulen, wo subtile und offene Formen der Mädchendiskriminierung erfolgreich bekämpft wurden; nicht zu vergessen der Rechtsunterricht, der Lehrpersonal und Lernende mit Mobbing und sexueller Belästigung konfrontierte. Darüber hinaus bot der Feminismus auch Vorlagen für ein neues ‚Jungensein' und Männlichkeitsbild, das auf einer Leidenschaft für Gerechtigkeit, einer Liebe zur Gleichheit und dem Ausleben einer breiteren Gefühlspalette basierte.

Was Mädchen daran hinderte, gut in der Schule zu sein, waren sowohl institutionelle und strukturelle Barrieren als auch traditionelle Weiblichkeitsbilder. Als Frauen und Mädchen diese traditionellen Vorstellungen ablehnten und bekämpften, bekämpften sie auch diese institutionellen Hindernisse erfolgreich. Was die Jungen davon abhält, gut in der Schule zu sein, ist die Tatsache, dass sie an althergebrachten Vorstellungen von Männlichkeit festhalten. Das Verständnis und Wissen um diese Ideologie ist, so scheint mir, der beste Einstieg für Pädagog/innen und Eltern, die Abhilfe für die derzeitige Jungenkrise schaffen wollen. Er würde es Jungen ermöglichen, eine umfassende Definition von Männlichkeit zu bilden, die sie dazu ermuntern würde, erfolgreich in der Schule zu sein.

Literatur

American Association of University Women (1999): Gender Gaps: Where Schools Still Fail Our Children. New York.

Astin, Alexander (1997): What Matters in College: Four Critical Years Revisited. New York.

Bailey, Susan McGee/Campbell, Patricia B. (1999/2000): The Gender Wars in Education. In: WCW Research Report, Wellesley.

Baker, David/Jones, Deborah Perkins (1993): Creating Gender Equality: Cross-National Gender Stratification and Mathematical Performance. In: Sociology of Education 66 (2), April.

Brannon, Robert/David, Deborah S. (Hrsg.) (1976): The Forty-Nine Per Cent Majority. Lexington, MA.

Brown, Lyn Mike/Gilligan, Carol (1992): Meeting at the Crossroads. New York.

Correll, Shelley (2001): Gender and the Career Choice Process: The Role of Biased Self-Assessments. In: American Journal of Sociology, 106 (6), Mai, 1691–1730.

Crozier, Patience W. (2001): Forcing Boys to Be Boys: The Persecution of Gender Non-Conforming Youth. In: Boston College Third World Law Journal, 21 (1), 123–144.

Datnow, Amanda/Hubbard, Lea/Woody, Elisabeth (2001): Is Single Gender Schooling Viable in the Public Sector? Lessons from California's Pilot Program. In: A report to the State of California, Mai.

Epstein, Cynthia F. (1997): Multiple Myths and Outcomes of Sex Segregation. In: New York Law School Journal of Human Rights. XIV (Teil 1), 185–210.

Epstein, Cynthia F. (1988): Deceptive Distinctions. New Haven.

Garbarino, James (1999): Lost Boys: Why Our Sons Turn Violent and How We Can Save Them. New York.

Gilligan, James (1997): Violence. New York.

Gilligan, Carol (1982): In a Different Voice. Cambridge.

Guiso, Luigi et al. (2008): Culture, Gender, and Math. In: Science, 320, 30. Mai, 1164–1165.

Haag, Pamela (1998): Single-Sex Education in Grades K-12: What Does the Research Tell Us? In: Separated by Sex: A Critical Look at Single-Sex Education for Girls. Washington, DC.

Hyde, Janet S. et al. (2008): Gender Similarities Characterize Math Performance. In: Science, 321, Juli, 494–495.

Kimmel, Michael (2008): Guyland: The Perilous World Where Boys Become Men. New York.

Kimmel, Michael (2000): The Gendered Society. New York.

Kimmel, Michael (1996): Manhood in America: A Cultural History. New York.

Kindlon, Dan/Thompson, Michael (1999): Raising Cain: Protecting the Emotional Life of Boys. New York.

Lee, Valerie/Bryk, Anthony (1986): Effects of Single-Sex Secondary Schools on Student Achievement and Attitudes. In: Journal of Educational Psychology, 78.

Leslie, Connie (1998): Separate and Unequal? In: Newsweek, 23. März, 55.

Marsh, Herbert W. (1989): Effects of Attending Single Sex and Coeducational High Schools on Achievement, Attitudes, Behaviors and Sex Differences. In: Journal of Educational Psychology 81 (1).

Martino, Wayne (1999): ‚Cool Boys', ‚Party Animals', ‚Squids' and ‚Poofters': Interrogating the Dynamics and Politics of Adolescent Masculinities in School. In: British Journal of Sociology of Education, 20 (2).

Martino, Wayne (1997): Gendered Learning Practices: Exploring the Costs of Hegemonic Masculinity for Girls and Boys in Schools. In: Gender Equity: A Framework for Australian Schools. Canberra.

Mead, Sara (2006): The Truth About Boys and Girls. In: The Education Sector Report, 27. Juni.

Miedzian, Myriam (1991): Boys will be Boys: Breaking the Link between Masculinity and Violence. New York.

Noguera, Pedro A. (2008): The Trouble with Black Boys. New York.

Pettigrew, Thomas F. (2006): A Meta-Analytic Test of Intergroup Contact Theory. In: Journal of Personality and Social Psychology, 90 (5), Mai.

Pollack, William (1998): Real Boys: Rescuing Our Sons from the Myths of Boyhood. New York.

Rotundo, E. Anthony (1993): American Manhood: Transformations of Masculinity from the Revolution to the Present Era. New York.

Salisbury, Jonathan/Jackson, David (1997): Challenging Macho Values: Practical Ways of Working with Adolescent Boys. London.

Stearns, Peter N. (1994): American Cool. New York.

Yates, Lyn (2000): The ‚What About the Boys?' Debate as a Public Policy Issue. In: Lesko, Nancy (Hrsg.): Masculinities and Schools, Newbury Park, CA.

Yates, Lyn (1997): Gender Equity and the Boys Debate: What Sort of Challenge Is It? In: British Journal of Sociology of Education 18 (3).

Felix Krämer
Olaf Stieglitz

Männlichkeitskrisen und Krisenrhetorik, oder: Ein historischer Blick auf eine besondere Pädagogik für Jungen

Im Mai 1931 kam es in New York City zu einem Schusswechsel zwischen der Polizei und Francis „Two Gun" Crowley, einem 19-jährigen Doppelmörder. Von Crowley erfuhr man später, es sei „the new sensation of the films" gewesen, die ihn zu seinem kriminellen Leben inspiriert habe. Nur einen Monat darauf starb auf der gegenüber liegenden Seite des Hudson River, in Montclair, New Jersey, der 12-jährige Winslow Elliott an den Folgen einer Schussverletzung, die ihm ein 16-jähriger Freund versehentlich zugefügt hatte. Die beiden Jungen hätten, so die Presse, Szenen aus „The Secret Six" nachgespielt, einem der Kriminalfilme der Saison (vgl. Maltby 2001, 117).

Diese beiden Ereignisse sowie der sich anschließende Medienrummel markierten so etwas wie den Höhepunkt einer damals bereits seit einigen Jahren anhaltenden, sehr emotionalen Debatte in den Vereinigten Staaten, die um den Einfluss des Hollywood-Kinos auf die amerikanische Jugend geführt wurde und an der sich die Medien, die Sozialwissenschaften, die Jugendarbeit ebenso wie Vertreter/innen aus Religion und Politik beteiligten. Diese Kontroverse war auf das Medium Film selbst bezogen, auf dessen angebliche Gefährlichkeit, und verlief dabei in Bahnen, wie sie sich historisch mit jeder neuen populärkulturell einflussreichen Technologie zu wiederholen scheinen (vgl. Stieglitz 2007). Ein breiterer Fokus auf die historischen Zusammenhänge zeigt, dass die Szenerie durch die Rede von einer krisenhaften Situation männlicher Jugendlicher grundiert war, deren weiterer Background in den 1930er Jahren die Konstruktion einer Männlichkeitskrise in allen möglichen ökonomischen, sozialen und kulturellen Bereichen war, angeblich verursacht und ausgelöst von der *Great Depression*.

Die Weltwirtschaftskrise ist auch gegenwärtig wieder in aller Munde. Die augenblicklichen Verwerfungen auf den internationalen Finanzmärkten und ihre realwirtschaftlichen Konsequenzen werden erneut aktiv und strategisch mit den unterschiedlichsten sozio-kulturellen Konflikten verwoben – gerade auch mit dem Geschlechtersystem: Wie schon in den ökonomischen Krisen der 1990er Jahre (vgl. Boesenberg 2007) werden Verteilungskämpfe um Ressourcen und Deutungshoheit in *Gendered Codes* geführt. Und wie in den USA der 1930er Jahre fächern sich die Debatten medial in Bereiche aus, die über die Etablierung einer scheinbar natürlichen Zeitachse von Vergangenheit, Gegenwart und Zukunft gekennzeichnet sind.

Back to the Boys: Dem Titel der Tagung haben die Organisatoren ein Fragezeichen hinzugefügt. Das macht die Formulierung offen für eine Bandbreite von Interpretationen und denkbaren Antworten, obgleich die eingeschriebene Skepsis zu überwiegen scheint. Es wird eine Ergebnisoffenheit aufgeworfen, die richtungsweisende Assoziationen weckt: *Back to* – das kann soviel heißen wie „zurück zu etwas, was wir schon einmal hatten, was sich bewährt hat, was gut war" oder „zurück zu etwas, was wir dankenswerterweise schon überwunden geglaubt hatten". Artikuliert sich Hoffnung in der Frage, Hoffnung auf einen Weg zurück zu verloren gegangener Stabilität und Sicherheit? Oder doch eher Sorge, Sorge, dass positive Entwicklungen sich wieder umkehren könnten? Versteckt sich in der Frage womöglich ein Appell? *Back to the Boys* – Ausrufezeichen, ein Aufbruch zu neuen, alten Ufern. Oder geht es gar um Angst, einen Fehler zu machen, ein Versäumnis zu begehen, unwägbaren Konsequenzen begegnen zu müssen?

Augenscheinlich geht es zurück in die Zukunft. Denn *Boys*, Jungs, stehen für Jugend, stehen fürs Erwachsenwerden, stehen fürs demnächst, ganz wichtig, *Verantwortung* Übernehmen, stehen für die *Zukunft* – vielleicht unseres Gemeinwesens, vielleicht unserer Gesellschaft, vielleicht unserer Nation? Aus Jungs werden Männer und die übernehmen dann Verantwortung oder sollen das nach allgemein üblicher Vorstellung zumindest im Erwachsenenalter. Müssen wir uns also um die Jungs mehr kümmern, damit sie dann als Männer funktionieren? Damit sie so funktionieren, wie es *die Gesellschaft* von ihnen erwartet? Die Ambiguität des Titels und die Frage nach einem *Zurück in die Zukunft* fordern zu einer Historisierung auf. Wie eingangs bereits angedeutet, ist die gegenwärtige Diagnose einer krisenhaften jungen Generation von Männern Teil einer umfassenderen Krisenrhetorik, eine Variante der sogenannten und immer wieder beschworenen *Krise der Männlichkeit*, und zwar eine Sonderform, die sich einerseits als besonders dringlich geriert, weil ja die Zukunft auf dem Spiel steht, und die andererseits Anlass zur Hoffnung gibt, denn hier kann man ja mal etwas tun, sich die angebliche Plastizität jugendlicher Köpfe und Körper zunutze machen und auf diese Weise einer womöglich chronischen Krise bei erwachsenen Männern und für das Gemeinwesen, in dem diese Männer von morgen Verantwortung übernehmen sollen, vorbeugen.

Die Krisenrhetorik verlangt also nach einer doppelten Historisierung: Zum einen ist die Rede von einer Männlichkeitskrise keineswegs neu, keineswegs eine Erfindung der vergangenen Jahre, sondern wurde historisch betrachtet schon sehr häufig aufgerufen. Sie scheint immer an neuralgischen Punkten der modernen Historie aufzuflackern, eingebettet in kulturelle Verteilungskämpfe, in deren Zuge eine Krise der Männlichkeit als Ursache allen gesellschaftlichen Übels ausgemacht wird. Über diese Diskurse wurde aber gleichzeitig das Geschlechtermodell der hegemonialen Männlichkeit immer wieder in Stellung gebracht, erfolgreich zentriert und reproduziert. Die zweite Ebene, die einen genaueren analytischen Blick verdient, ist die Verortung einer stabilen, um nicht zu sagen essentiell gedachten Männlichkeit in einer nicht selten nostalgisch verklärten *einfacheren* Vergangenheit (vgl. Krämer 2009).

Dieser Beitrag wird sich sowohl der *Krise der Männlichkeit* insgesamt als auch ihrer auf Jungen zielenden Sonderform zuwenden, und zwar in historischer Perspektive und im Modus der Kritik (vgl. Foucault 1992). Wir möchten zeigen, dass die Forderung nach einer besonderen pädagogischen Zuwendung für Jungen und viele der Aspekte, die mit ihr verbunden sind, zum Arsenal einer anti-feministischen Strömung geworden sind, die ihren Niederschlag auch in akademischer Forschung findet. Betrachtet man, was unter dem Schlagwort *Männerforschung* in den Buchläden zu bekommen ist, findet sich bestätigt, was Edgar Forster als Resouveränisierungsstrategie bezeichnet hat – das Projekt einer erneuerten Konstituierung von hegemonialer, heteronormativer Männlichkeit (vgl. Forster 2006). Als Beispiele seien etwa Walter Hollsteins *Was vom Manne übrig blieb*, das im Titel gleichfalls Veränderung und Verschlechterung im Zeitverlauf artikuliert, oder

Wolfgang Schmales *Geschichte der Männlichkeit in Europa* angeführt (vgl. Schmale 2003; Hollstein 2008). Doch neben akademischer finden sich auch auf populärkultureller Ebene die politischen Elemente, die diese Diskurse verdichten. Neben den angesprochenen historischen Fluchtlinien, die in der Krisenproklamation immer eine prominente Rolle gespielt haben, scheinen für das zeitgeschichtliche Krisenszenario der vergangenen 40 Jahre die literarische Dimension, aber auch zunehmend eine Dimension aus dem Bereich der Filmkultur wichtige Rollen zu spielen. Die Literaturwissenschaftlerin Sally Robinson hat den Mechanismus der Männlichkeitskrise für die US-Literatur der 1970er Jahre untersucht und von einer „kulturellen Währung" gesprochen, welche die Formation für das hegemoniale Geschlechtermodell im Kampf um gesellschaftliche Ressourcen bereitstelle (vgl. Robinson 2000, 3). Ines Kappert hat in ihrem Buch *Der Mann in der Krise* gezeigt, wie die diskursiven Muster des Krisenszenarios ab den späten 1990er Jahren in Romanen von Houellebecq bis zu Filmen wie *Fight Club* oder *American Beauty* zu finden sind (vgl. Kappert 2008).

Im weiteren Verlauf dieses Beitrages stützen wir uns auf eigene Vorarbeiten, greifen aber auch auf Gedanken zurück, die von Kolleg/innen an anderer Stelle bereits vorgebracht worden sind. Darüber hinaus sollen uns drei zusammenhängende Thesen durch die weiteren Überlegungen begleiten, welche letztlich auch die Frage nach einer spezifischen Pädagogik für Jungen in einen historischen und gesellschaftspolitischen Zusammenhang mit der Rede von Männlichkeitskrise stellen.

Erstens verweist die Rede von einer Krise immer auf etwas Vorgängiges, das behauptet, dass es vor der Krise stabil gewesen und nun in arge Unwucht geraten sei. Und solche Vorstellungen von Stabilität sind nicht kompatibel mit einem performativ gedachten System von *Gender*. Wenn von Krise die Rede ist, gibt das zweitens Hinweise auf kulturelle Verteilungskämpfe; es geht beim Krisennarrativ mithin stets um Macht und Hegemonie in einer Gesellschaft und um den Versuch, richtungsweisend Einfluss zu nehmen. Dabei sind Krisenbeschreibungen drittens aus gouvernementaler Sicht dann besonders nachhaltig, wenn sie sich in die Selbstkonstituierung einer Gruppe einschreiben, also integraler Teil einer historischen Subjektivation werden. Krisen führen dazu, dass Gruppen als Gruppen sichtbar werden können, sie ermächtigen Gruppen zum Handeln. Und dieser letzte Punkt ist gerade auch gegeben, wenn für eine bestimmte Gruppe eine besondere Pädagogik entwickelt werden soll, ihr also besondere Aufmerksamkeit, wechselweise in Form kultureller oder materieller Ressourcen zugestanden wird.

In einem ersten Schritt sollen nun die Debatten vorgeführt werden, die sich in der Geschichtswissenschaft seit einiger Zeit um die historische wie kulturelle Wahrnehmung einer *Krise der Männlichkeit* drehen. Anschließend soll ein historisches Beispiel zeigen, wie die Rede von der Männerkrise einerseits strategisch eingesetzt und dann wiederum unkritisch historiografisch fortgeschrieben wurde. Dazu wird der Beitrag die eingangs erwähnten sozialen und kulturellen Zusammenhänge der Weltwirtschaftskrise der 1930er Jahre in den Vereinigten Staaten ansprechen und darlegen, wie sich die Anrufung einer vorgeblichen Männerkrise in ein Projekt zur Stabilisierung und Erneuerung hegemonialer, weißer, heterosexueller, bürgerlicher Männlichkeit übersetzte, das namentlich um die Zukunft der (männlichen) Jugend kreiste.

Wir werden also unser historisches Material aus der Geschichte der USA nehmen – was schlicht damit zu tun hat, dass sich unsere Forschung bislang auf diese Kulturregion konzentriert hat (vgl. Krämer 2009; Martschukat/Stieglitz 2007). Trotzdem versprechen wir uns, auch als Nordamerikahistoriker durchaus verallgemeinerbare Blicke auf die sogenannte *Krise der Männlichkeit* werfen zu können und zu fragen, was sie mit dem möglichen Projekt einer Pädagogik für Jungen zu tun haben könnte. Denn erstens haben die Geschlechterforschung im Allgemeinen und die kritische Männlichkeitenforschung im Speziellen in den vergangenen zwanzig Jahren wichtige Impulse aus den *Cultural Studies* zum nordamerikanischen Kontext erhalten. Zweitens sind gerade auf dem wissenschaftlichen und politischen Feld der *Gender Studies* transregionale Austauschbeziehungen und -bezüge besonders dynamisch, was dazu zwingt, sie auch in dieser Verflechtung zu reflektieren.

1 Geschlechtersysteme und ihre „Krisen" in historiografischen Debatten

Im Zusammenhang mit den Debatten um die angebliche *Krise der Männlichkeit* in der Geschichtswissenschaft ist es wichtig, zwischen zwei unterschiedlichen Verwendungsweisen zu unterscheiden. Zum einen geht es um die Ebene der zeitgenössischen Krisenanrufung, also um einen Quellenbegriff: Historische Akteure beklagten zu verschiedenen Zeiten *Krisen der Männlichkeit*. Damit kann und sollte, damit *muss* historische Forschung umgehen und all diejenigen Fragen an das Material richten, die Geschichtswissenschaft eben ausmachen: wer, wann, gegenüber wem und vor allem warum, zu welchem Zweck – im Fall unserer Fragestellung – in einer Krise in Erscheinung tritt. Wir werden im weiteren Verlauf des Beitrags im Zusammenhang mit der Weltwirtschaftskrise darauf zurückkommen. Auf einer zweiten Betrachtungsebene geht es um den Begriff der Krise zur Deutung einer historischen

Konstellation durch Historiker/innen, also um eine retrospektive Krisendiagnose im Akt des Schreibens, des Konstituierens von Geschichte. Durch die teils emphatische Vermischung dieser zweiten mit der oben beschriebenen ersten Ebene, auf der Zeitgenossen eine Krise beklagen, ergibt sich ein Großteil des Konfliktpotenzials. Auf dieser zweiten Ebene, auf welcher der Krisenbegriff historiografisch Wirkung entfaltet, beginnen unsere kritischen Überlegungen, denn der Topos von der *Männlichkeitskrise* hat sich in den letzten zwei Dekaden zu so etwas wie einem Leitmotiv der geschlechterhistorischen Forschung zu Männern und Männlichkeiten entwickelt. In schöner Regelmäßigkeit ist in der Geschichtsschreibung von der *Männerkrise* die Rede, die Kapitelstrukturen ganzer Überblicksdarstellungen orientieren sich an ihnen. In der US-Geschichte kennzeichnet man etwa die 1830er Jahre, die 1890er, die 1930er, die 1950er oder auch die 1970er Jahre mit dem Etikett der Maskulinitätskrise. Ähnliches kann auch für die deutsche Geschichte konstatiert werden, exemplarisch sei hier nur auf die Zeit nach den beiden Weltkriegen hingewiesen (vgl. Martschukat/Stieglitz 2008, 64 ff.). Retrospektiv wird für Nachkriegsperioden in unterschiedlichen nationalen Kontexten in Nordamerika und Europa an vielen Stellen eine Krise des männlichen Subjekts konstatiert. Dafür werden stets gravierende Rollenwechsel angeführt, die angeblich massivere Abweichungen einer Männlichkeits-Normalität darstellen als die Kriegszustände zuvor. Taucht die *Krise der Männlichkeit* in der Historiografie nicht nach Kriegen auf, so auch häufig vor gewaltsamen Auseinandersetzungen. Ein spannendes Beispiel ist Kirstin Hogansons Buch *Fighting for American Manhood* von 1998, in dem sie zeigt, wie am Ausgang des 19. Jahrhunderts Diskurse um Entmännlichung Kriegslust mitproduzierten. Ähnlich weist John Mosses Buch *The Image of Man* von 1996 im zentralen Kapitel „Masculinity in Crisis: The Decadence" eine Männlichkeitskrise für das ausgehende 19. Jahrhundert in Europa aus. Mosse beschreibt, wie jene moderne Männlichkeit, die sich im mitteleuropäischen Kontext im Zuge des 19. Jahrhunderts als ein bestimmtes Stereotyp herausgebildet habe, im *Fin de Siècle* unter starken Veränderungsdruck geraten sei. Kulturell geronnene Stereotype ließen sich generell nicht ohne Weiteres verändern und überformen, so Mosses Erklärung der Formation. Die europäische Jugend sei im Willen, diese Missstände aktiv anzugehen, bereitwillig in den Ersten Weltkrieg geströmt (vgl. Mosse 1996, 107).

Schon die Aneinanderreihung von Krisen in so vielen Geschichtsdarstellungen macht stutzig: Die Vielzahl der Krisenproklamationen aus so unterschiedlichen historischen Zusammenhängen wirft die Frage auf, wann und wo denn überhaupt Entspannung und Normalität geherrscht haben könnten. Müssen wir annehmen, dass neuzeitliche, moderne Männlichkeit sich in einer Dauerkrise befand und befindet? Und überhaupt, es melden sich misstrauisch die vernachlässigten Theoriebücher aus den *Gender Studies*, zu Performativität und postkolonialer Theorie vom Regal über dem Schreibtisch herab: Wenn von einer Männlichkeit die Rede ist, die in eine Krise gerät, bildet dann nicht eine stabile und gewissermaßen essentiell zu denkende Männlichkeit, die eben diese Krise durchlebt, den Ausgangspunkt des Denkens über Geschlecht? Und ist es nicht zumeist eine westliche und weiße Männlichkeit, die immer wieder auf diesem Wege zum Maßstab des Essentiellen stilisiert wird? Der Begriff der Krise impliziert jedenfalls ein kohärentes System, das zunächst einmal positiv besetzt und von einer *authentischen*, wünschenswerten Form von Männlichkeit getragen ist und das dann durch diese Krise gestört bzw. zerstört wird. Eine derart essentiell gedachte Männlichkeit kann es freilich in einem performativ konzipierten System von *Gender* nicht geben; einem System, in dem Geschlecht sich in einem permanenten Herstellungsprozess befindet und stets neu und anders und im beständig changierenden intersektionalen Gefüge mit anderen ebenso instabilen Parametern wie *race*, Alter, Religion oder regionalen Bezügen hervorgebracht und ausgekämpft werden muss. Völlig zu Recht haben sich ja auch in der historischen Geschlechterforschung die Pluralformen Männlichkei*ten* und Weiblichkei*ten* inzwischen fest etabliert, die auf diese Stabilitäten und Essentialismen zurückweisende Theorietradition rekurrieren (vgl. Krämer/ Mackert 2009).

Weiterhin fällt auf, dass sich die historiografischen Krisendiagnosen in aller Regel auf Männer beziehen, die in Relation zu anderen ökonomisch, sozial, kulturell, ethnisch, sexuell oder anderweitig marginalisierten Männlichkeiten dominant sind. Es ist also offenbar gerade *hegemoniale* Männlichkeit, die von Krise bedroht scheint. Ausgerechnet aber sie als krisenhaft zu diagnostizieren, birgt die Gefahr, einem Projekt der Re-Stabilisierung entlang vermeintlich *natürlicher* Achsen das Wort zu reden. Daran knüpft sich die Frage, welche Funktion das regelmäßige Ausrufen einer Krise in der Geschichtsschreibung eigentlich erfüllt. Wird durch die Rede von der Krise nicht wesentlich dazu beigetragen, den Anspruch einer bestimmten Form von Männlichkeit auf eine hegemoniale Stellung zu bestärken? Wird mit dem Bemühen der Krisentrope nicht permanent an einem Narrativ gestrickt (bewusst oder auch unbewusst), das die Hegemonie der angeblich kriselnden Männer stabilisiert – bzw. erst herstellt?

Auffallend ist auch, dass als Ursache für *Krisen der Männlichkeit* zumeist politische, ökonomische oder soziale Phänomene genannt werden, die angeblich von *außen* auf das Geschlechtersystem einwirken und namentlich gegenüber Männern und Männlichkeiten wirkmächtig werden – Kriege oder

Wirtschaftskrisen sind die häufigsten Beispiele. Wie dieser Zusammenhang zwischen einem vermeintlich Äußeren und dem System von *Gender* genau zu denken ist, bleibt meist offen.

Als Jürgen Martschukat und Olaf Stieglitz 2005 erstmals ihre Einführung in die Geschichte moderner Männlichkeiten publizierten, hatten sie diesen kritischen Überlegungen zum beinahe omnipräsenten Krisenbegriff in der Historiografie einen prominenten Platz in ihrem Methodenteil eingeräumt (vgl. Martschukat/Stieglitz 2005). Sie hatten sich damals vor allem auf Autor/innen aus den USA bezogen, um diese Kritik zu unterfüttern, auf Bruce Dorsey z. B. oder auf Gail Bederman (vgl. Bederman 1995; Dorsey 2002). Seitdem ist die Debatte vorangeschritten und hat auch im deutschsprachigen Raum anregende Ergebnisse hervorgebracht. So erschien z. B. 2008 ein Sonderheft von *L'Homme. Europäische Zeitschrift für Feministische Geschichtswissenschaft* zum Thema „Krise(n) der Männlichkeit?" – auch hier mit dem Fragezeichen als Stilmittel der Verunsicherung sowie mit einem eingeklammerten Plural bei den *Krise(n)*. Darin fragt Claudia Opitz-Belakhal, eine der international führenden Geschlechterhistorikerinnen, in einem ausführlichen und sehr lesenswerten Artikel, ob *Krise der Männlichkeit* überhaupt ein nützliches Konzept sei (Opitz-Belakhal 2008). Die Formulierung ihres Titels verweist dabei auf einen anderen Text, der ohne jeden Zweifel als einer der Meilensteine der *Gender History* insgesamt angesehen werden kann, auf Joan W. Scotts *Gender. A Useful Category of Historical Analysis* aus dem Jahre 1986. Diese Hommage kann ohne Weiteres als Hinweis darauf gelesen werden, wie bedeutsam die Auseinandersetzung um die *Krise der Männlichkeit* historiografisch eingeschätzt wird (vgl. Scott 1986). Opitz-Belakhal formuliert es in ihrem Text so:

> „[Es] muss auch weitergehend danach gefragt werden, wer (oder welche Gruppe) in einem gegebenen Zeitraum Krisenängste äußert, mit welchen Entwicklungen diese verbunden werden und in welchem diskursiven Kontext und institutionellen Rahmen dies geschieht – und mit welchen Folgen. Mit ihr verbindet sich des Weiteren aber auch die Frage nach Praktiken und Verfahren zur Überwindung dieser Krise, sei dies mit dem Ziel der ‚Rettung' der überkommenen Geschlechterordnung, sei dies als Etablierung neuer Ordnungsmuster als Ausweg aus und damit als Effekt der Krise" (Opitz-Belakhal 2008, 41 f.).

Ein Plädoyer also, eher den Quellenbegriff der Krise ins Zentrum zu stellen und weniger die retrospektive Gesellschaftsanalyse, obgleich sie auch diese

Option über einen umfassenderen Begriff von Krise und dessen Rolle bei gesellschaftlichem Wandel in der Moderne weiter verfolgt.

Auch andere Autor/innen haben sich an der laufenden Debatte beteiligt (z. B. Dinges 2008). Rita Casale und Edgar Forster haben sich in der Einleitung eines Heftes der *Feministischen Studien* von 2006 bereits kritisch mit der Rede von einer *Krise der Männlichkeit* in der gegenwärtigen Debatte auseinandergesetzt. Felix Krämer und Nina Mackert (vgl. 2010) haben in einem kürzlich erschienenen Aufsatz gezeigt, wie ein ausdrücklicher Rückgriff auf Performativitäts- und Hegemonietheorien zu einer kritischen Perspektive auf historische Krisenanrufungen und ihre Funktion bei gesellschaftlichem und diskursivem Wandel führen kann. Sie verdeutlichen, wie bereits in den Adoleszenz-Debatten in den USA um 1900 Krise der Männlichkeit mit Jugenddiskursen in der Sorge um das maskuline Subjekt verwoben wurde. Insbesondere wurden Adoleszenz und Männlichkeit in diesem diskursiven Feld zum ersten Mal verquickt und hegemonial aufgerufen und produziert. Und gerade die historische Verzahnung von Diskursen um Jugend und Männlichkeitskrise ist im Hinblick auf die Frage dieses Bandes ja kein uninteressanter historischer Befund. Krämer und Mackert unterstreichen mithin ebenfalls die Bedeutung eines ausdrücklich machtanalytischen Umgangs mit den Krisenszenarien und bekräftigen in Bezug auf die Produktivkräfte des um 1900 neuen Entwicklungs-Ortes *Adoleszenz* im Zuge der Männlichkeitskonstitution: „[...] wie trotz der grundsätzlichen Instabilität und Kontingenz des diskursiven Feldes eine vermeintlich gefährdete Subjektivität aufrecht erhalten und gefestigt wird [...]" (ebd., 277).

Wir möchten diesen Ansatz hier aufgreifen und wenden uns nun wieder dem historischen Material zu. Am Beispiel der Rede über eine *Krise der Männlichkeit* in den Vereinigten Staaten während der Weltwirtschaftskrise soll gezeigt werden, wie in diesem kulturellen Verhandlungsrahmen mit den *Jungs in der Krise* Identitätspolitik betrieben wurde.

2 Wirtschaftskrise und junge Männer – ein historisches Fallbeispiel

Um was ging es also in den eingangs ausgeführten Beispielen, nachdem die US-Gesellschaft durch Morde von und an Jugendlichen in Aufruhr geraten war? Ging es um Gewalt, Verführung und Entfremdung der Jugend? Die Rede über Jugend in den USA hatte sich seit dem Ausbruch der Weltwirtschaftskrise markant verändert. In der vorhergehenden Dekade hatte sie sich letztendlich um Moral gedreht, um die „korrumpierenden Gefahren" einer neuen, kommerziellen Massen- und Konsumkultur und um die „sexuelle Revolution" der *Roaring Twenties*. Nachdem das ganze Ausmaß des ökonomischen Abschwungs zur Geltung kam, sorgte eine stetig anwachsende Anzahl von Büchern, Zeitschriftenartikeln und Reden dafür, dass nunmehr nicht mehr Moral im Zentrum stand, sondern die mentale Verfassung der Minderjährigen und deren Auswirkungen: Die amerikanische Jugend sei in einer Krise, hieß es, sie sei depressiv, apathisch, unausgeglichen. Die Journalistin Maxine Davis bereiste das ganze Land, beobachtete und führte Interviews und kam zu dem Ergebnis, man habe es mit einer *Lost Generation* zu tun.[1] Jugendliche, so die verbreitete Ansicht, „had a great deal of time to get into trouble, and frequently [urge] this as [...] reason for doing so" (Alper/Lodgen 1934, 285 f.). Dies galt ganz besonders für Jungen. Ihnen fehlten, so hieß es, sinnvolle Beschäftigungen auf einem Arbeitsmarkt, der sie nicht brauchte, weil inzwischen so viele einstmals verfügbare Stellen von Frauen besetzt seien. Obendrein seien die Jungen in Schulen sozialisiert, in denen Frauen zu viel Einfluss hätten. Jungen seien ihrer ganzen Veranlagung nach anti-sozial und somit potenziell kriminell geworden, sie hätten keine positiven männlichen Vorbilder, sondern nur arbeitslose Väter in ihren Familien oder aber Gangster auf den Leinwänden vor ihren Augen.

Offenkundig breitete sich damals der Fächer bekannter Ingredienzien aus, der auch die gegenwärtige, bundesrepublikanische wie internationale Debatte um die Jungen in der Krise auszeichnet: Benachteiligung in der Bildung, Perspektivlosigkeit auf einem sich wandelnden Arbeitsmarkt, eine überhandnehmende Feminisierung der Gesellschaft, der schlechte Einfluss von Medien sowie keine oder die falschen männlichen *Role Models* (siehe den Beitrag von Kimmel in diesem Band). Hinzu kommen die auf Biologie zurückgeführten Elemente von Aggression, Gewaltbereitschaft und Bindungsunfähigkeit. Durch die Figur des *Breadwinners*, des männlichen, aushäusig erwerbstätigen Versorgers und also durch eine Verknüpfung von Wirtschafts-, Familien- und Jugendproblematik wurde die Auffassung, in der männlichen Jugend eine Bedrohung des gesamten Gemeinwesens zu sehen, mehrheitsfähig und nachdrücklich wirkmächtig (vgl. Krämer 2011). Auch Franklin Roosevelt, 1932 noch als Präsidentschaftsanwärter, unterstrich eine solche Interpretation durch seine quasi-biologische Definition der *gesunden*

---

1 Die Verwendung der Vokabel von der *Lost Generation* ist insofern interessant, als dieser Begriff zeitgenössisch belegt war und zwar im Zusammenhang mit einer Gruppe von Intellektuellen um Ernest Hemingway oder F. Scott Fitzgerald, die in ihren Texten ganz eigene Formen entwickelt hatten, sich an Vorstellungen hegemonialer Männlichkeit abzuarbeiten.

Nation: „Any neglected group ... can infect our national life and produce widespread misery" (zit. nach Reiman 1992, 29).

Nun ist es allerdings aufschlussreich, sich die so gekennzeichnete Konstellation einmal genauer anzusehen. Wer genau war diese *Neglected Group*, wie und von wem wurde sie bestimmt, wer gehörte nicht dazu und vor allem wie wurde sie gouvernemental angesprochen? Bei genauerem Hinsehen wird rasch deutlich, dass die Jungen in der Krise weiß waren und den unteren, eher aber noch den mittleren Gesellschaftsschichten der USA entstammten. Sie waren zumeist keine Afroamerikaner oder gehörten auch sonst keiner Minderheit an, denn dann hätte man entdeckt, dass Benachteiligung bei der Bildung und im Berufsleben keine neuen, durch die Wirtschaftskrise ausgelösten Trends waren, sondern strukturelle Bestandteile einer nach wie vor rassistisch stratifizierten Nation. Auch führte die aufgeregte Besorgnis nicht dazu, dass man sich die moderne Arbeitsmarktsituation gründlich ansah, denn dann hätte man feststellen müssen, dass es keineswegs so war, dass Frauen den Männern die Positionen streitig gemacht hatten, sondern sich beinahe unabhängige Arbeitsmärkte herauskristallisiert hatten, zwischen denen sich Arbeit suchende Frauen und Männer kaum gegenseitig Konkurrenz machten. Zudem hatten Sozialwissenschaftler/innen die Auffassung, Medienkonsum führe unmittelbar zu einer Übernahme des Gesehenen oder Gehörten, inzwischen mit differenzierteren Argumenten und Modellen bestritten (vgl. Stieglitz 2001).

All dies verweist exakt auf die Frage nach dem *Innen* oder *Außen* der Krise, wenn so eine Trennung denn überhaupt Sinn macht: Aus dieser Perspektive heraus kann die Weltwirtschaftskrise bestenfalls als Auslöser oder Motor des Krisen-Lamentos gelten, dessen Ursachen deutlich früher einsetzen und zu großen Teilen aus den Veränderungen *innerhalb* der US-Geschlechterordnung resultieren: aus der gesteigerten Präsenz, Sichtbarkeit und Bedeutung der *New Woman* im öffentlichen Raum, aus dem Erscheinen einer urbanen, selbstbewussten Gruppe von *African Americans* in den Metropolen des Nordostens, aus dem nunmehr offener präsentierten Konsumverhalten junger Frauen und Männer, zu der eben auch ein Mehr an öffentlich wahrnehmbarer Sexualität gehörte.

Dies waren die empfundenen Bedrohungen und wichtigere Gründe als der Börsenkrach vom Oktober 1929, die Massenarbeitslosigkeit ab Mitte 1930 oder andere von *außen* auf das *Gender*-System einwirkende Faktoren, die, um es noch einmal ausdrücklich zu betonen, auf gewisse Weise gerade auch Teile dieses Systems selber sind, was jede Trennung eines *Innen* von einem *Außen* des Geschlechtersystems ohnehin problematisch macht; denn im Streit um Arbeitsplätze oder gar um Führungspositionen im Wirtschaftsleben drückt sich das moderne Geschlechtersystem ebenso aus, wie es in den Wirtschaftsverhältnissen, Abhängigkeiten und Ressourcenverteilungen sedimentiert ist und immer wieder Verstetigung erfahren hat.

Adressiert wurde die Gruppe der Krisen-Jungs in den 1930er Jahren also in einem Modus des Machterhalts, in einer Weise, die tradierte Kernbestandteile weißer, heterosexueller Mittelstands-Männlichkeit fortschreiben und damit sichern sollte, eine hegemoniale Männlichkeit, die darüber hinaus im Kern des nationalen Selbstbilds der Vereinigten Staaten stand. Hier wird aus der *Krise der Männlichkeit* dann die *Krise der Jungs*, ein Stellvertreterkrieg, eine diskursive Strategie, die Akzeptanz und Relevanz der Krisenanrufung erhöhen soll. In einer *weicheren* Variante bediente man sich dabei der Rede vom Vorbild, vom *Role Model*. Hier war das so amerikanische Genre der Selbsthilfebücher und in ihnen der etablierte Rückgriff auf historische Figuren sicher bedeutsam. Doch eine noch wichtigere Rolle sollte Hollywood spielen, denn so sehr man den Einfluss der Medien insgesamt und der Filme im Besonderen fürchtete, um so mehr war man sich aber auch sicher, sie positiv instrumentalisieren zu können. Und so verschwanden die Gangster als Helden von den Leinwänden: James Cagney, Edward G. Robinson, die Schauspieler, die man anfangs für die Gewalt der jungen Männer verantwortlich gemacht hatte, mimten nun ehrlich-arbeitsame Detektive oder besser noch Priester, Sozialarbeiter und andere Figuren, die mit ihren Schützlingen Basketball spielten, boxten oder Debattierclubs gründeten (vgl. Stieglitz 2007).

Ferner wurden aber auch *harte* Institutionen geschaffen und Maßnahmen ergriffen, sowohl vonseiten der Politik wie privater Provenienz. Mit einer ihrer ersten Amtshandlungen schuf die neu gewählte Administration unter Präsident Roosevelt 1933 das *Civilian Conservation Corps*, eine Arbeitseinrichtung für junge Männer zwischen 18 und 25 Jahren, unter deren Dach in zeitweise über 2000 Camps auf dem Lande homosoziale Gemeinschaften geschaffen wurden, in denen das „Mannsein" erlernt werden sollte, angeleitet von männlichen Betreuern – Vorbildern, *Role Models* – und ausgerichtet auf drei wesentliche Bestandteile: militärische Unterordnung, schwere, manuelle Arbeit in und an der Natur sowie Unterweisung in den Wert heterosexueller Bindungen. Hier erhält Krise und Krisenrhetorik einen Subjekte konstituierenden Nutzen: die *Beschädigung* der jungen männlichen Bevölkerung habe, einmal erkannt, eben auch eine heilsame Wirkung: „Men like that will make forests grow. They will build nations", hieß es in Anspielung auf das hauptsächliche Beschäftigungsfeld der Corps-Mitglieder bei der Wiederaufforstung. Und dieses *„Nation-building"* war an ein heterosexuell-maskulines *„Body-building"* gekoppelt: Die Überwindung der Jungen- bzw. Männerkrise sollte sich am wieder aufgerichteten muskulösen Körper ablesen lassen (vgl. Stieglitz 1999).

Die Anrufung der Krise setzte mithin einen Apparat in Bewegung, der Subjekte in einer ganz bestimmten Weise performativ zurichtet wie ermächtigt; beides in einem umkämpften sozio-kulturellen Feld und ganz ausdrücklich über den Weg der gesellschaftlichen Stratifizierung. Die Rede von der Krise und die Suche nach Lösungen produzieren notwendig Ein- und Ausschlüsse, sie sind von Machtvektoren durchzogen und eröffnen ebenso viele Chancen wie sie Wege verschließen. So machtanalytisch beleuchtet, wird aus einer sicher diagnostizierten *Krise der Männlichkeit* bzw. ihrer Sonderform der *Krise der Jungs* eine spezifische Strategie einer hegemonialen sozialen Gruppe im sozio-kulturellen Verteilungskampf einer spezifischen historischen Konfiguration.

3 Viktimisierung im und durch das Krisennarrativ

Wir kommen zu den im ersten Part vorgestellten Thesen zurück. Es drängt sich auf, dass das Krisenszenario um ein spezifisches männliches Subjekt den Machtmechanismus darstellt, über den Männlichkeit, und zwar ganz bestimmte männliche Eigenschaften, zur Sprache gebracht und beschworen werden. Die stete Wiederkehr der Krisenproklamation dient demnach dazu, die unbedingte Restaurierung einer bestimmten Männlichkeitskonzeption ganz dringlich erscheinen zu lassen. Deshalb ist bei der historiografischen Einarbeitung eines Krisenszenarios in eine Geschichtsdarstellung Vorsicht geboten. Die US-amerikanische Kulturwissenschaftlerin Sally Robinson hat den Mechanismus der Viktimisierung auf den Punkt gebracht, indem sie fragt: „Why is it that when dominant masculinity becomes visible, it becomes visible as wounded?" (Robinson 2000, 12) Die Stilisierung des männlichen Subjekts zum Opfer aller gesellschaftlichen Entwicklungen mithilfe des Krisennarrativs ist die identitätspolitische Strategie der Sichtbarmachung des unmarkierten, hegemonialen Kerns im Modus des Appells. Sie ruft Stabilität auf, wo ganz augenscheinlich keine ist, denn sie ist selbst aktiver Bestandteil des performativen *Doing Genders*. Auf dieser Folie lässt sie sich auch ganz hervorragend analysieren. Sie ist Identitätspolitik und operiert dabei immer im Sinne von Stratifizierung und von Einschluss wie Ausschluss.

Aber was hat das nun alles mit der *Krise der Jungs* zu tun und mit der Eingangsfrage, die auch den Titel dieser Sammlung ausmacht, *Back to the Boys?* Hier sind es ja keineswegs die von der Krise geschädigten selbst, die zur Linderung und zur Abhilfe aufrufen, und hier geht es ja nicht allein um hegemonial platzierte junge Männer, sondern auch um solche der Randgruppen. Aber dieser erste Eindruck täuscht. Gerade auch dem kulturhistorischen Blick können die vielerorts explizit und implizit angeführten Begründungen aus dem argumentativen Einzugsbereich der Männlichkeitskrise nicht entgehen. Auffällig ist dabei insbesondere die Wahl der Metaphern und Bilder. Von *Absturz* ist häufig die Rede, von einer *Abwärtsspirale*, die scheinbar unausweichlich zu Gewalt und Zerstörung führe. Bei der Neuverteilung der Chancen und Ressourcen in einem sich wandelnden Geschlechtersystem steht nicht unbedingt ein faires Neuaushandeln auf der Agenda, sondern es geht auch hier um Hierarchien und deren Erhalt. Das wird sowohl im US-Kontext des ausgeführten Beispiels aus den 1930er Jahren deutlich als auch dann, wenn man in gegenwärtigen Debatten danach sucht, wohin die Jungen abzusteigen drohen, wohin die Abwärtsspirale führt. In den Worten der Bundesfamilienministerin klingt das unmissverständlich folgendermaßen:

„In der Machokultur, die wir bei einigen Migranten, aber auch zum Beispiel bei rechtsextremen Jugendlichen finden, herrscht oft die Meinung vor, ein Mann dürfe seine Frau schlagen oder er müsse seine Ehre mit Gewalt verteidigen. Auf diese falschen Männlichkeitsvorstellungen muss Jungenförderung eine Antwort finden." (Kristina Schröder, zit. nach Spiewak 2010)

Greift man auf das kritische Potenzial zurück, das uns – seitdem der Begriff von Kimberle Crenshaw 1989 geprägt worden ist – eine intersektionale Perspektivierung an die Hand gibt, dann wird in dieser Stellungnahme markant deutlich, wie unter anderem Geschlecht und Ethnizität sowie Geschlecht und politische Zugehörigkeit auf solchen kulturellen Feldern zusammenwirken (vgl. Winker/Degele 2009). Es ist von Jungs die Rede, und die Thematisierung ihrer Probleme wird in relativ stabil konzipierten Identitätszuschreibungen von weiblich und männlich geführt. Die Benachteiligung von Jungen und Mädchen beispielsweise mit Migrationshintergrund wird auf diese Weise als konstituierender Teil einer weit bedrohlicheren Krise gekennzeichnet. Mag der Begriff der Nation in den skizzierten US-amerikanischen Auseinandersetzungen der 1930er Jahre eine konstitutive Rolle gespielt haben, so war er doch in einem sehr traditionellen Sinne gemeint, der sich in den Gegenwartsdebatten der Bundesrepublik komplett verschoben hat: In der Debatte um die *Chancen* junger männlicher Migranten geht es vor allem um die Zauberformel der Integration, zu deren Erfolgen eben auch die Übernahme eines aufgeklärten, modernen, aber nichtsdestoweniger weiterhin an hegemonialen Modellen ausgerichteten Geschlechtermodell gehören soll.

Und die Zielgruppe gesellschaftlicher Aufmerksamkeit und Ressourcen intensiver Förderung bleibt ein deutlich umrissener Kreis mehrheitsdeutscher junger Männer.

Es ist also festzuhalten, dass für die eingangs angesprochene pädagogische Dimension der Frage, ob es eine Rückkehr zu den Jungs geben könnte oder sollte, kritisch das Verhältnis zu der in unterschiedlichen Kontexten im westlichen Geschlechtersystem auftauchenden und kulturell äußerst wirksamen Figur um eine Krise der hegemonialen Männlichkeit beleuchtet werden muss. Die *Gender Studies* insgesamt und die kritische Männlichkeitenforschung sind nicht zuletzt Projekte, die es sich im Anschluss an feministische Theoriebildung und trotz möglicher Irrungen und Wirrungen seit gut zwanzig Jahren zum Ziel gesetzt haben, nicht nur Geschlechterverhältnisse im Allgemeinen und Männlichkeiten im Besonderen zu betrachten, sondern im besten Fall auch die mit Männlichkeiten verbundenen gesellschaftlichen Ordnungssysteme und Herstellungsweisen zu erkennen, zu hinterfragen und zu untergraben. Die Rede von einer Männlichkeitskrise ist ein solcher von Macht durchzogener Mechanismus, den man historisch verorten und mit seinen Bezugskontexten in Beziehung bringen muss, will man nicht überzeitliche Essenzen unhinterfragt in den Mittelpunkt kultureller oder auch pädagogischer Verhandlungen stellen.

Literatur

Alper, Benedict S./Lodgen, George F. (1934): Youth Without Work. In: The Survey, LXX, 284–286.

Bederman, Gail (1995): Manliness & Civilization. A Cultural History of Gender and Race in the United States, 1880–1917. Chicago/London.

Boesenberg, Eva (2007): Ökonomien der Männlichkeit im späten 20. Jahrhundert. In: Martschukat, Jürgen/Stieglitz, Olaf (Hrsg.): Väter, Soldaten, Liebhaber: Männer und Männlichkeiten in der nordamerikanischen Geschichte. Ein Reader. Bielefeld, 371–388.

Casale, Rita/Forster, Edgar (2006): Einleitung: Der neue Mann oder die Wiederkehr der Natur im Sozialen. In: Feministische Studien – Zeitschrift für interdisziplinäre Frauen- und Geschlechterforschung, 24/2, 185–192.

Dinges, Martin (2008): Veränderungen der Männergesundheit als Krisenindikator? Deutschland 1850–2006. In: L'Homme. Europäische Zeitschrift für Feministische Geschichtswissenschaft, 19/2, 107–123.

Dorsey, Bruce (2002): Reforming Men and Women. Gender in the Antebellum City. Ithaca, NY.

Forster, Edgar (2006): Männliche Resouveränisierungen. In: Feministische Studien – Zeitschrift für interdisziplinäre Frauen- und Geschlechterforschung, 24/2, 193–207.

Foucault, Michel (1992): Was ist Kritik? Berlin.

Hoganson, Kristin L. (1998): Fighting for American Manhood: How Gender Politics Provoked the Spanish-American and Philippine-American Wars. New Haven.

Hollstein, Walter (2008): Was vom Manne übrig blieb. Krise und Zukunft des „starken" Geschlechts. Berlin.

Kappert, Ines (2008): Der Mann in der Krise oder: Kapitalismuskritik in der Mainstreamkultur. Bielefeld.

Krämer, Felix (2011): Ernährer. In: ‚What can a body do?' Praktiken und Figurationen des Körpers in den Kulturwissenschaften (erscheint 2011).

Krämer, Felix (2009): Playboy tells his story. Geschichte eines Krisenszenarios um die hegemoniale US-Männlichkeit der 1970er Jahre. In: Feministische Studien – Zeitschrift für interdisziplinäre Frauen- und Geschlechterforschung, 27/1, 83–96.

Krämer, Felix/Mackert, Nina (2010): Wenn Subjekte die Krise bekommen. Hegemonie, Performanz und Wandel am Beispiel einer Geschichte moderner Männlichkeit. In: Landwehr, Achim (Hrsg.): Diskursiver Wandel. Wiesbaden, 265–279.

Krämer, Felix/Mackert, Nina (2009): Plessy revisited: Skizzen dekonstruktivistischer Körpergeschichte(n) von den Vereinigten Staaten der Segregation. In: AG Queer Studies (Hrsg.): Verqueerte Verhältnisse: Intersektionale, ökonomiekritische und strategische Interventionen. Hamburg, 66–81.

Maltby, Richard (2001): The Spectacle of Criminality. In: Slocum, J. David (Hrsg.): Violence and American Cinema. New York/London.

Martschukat, Jürgen/Stieglitz, Olaf (2008): Geschichte der Männlichkeiten. Frankfurt am Main/New York.

Martschukat, Jürgen/Stieglitz, Olaf (2007) (Hrsg.): Väter, Soldaten, Liebhaber: Männer und Männlichkeiten in der nordamerikanischen Geschichte. Ein Reader. Bielefeld.

Martschukat, Jürgen/Stieglitz, Olaf (2005): „Es ist ein Junge!" Einführung in die Geschichte der Männlichkeiten in der Neuzeit. Tübingen.

Mosse, George L. (1996): The Image of Man. The Creation of Modern Masculinity. Oxford/New York; dt.: Das Bild des Mannes. Frankfurt am Main, 1997.

Opitz-Belakhal, Claudia (2008): Krise der Männlichkeit – ein nützliches Konzept der Geschlechtergeschichte? In: L'Homme. Europäische Zeitschrift für Feministische Geschichtswissenschaft, 19/2, 31–49.

Reiman, Richard (1992): The New Deal & American Youth. Ideas and Ideals in a Depression Decade. Athens, GA/London.

Robinson, Sally (2000): Marked Men. White Masculinity in Crisis. New York.

Schmale, Wolfgang (2003): Geschichte der Männlichkeit in Europa (1450–2000). Wien/Köln/Weimar.

Scott, Joan W. (1986): Gender. A Useful Category of Historical Analysis. In: American Historical Quarterly, 91/5, 1053–1075.

Spiewak, Martin (2010): Ein Tag für Kerle. Bei der Förderung von Mädchen sei viel erreicht worden, sagt die Familienministerin. Jetzt ist das andere Geschlecht an der Reihe. In: ZEIT-online, 22.4.2010. Online-Ressource: http://www.zeit.de/2010/17/B-Schroeder-Interview (19.8.2010).

Stieglitz, Olaf (2007): Film, Vorbilder und männliche Sozialisation in den 1930er Jahren. In: Martschukat, Jürgen/Stieglitz, Olaf (Hrsg.): Väter, Soldaten, Liebhaber: Männer und Männlichkeiten in der nordamerikanischen Geschichte. Ein Reader. Bielefeld, 221–242.

Stieglitz, Olaf (2001): ‚We may be losing this generation': Talking about Youth and the Nation's Future during the New Deal Era. In: Finzsch, Norbert/Wellenreuther, Hermann (Hrsg.): Visions of the Future in Germany and America. Oxford/New York. 403–429.

Stieglitz, Olaf (1999): „100 Percent American Boys": Disziplinierungsdiskurse und Ideologie im Civilian Conservation Corps, 1933–1942. Stuttgart.

Winker, Gabriele/Degele, Nina (2009): Intersektionalität. Zur Analyse sozialer Ungleichheiten. Bielefeld.

Sigrid Schmitz

Back to the Brain? Geschlecht und Gehirn zwischen Determination und Konstruktion*

Im Januar 2005 führte der damalige Präsident der Harvard Universität, Lawrence Summers, in einer Rede auf einer Konferenz zur Situation von Frauen an amerikanischen Hochschulen deren geringere Beteiligung in der noch immer männlich dominierten Spitzenforschung unter anderem darauf zurück, dass ihre weniger ausgeprägten hochintellektuellen Fähigkeiten möglicherweise durch genetische Ursachen bedingt seien. Auch wenn Summers diese biologische Erklärung als nur einen Aspekt neben gesellschaftlich bedingten Karrierehindernissen für Frauen im Wissenschaftsbetrieb benannte, sorgte seine Äußerung doch für so viel Empörung, dass er – nicht nur,

---

* Bei diesem Beitrag handelt es sich um eine gekürzte Fassung des Textes: Schmitz, Sigrid (2009): Geschlecht zwischen Determination und Konstruktion: Auseinandersetzung mit biologischen und neurowissenschaftlichen Ansätzen. In: Faulstich-Wieland, Hannelore (Hrsg.): Enzyklopädie Erziehungswissenschaften Online, Fachgebiet Geschlechterforschung, Theoretische Grundlagen. Weinheim (mit freundlicher Genehmigung des Juventa Verlags).

aber auch deswegen – ein Jahr später von seinem Präsidentenamt zurücktrat. Nun könnte man damit den Fall ad acta legen. Aber genau das scheint nicht der Fall zu sein. So wurde in der Folge bis in die führende Fachzeitschrift *Nature* der Diskurs wieder aufgeworfen, ob bei der Besetzung intellektueller Spitzenpositionen biologisch bedingte geschlechtsspezifische Befähigungen tragend sind (vgl. Barres 2006).

Bezieht sich dieses Eingangsbeispiel auch zunächst auf einen Elitediskurs (vgl. Hagner 2008), so trifft es doch im Kern eine Jahrhunderte währende Auseinandersetzung, ob Mädchen und Jungen, Frauen und Männer aufgrund ihres biologischen Geschlechts – insbesondere durch genetische, hormonelle und zentralnervöse Differenzen – unterschiedliche Voraussetzungen in sich tragen, die ihr Verhalten, ihr Denken und ihre kognitiven Leistungen ursächlich bestimmen, oder ob die Umwelt und das Lernen sowie soziale und kulturelle Einflüsse die Entwicklung dieser Merkmale und Fähigkeiten entscheidend beeinflussen. Diese Auseinandersetzung um Determination versus Konstruktion, um *nature* versus *nurture* von Geschlechtermerkmalen hat heute (wieder) Konjunktur in Wissenschaft und Gesellschaft.

Das Eingangsbeispiel ist in einer zweiten Hinsicht aufschlussreich. Es deckt auf, dass in einem biologistischen Verständnis nicht nur das individuelle Verhalten in festgelegte geschlechtliche Kategorien eingeteilt wird, sondern dass auch gesellschaftliche Strukturen mit den in ihnen verankerten Segregationen und Hierarchisierungen nach Geschlecht (hier bezogen auf den Arbeitsmarkt) immer noch und zumindest teilweise als „natürliche" und damit wenig veränderbare Zustände angesehen werden.

Auch in der Erziehungswissenschaft geht es um die Frage, ob und inwieweit Geschlechterausprägungen durch die Sozialisation beeinflusst werden und welche Lernansätze geeignet sind, um Mädchen und Jungen adäquat nach ihren Voraussetzungen zu fördern. Gerade hier ist eine kritische Auseinandersetzung mit den verschiedenen Erklärungsansätzen zwischen biologischer Fundierung und sozialer Formung von Geschlechteraspekten zwingend notwendig. Denn eine Pädagogik, die sich auf eine Extremposition der biologischen Determination und damit der Festschreibung von Verhaltens- und Lerndispositionen berufen würde, beraubt sich von Beginn an jeglicher erzieherischer Möglichkeiten. Umgekehrt läuft eine rein konstruktivistische Herangehensweise, die den Menschen als passive Einschreibungsfläche für Umwelteinflüsse konzipiert, Gefahr, individuelle Eigenarten zu ignorieren, die nicht zuletzt auch der Eigenwilligkeit des eigenen Körpers entspringen.

Ich werde das Diskursfeld um *nature* und *nurture*, um Determination und Konstruktion von Geschlecht, im Folgenden genauer bestimmen. Ich schlage hierzu am Beispiel der Hirnforschung einen Bogen von einseitig biologischen Geschlechterzuschreibungen über Konzeptionen von Geschlecht als gesellschaftlich konstruiert hin zu neueren Ansätzen, die versuchen, biologische und soziale Aspekte in der Geschlechterfrage zusammenzudenken, ohne vereinfachende Festschreibungen zu treffen.

1 Geschlecht in den Neurowissenschaften

Die Debatte um anlagenbedingte gegenüber sozialisierten Lern- und Leistungsfähigkeiten hat bis heute nicht an Brisanz verloren. Sie gewinnt vielmehr durch die Referenz auf aktuelle Ergebnisse der Neurowissenschaften wieder an Bedeutung, quer durch alle wissenschaftlichen Disziplinen und gesellschaftlichen Debatten. Auch die Erziehungswissenschaften rekurrieren unter dem Stichwort ‚Neuropädagogik' vielfach auf Forschungsergebnisse der Neurobiologie, Neurophysiologie und Neuropsychologie. Zentrales Anliegen aus gehirnbiologischer Sicht ist es, die Grundlagen des Lernens und der Verhaltensentwicklungen zu verstehen und diese auf das Lernen von Kindern und Jugendlichen anzuwenden. Daraus sollen lernpädagogische und didaktische Konzepte entwickelt werden, wodurch sich die unterschiedlichen Bedürfnisse und Voraussetzungen Einzelner oder definierter Gruppen (z. B. qua Geschlecht) aufgreifen lassen.

Wenn also die Ergebnisse der Neurowissenschaften für die Erziehungswissenschaften herangezogen werden, ist eine genderkritische Auseinandersetzung mit den Theorien, Methoden, Befunden und Interpretationen dieser Disziplinen notwendig. Welche Erkenntnisse können die biologisch orientierten Neurowissenschaften mit ihren experimentellen Analyseverfahren liefern? Welche Theorien liegen diesen Forschungen zugrunde? Welchen Nutzen können neurowissenschaftliche Erklärungsansätze für erziehungswissenschaftliche Fragestellungen haben, die von ihrem Grundverständnis her auf Sozialisationskonzepten fußen? Genauer gefragt: Was können Neurowissenschaften zu Fragen von Geschlecht und Gehirn leisten?

Die neurowissenschaftliche Analyse beschäftigt sich mit den Strukturen und Funktionen im Gehirn. Diese Aussage mag auf den ersten Blick banal erscheinen, sie impliziert jedoch zwei wichtige Voraussetzungen. Ihr erstes Ziel ist und kann nur das Lokalisieren von biologischen Strukturen (von Nervenzellen, ihren Verbindungen oder von Nervenzellverbänden) sein, um neurophysiologische Prozesse (Nervenzellaktivitäten) mit bestimmten Verhaltensäußerungen (z. B. kognitiven Leistungen) zu korrelieren. Die Frage nach der Kausalität zwischen dem Verhalten und der biologischen Materialität ist damit allerdings noch nicht gelöst. Ob in den Gehirnstrukturen und Funktionen die Ursachen für Lernleistungen begründet sind oder ob das Lernen selbst die biologische Materialität und ihre Prozesse formt und wie diese beiden Komplexe in Wechselwirkung treten, bleibt zunächst offen.

Die Hirnforschung hat zweitens das Ziel, Gesetzmäßigkeiten zu beschreiben. Die Datenerhebung kann demzufolge nicht bei der Sammlung von Einzelfallanalysen enden. Die Untersuchungssubjekte und die zu untersuchenden Phänomene müssen in Kategorien eingeteilt werden. Für die Analyse müssen Gruppen von Individuen eingeteilt oder Fähigkeitsaspekte definiert werden, innerhalb derer Homogenität bezüglich eines Aspektes angenommen wird, wohingegen zwischen ihnen Differenzen analysierbar werden sollen. Bei Geschlechteranalysen steht die Lokalisation von Differenzen zwischen weiblichen und männlichen Individuen im Zentrum der Untersuchungen. Diese vorab getroffene binäre Einteilung in zwei scheinbar homogene Geschlechtergruppen ist leitend für die Forschungsansätze und -methoden dieser Disziplin.[1]

Die kritische Auseinandersetzung mit diesen Argumentationen möchte ich auf Analysen zur Geschlechterfrage im Rahmen bildgebender Verfahren in den Neurowissenschaften begrenzen (zur Historie der geschlechterbezogenen Hirnforschung vgl. Schmitz 2006a).

2   Die (Re-)Fundierung des geschlechterdifferenten Gehirns

Mit den Methoden der Computertomografie (unter anderem strukturelles Magnetresonanzimaging, MRI, funktionelles Magnetresonanzimaging, fMRI, Positronenemissionstomografie, PET) wurde in der Neurowissenschaft ein Analyseinstrumentarium entwickelt, das in den 1990er Jahren eine neue Dimension der Forschungsgeschichte einleitete. Denn diese bildgebenden Verfahren sollen direkte Korrelationen von Strukturen und Aktivierungsmuster in bestimmten Hirnarealen mit dem Leistungsverhalten bei der Lösung spezifischer Aufgaben ermöglichen. Der direkte Blick in das Gehirn bei der Arbeit soll zudem die Lokalisation verfeinern und Verzerrungen durch die nachträgliche Analyse an Gehirnen von Verstorbenen eliminieren.

Leitend in der Diskussion um Geschlecht und kognitive Leistungen ist seit den 1970er Jahren die Lateralitäts-Hypothese, dass Männerhirne asymmetrischer (lateraler) arbeiten, also je nach Aufgabe vorwiegend die rechte

---

[1] Übergänge oder Zwischenformen der Geschlechter werden in der Intersexualitäts- und Transsexualitätsforschung zwar auch untersucht, allerdings vorwiegend unter dem Paradigma ihrer Pathologisierung.

oder die linke Hemisphäre einsetzen, Frauenhirne dagegen symmetrischer (bilateraler), also mit beiden Hirnhälften zusammen, arbeiten. Im Zentrum stehen funktionale Analysen begleitend zu kognitiven Testverfahren der Sprachverarbeitung und Sprachproduktion sowie der Verarbeitung räumlicher Informationen, aber auch strukturelle Vermessungen, wie beispielsweise zur Dicke des Faserbündels *(Corpus Callosum)*, das die beiden Hirnhälften verbindet, oder zur Verteilung und Vernetzung der Nervenzellen in unterschiedlichen Hirnarealen der beiden Hemisphären.

3 Widersprüchliche Befunde

Im Bereich von Sprachanalysen geht die Lateralitätshypothese auf klinische Studien zur Aphasie (Kimura 1999; McGlone 1977) zurück, die Leistungsausfälle nach Hirnverletzungen bei Frauen in Hirnarealen der beiden Kortexhälften fanden, wohingegen Männer vorwiegend nur nach Verletzungen in der linken Hirnhälfte entsprechende Leistungsbeeinträchtigungen zeigten. Seit Mitte der 1990er Jahre wird die Frage der Sprachlateralität im Geschlechtervergleich bei gesunden Personen mithilfe der bildgebenden Verfahren untersucht. Das Spektrum der Studien zeichnet sich dabei durch eine hohe Variabilität der eingesetzten Methoden aus. Proband/innengruppen unterschiedlicher Gruppengrößen mit variabler Alterszusammensetzung werden untersucht; unterschiedliche Sprachtests werden eingesetzt; verschiedene computertomografische Technologien und Verfahren der Datenanalyse finden Anwendung (vgl. Schmitz 2004). Entsprechend widersprüchlich gestaltet sich bei genauerer Analyse die Befundlage (zur Übersicht vgl. Kaiser et al. 2009; Wallentin 2009).

So präsentierte eine der ersten fMRI-Studien die Aktivierung im vorderen Hirnlappen bei der Reimerkennung im Vergleich von 19 männlichen zu 19 weiblichen Probanden: im Durchschnitt eine linksseitige Aktivierung bei den Männern im Gegensatz zu einer beidseitigen Aktivierung bei den Frauen (Shaywitz et al. 1995). Allerdings galt diese Unterscheidung nur für die Gruppenmittelwerte, denn bei 11 der 19 getesteten Frauen war die bilaterale Aktivierung nicht eindeutig (Pugh et al. 1996). Eine andere fMRI-Untersuchung mit 50 Frauen und 50 Männern ermittelte dagegen bei der Wortpaarerkennung keine Geschlechterunterschiede in der Asymmetrie der Hirnaktivierung (Frost et al. 1999).

Eine Bewertung solcher Befundwidersprüche lässt sich erst mit sogenannten Metaanalysen treffen, denn diese untersuchen die Gesamtheit der vorliegenden Befunde nach methodischen Einflüssen. Als Ergebnis solcher

Metaanalysen zur Sprachverarbeitung konnten generelle Asymmetrieunterschiede im Geschlechtervergleich nicht belegt werden (vgl. Sommer et al. 2004), weder bei Kindern noch bei Erwachsenen. Es konnten zudem keine durchgehenden Zusammenhänge zu bestimmten Testverfahren ermittelt werden. Demnach lässt sich nicht konstatieren, dass beispielsweise bei der Reimerkennung immer Unterschiede auftreten, bei der Wortpaarerkennung aber nicht. Interessanterweise wurden Geschlechterunterschiede eher in Untersuchungen mit einer geringeren Anzahl von Teilnehmer(inne)n festgestellt, kaum jedoch im Vergleich größerer Gruppen. Da Populationsunterschiede eher bei größeren Proband/innenanzahlen signifikant auftreten, verweist dies auf methodische Einflüsse, die in kleineren Gruppen stärker zum Tragen kommen. Die Autor/innen verweisen insbesondere darauf, dass die Überschneidungen der Geschlechtergruppen zumeist weitaus höher sind als die Unterschiede zwischen ihnen und dass innerhalb der Gruppen von weiblichen oder männlichen Versuchspersonen die Variabilität der Einzelbefunde häufig höher ist als eine über Mittelwerte unzulässig generalisierte Homogenitätsannahme.

Befundwidersprüche finden sich auch in Untersuchungen hinsichtlich räumlicher Fähigkeiten. In diesem Bereich wird untersucht, ob Jungen und Männer bessere Leistungen in der Verarbeitung von Richtungsinformationen zeigen, während Mädchen und Frauen erfolgreicher in der Nutzung und im Erlernen von Landmarkenpositionen sein sollen (vgl. Kimura 1992). Diese Geschlechterzuschreibung leitet sich aus den biologischen Argumentationen der Evolutionstheorie ab, nach der die männlichen Jäger ihre weiträumigen Orientierungskompetenzen in der Jagd entwickelt hätten, wohingegen die weiblichen Sammlerinnen für das Auf- und Wiederfinden von Pflanzennahrung stärker in der Landmarkenorientierung evolutioniert worden wären.

Ausgehend von diesen Prämissen wird bis heute nach Entsprechungen der postulierten Verhaltensunterschiede in Hirnfunktionen gesucht. Grön und Kollegen kombinierten Navigationsaufgaben in einem Computerlabyrinth mit fMRI-Messungen (Grön et al. 2000). Dabei wurden bei *beiden Geschlechtergruppen* Aktivierungen in verschiedenen kortikalen Hirnregionen bestätigt. Durch eine Subtraktionsanalyse wurde nun versucht, diejenigen Areale herauszufiltern, die bei Frauen oder Männern unterschiedlich aktiv waren. Dabei wird die Aktivierungsstärke der weiblichen von derjenigen der männlichen Probanden abgezogen oder umgekehrt. Eine durchschnittlich höhere Aktivierung bei zwölf Frauen im rechten Parietal- und Frontalkortex interpretierten die Autoren als Beleg für die ausgeprägtere weibliche Landmarkenorientierung. Eine im Mittel stärkere Aktivierung im linken Hippocampus und im rechten Parahippocampus bei zwölf Männern werteten sie dagegen als intensivere Verarbeitung geometrischer Raummerkmale.

Im Widerspruch dazu fanden Blanch und Kollegen keine Geschlechterunterschiede in der Verteilung neuronaler Aktivierung bei einem Wegelernversuch mit Karten (Blanch et al. 2004). Auch in diesem Bereich ist also die Befundlage keinesfalls eindeutig. Die Untersuchungen sind durch methodische Variationen in der Datenerhebung und Datenauswertung gekennzeichnet. Die Blanch-Gruppe kritisierte beispielsweise bei der Grön-Gruppe deren Auswahl des statistischen Verfahrens zur Schwellenwerteinstellung, also die Entscheidung, welche neuronale Aktivität als relevant in die Datenanalyse aufgenommen wurde und welche nicht.

Die Erforschung struktureller Unterschiede im Gehirn liefert bei detaillierter Analyse ebenfalls keine eindeutigen Ergebnisse. So stellte eine Metaanalyse über 40 Studien mit insgesamt über 1000 Versuchspersonen keine durchgängigen Geschlechterdifferenzen hinsichtlich der Größenunterschiede im *Corpus Callosum* fest (Bishop/Wahlstein 1997). Analog konstatiert Wallentin (2009, 179) zur Vernetzungsdichte kortikaler Nervenzellen oder der Dicke des Kortex: „Consistent evidence pointing toward a difference in cortical asymmetry between men and women does not presently exist."

Zu beachten ist schließlich, dass innerhalb der Neurowissenschaften fehlende Unterschiede oder Gleichheiten der Geschlechtergruppen (*similarity studies*, vgl. Hyde 2006) selten in den Fokus der Analyse gestellt, seltener publiziert und seltener zitiert werden. Dieser *Publication Bias* (vgl. Kaiser et al. 2009) führt nach wie vor dazu, dass Geschlechterdifferenz im Vordergrund der Hirndiskussionen steht und häufig als Fakt gehandelt wird (vgl. Cahill 2006). Erst die Herausarbeitung der methodischen Verzerrungen im Vergleich der empirischen Studien kann dahingehend sensibilisieren, dass unterschiedliche experimentelle Verfahren, unterschiedliche Techniken der Datengewinnung und -auswertung und verschiedene statistische Berechnungen die extrahierten Ergebnisse mitbestimmen. Die Aufnahme methodenkritischer Analysen in renommierte wissenschaftliche Fachzeitschriften ist hier positiv zu vermerken (z. B. Sommer et al. 2004 in *Brain;* Kaiser et al. 2009 in *Brain Research Reviews;* Wallentin 2009 in *Brain and Language*).

4   *Nature* und *nurture* in der modernen Hirnforschung

Die Interpretation der Befunde neurowissenschaftlicher Analysen erfolgt immer in engem Zusammenhang mit den zugrunde liegenden Theorien. In der *Nature-nurture-Debatte* wird die Frage diskutiert, ob und in welchem

Ausmaß Verhaltensaspekte generell und kognitive Leistungen im Besonderen durch biologische oder durch Sozialisationsfaktoren bedingt sind.

Eine rigorose *Nature*-Position verbindet die Begriffe der Biologie, des Körpers und der Natürlichkeit mit dem individuellen Verhalten in einer deterministischen Kausal-Logik: Biologie als Ursache und erklärend für das Verhalten. Die zweite wichtige Verbindung liegt in der Konzeption der „natürlichen" Körperentwicklung nach eigenlogischen, evolutionär begründeten Prinzipien, also mehr oder weniger unabhängig von kulturellen Einflüssen. Auch wenn in der heutigen, weniger rigorosen Position der Kultur, der Sozialisation und anderen Außenfaktoren nachträgliche Wirkung eingeräumt wird, bleibt die Trennung von Natur im Gegensatz und in Abgrenzung zur Kultur erhalten (vgl. Birke 2003; Schmitz/Degele 2010).

Infolge der Aufdeckung von unzulässigen Reduktionen und der Dekonstruktion der generalisierenden Geschlechterzuschreibungen vonseiten der Genderforschung wird die Naturalisierungsargumentation inzwischen eher als biologische Dispositionen von Weiblichkeit und Männlichkeit beschrieben, welche die/der Einzelne in der psychosozialen Entwicklung durch Lernprozesse und gesellschaftliche Formung annehmen oder ablehnen könne *(nurture)*. Schon zu Beginn der 1990er Jahre weisen erste Untersuchungen darauf hin, dass die Übernahme von Geschlechterstereotypen der angeblich besseren männlichen Raumorientierung in das eigene Selbstbild die Leistungen von Frauen in als räumlich deklarierten Tests verschlechterten, wohingegen sie in den gleichen Tests besser abschnitten, wenn diese als nicht-räumlich, z. B. als Messung der Wahrnehmungsgeschwindigkeit präsentiert wurden. Ein solcher *Stereotype Thread* (Steele 1997) wurde inzwischen bei Erwachsenen (Massa et al. 2005; Spencer et al. 1999), Kindern (Ambady et al. 2001) und im interkulturellen Vergleich (Steele 1997) mehrfach aufgezeigt.

Die Hirnplastizitätsforschung betont, dass insbesondere im Kortex Nervennetze durch Lernen entscheidend moduliert werden. Dies beinhaltet eine Umkehrung der kausalen Logik: Erfahrung und Lernprozesse im jeweiligen sozialen Entwicklungskontext beeinflussen die Ausbildung der individuellen Hirnstrukturen und -funktionen. Vor dem Hintergrund dieses *Plastizitätskonzeptes* wird das Gehirn zunehmend dynamisch konzipiert. Die Verschaltungsmuster von Nervenzellen (im erwachsenen Kortex sind 10–20 Milliarden Nervenzellen jeweils mit bis zu 10 000 anderen Nervenzellen verknüpft) differenzieren sich in der Entwicklung erst durch wiederholte informationsverarbeitende Prozesse. Dies gilt für die sensorischen, motorischen und senso-motorischen Bereiche sowie für kognitive Funktionen des Sprachverständnisses, der Sprachproduktion oder der räumlichen Mustererkennung und -verarbeitung bis hin zur Gedächtnisbildung und Assoziationskompetenz. Die Lernprozesse im Gehirn werden dabei auf mehreren Ebenen charakterisiert. Elektrophysiologisch wird durch wiederholte, synchronisierte Aktivierung der Verbindungen zwischen Nervenzellen die Informationsübertragung erhöht. Biochemisch werden die Synapsen durch eine erhöhte Freisetzung von Botenstoffen (Transmitter) für kommende analoge Verarbeitungsprozesse sensibilisiert. Molekular wird zellintern die Aktivierung von Genen induziert, die über die Proteinbiosynthese sowohl Stoffe zur Stabilisierung der Synapsensensitivität bereitstellen als auch strukturell zur Ausbildung neuer Synapsen führen können.

Ging man lange davon aus, dass die Plastizität im Gehirn sich nur auf der Ebene der synaptischen Verschaltung vollzieht, so wird zunehmend diskutiert, ob z. B. im Hippocampus aufgrund von Lernprozessen auch neue Nervenzellen gebildet werden (Neurogenese), die wiederum Umstrukturierungsprozesse im zentralnervösen Netzwerk induzieren (Gould et al. 1999). Das Gehirn ist demnach weder in seiner Verschaltungsstruktur noch in den Aktivierungsmustern von vornherein festgelegt, sondern verändert sich während der eigenen Entwicklung in Auseinandersetzung mit dem Umfeld ständig. Nach dem Konzept der Hirnplastizität ist neuronale und synaptische Plastizität nicht nur Voraussetzung für das Lernen, sondern Lernen wird umgekehrt auch als Voraussetzung für die funktionsfähige Entwicklung des Kortex angenommen.

Für die Sprachverarbeitung wurde gezeigt, dass sich die Verarbeitungsareale im vorderen Kortex je nach individueller Sprachbiografie unterschiedlich ausdifferenzieren (vgl. Kaiser et al. 2007). Hatte ein Kind vor dem vierten Lebensjahr zwei oder drei Sprachen gleichzeitig erlernt, zeigte es als Erwachsene während der Sprachproduktion übereinstimmende Aktivierungsmuster. Wurde die zweite bzw. dritte Sprache dagegen erst später erworben, waren in entsprechenden Aufgaben getrennte Verarbeitungsnetze aktiviert. Areale der räumlichen Verarbeitung im Hippocampus von Taxifahrern weisen in systematischem Zusammenhang zur Dauer der Navigationserfahrung eine stärkere Vernetzung auf (Maguire et al. 2000). Musiker/innen, die vom Kindesalter an intensiv beidhändig trainierten, entwickelten ein dickeres Corpus Callosum in den Bereichen, welche die Hirnareale für die Motorik verbinden (Schlaug et al. 1995). Ein zweimonatiges Jongliertraining korrelierte bei vorher ungeübten Studierenden mit einer Erhöhung der Synapsendichte in motorischen Arealen, die nach Beendigung des Trainings wieder abnahm (Draganski et al. 2004). Diese Ergebnisse lassen eine enorme Dynamik erfahrungsabhängiger Hirnplastizität vermuten, was zu einer ganzen Reihe von Ansätzen zum Training des Gehirns führte (vgl. Jäncke 2008).

Hinsichtlich der Frage nach der Ausbildung von Geschlechteraspekten im Gehirn kann Hirnplastizität als theoretische Grundlage dienen, um zu erklären, warum Unterschiede innerhalb der Geschlechtergruppen aufgrund individuell unterschiedlicher Erfahrungen häufig größer sind als zwischen den Geschlechtern. Damit wird ein Aufbrechen der angeblichen Geschlechterhomogenität und binärer Geschlechterzuschreibungen in weibliche oder männliche Eigenschaften hin zu Diversitätsansätzen ermöglicht. Umgekehrt liefert dieses Konzept eine Alternativhypothese zur biologischen Determination von Geschlechtergehirnen: Aufgrund der immer noch ausgeprägten Geschlechtersozialisation in allen gesellschaftlichen Bereichen ist die Ausbildung geschlechtlich geformter Hirnstrukturen auch aufgrund vergleichbarer Erfahrungen denkbar. Körperlichkeit wird hier nicht nur als Ursache, sondern auch als Folge von Erfahrung interpretierbar. Damit lassen sich die vielfältigen Interaktionen von Natur und Kultur in den Blick nehmen. *Sex* und *gender* treten in einer solchen Konzeption in Wechselwirkung (vgl. Schmitz 2006b).

Vor dem Hintergrund einer inzwischen prominent geführten Diskussion um hirnplastische Potenziale ist es erstaunlich, dass im Untersuchungsfeld der geschlechterbezogenen Hirnforschung bisher noch keine empirischen Untersuchungen vorliegen, die solche Interaktionen genauer analysieren. Das kann einerseits daran liegen, dass eine Kategorisierung von genderbezogenen Erfahrungen ob ihrer Vielfältigkeit schwer zu operationalisieren ist, das liegt aber andererseits auch daran, dass die Technologien der Neurowissenschaften nur begrenzt geeignet sind, um solche dynamischen Prozesse und Wechselwirkungen zu untersuchen.

5 Aussagekraft und Wirkmacht von Hirnbildern

Bildgebende Verfahren sind grundsätzlich Lokalisationsverfahren: Sie visualisieren gefärbte Landkarten einer Topografie des Gehirns. Der scheinbare direkte Blick ins Innere des Gehirns ist dabei jedoch immer nur ein vermittelter. Computertomografische Verfahren sind keine Abbilder, sondern bildgebende Technologien, deren Verfahren von der Datenerhebung im Scanner bis zum präsentierten Hirnbild eine ganze Reihe von Berechnungs- und Konstruktionsschritten durchlaufen müssen. Die Modelle und Berechnungsverfahren zur Standardisierung und Filterung (um Artefakte auszuschließen), zur Festlegung von Arealgrenzen, zur Erstellung eines Bildes aus Frequenzsignalen oder zur Festlegung relevanter Aktivierung in Zusammenhang mit einem parallel durchgeführten Leistungstest werden von unterschiedlichen Forschungsgruppen verschieden eingesetzt und kombiniert (vgl. Schmitz 2004). Die Forscher/innen entscheiden oder, besser gesagt, handeln in ihrer jeweiligen Gemeinschaft aus, welche Konstruktionsverfahren sie anwenden, welche Strukturen, Regionen oder Aktivitäten sie ins Bild holen. Die Entscheidung für die eine oder andere statistische Berechnung (im Rahmen der wissenschaftlich anerkannten Verfahrensbandbreite) lässt beispielsweise Geschlechterunterschiede in der Asymmetrie der Sprachareale erscheinen, verschwinden oder sogar umkehren (Kaiser et al. 2007; Phillipps et al. 2001). Untersuchungen der *Science and Technology Studies* haben herausgearbeitet, von welchen Faktoren diese innerwissenschaftlichen Entscheidungsprozesse beeinflusst werden: von der Zusammenstellung der jeweiligen Forscher/innengemeinschaft mit ihren unterschiedlichen Hintergrundannahmen, Fragestellungen und Zielen, von ökonomischen und politischen Faktoren, von gesellschaftlichen Vorstellungen, von den technischen Voraussetzungen und nicht zuletzt von den untersuchten Körpern selbst (vgl. Beaulieu 2002; Joyce 2005; Vidal/Benoit-Browaeys 2005).

Auch wenn die Bedeutung bildgebender Verfahren für eine verbesserte medizinische Diagnose und Therapie unbestritten ist, eines sind die Hirnbilder sicher nicht: neutrale Repräsentationen der Hirnstruktur und -funktion. Sie stellen nicht nur Wissensinhalte dar, sie erzeugen diese auch und transportieren damit bestimmte Vorstellungen, Einschreibungen und Normierungen (vgl. Burri 2008). Ein bunt eingefärbtes, abgegrenztes Areal einer Aktivierung im Hirnbild läuft Gefahr, mindestens drei Botschaften unreflektiert zu verfestigen: Erstens, das Substrat des Denkens oder Verhaltens lasse sich an genau dieser Stelle lokalisieren. Zweitens, dieses Substrat sei die Ursache eben jener kognitiven Leistung oder Handlung und erkläre sie vollständig. Drittens, die Festlegung in der Materialität des Gehirns sei dauerhaft und unveränderlich. Damit verbergen insbesondere standardisierte Gruppenbilder im Geschlechtervergleich (des weiblichen versus des männlichen Gehirns) genau jene angesprochenen Befundwidersprüche, Variabilitäten und zeitliche Dynamiken, die das Forschungsfeld tatsächlich kennzeichnen. Sie verbergen auch, dass das aktuelle Bild einer Aktivierung oder Struktur im Gehirn keine Aussage über die Entwicklung dieses Phänomens zulässt. Hirnbilder sind prägnante Beispiele für Daten, die theoretisch unterdeterminiert sind. Ob und wie weit die Momentaufnahme der Aktivität im Gehirn bei einer kognitiven Aufgabe eine biologisch determinierte oder eine hirnplastisch erworbene Differenzierung darstellt, lässt sich weder für die eine noch für die andere Theorie mit dem Bild beweisen. Das verhindert aber nicht, dass der Visualisierung eine ihr eigene Evidenz zugeschrieben wird, wie es Mitchell (vgl. 1997) mit dem Begriff des *Pictorial Turns* beschrieben hat. Dies gilt im Besonderen hinsichtlich einer Zuschreibung wissenschaftlicher

Autorität und Objektivität an naturwissenschaftliche Bilder, ungeachtet des konstruktiven Charakters ihrer Erstellung (vgl. Bredekamp et al. 2003).

Die Wirkmacht der Botschaften von Lokalisation, Genealogisierung und Manifestation – von den Forscher/innen eventuell gar nicht in diesem Ausmaß beabsichtigt – zeigt sich insbesondere in der gesellschaftlichen Verbreitung neurowissenschaftlicher Erkenntnisse über populärwissenschaftliche Medien. Mit vorwiegend generalisierenden Aussagen werden unter Verweis auf ausgewählte neueste Befunde und Bilder der Hirnforschung Geschlechterunterschiede betont und vorwiegend deterministische Erklärungen herausgestellt (z. B. Cahill 2006; Dana Alliance 2001). Diese Wissensvermittlung erweist sich gegenüber differenzierteren Auseinandersetzungen, wie sie für die Befundlage, die Theorien und Technologien ausgeführt wurden, als erstaunlich resistent. Nur wenige Beispiele lassen sich bisher für eine kritische Diskussion biologischer und neurowissenschaftlicher Geschlechterfragen finden (Bredow 2007; Schnurr 2007). Populärwissenschaftliche Medien stellen jedoch einen wichtigen und wirkmächtigen Wissenskanon in der Gesellschaft her, da sie vielfach als Bezugspunkt und Informationsquelle für Nicht-Expertinnen von außerhalb der Wissenschaft, aber auch von anderen Wissenschaftsdisziplinen genutzt werden. Hier werden Bedeutungen, Zuschreibungen und Normen ausgehandelt, welche die gesellschaftlichen Vorstellungen über Geschlechteraspekte nachhaltig beeinflussen. Letztere wirken selbst auf die Auswahl wissenschaftlicher Fragestellungen zurück (vgl. Heinemann/Heinemann 2010).

Die Forderung nach einer Vermittlung wissenschaftlicher Ergebnisse in verständlicher Form wird auch zwischen Neurowissenschaft und Erziehungswissenschaft erhoben, um „Missinformationen" vorzubeugen (vgl. Goswani 2006). Es muss aber die Frage gestellt werden, wer welche Ergebnisse und Theorien aus dem neurowissenschaftlichen Feld als relevant auswählt. Analog zum innerwissenschaftlichen *Publication Bias* stellt sich das Problem der Wissensautorität einerseits und der Offenlegung kritischer Auseinandersetzung andererseits, wobei Letzterer immer ein durchaus beabsichtigtes Verunsicherungspotenzial innewohnt.

6 Von *sex* und *gender* zu *embodying*

Vor dem Hintergrund des Diskurses um angeborene oder erworbene Verhaltensmerkmale und der damit verbundenen geschlechtlichen Zuschreibungen wird deutlich, warum in der feministischen Debatte der 1970er Jahre die Auftrennung der Kategorie Geschlecht in *sex* und *gender* von zentraler

Bedeutung war. Sie beinhaltete die Emanzipation von der einseitig reduktionistischen Naturalisierungslogik, die Geschlechtlichkeit einzig biologisch-körperlichen Funktionen (also dem *sex*) zuschrieb, implizit verbunden mit der Argumentation einer natürlichen und damit gesellschaftlich nicht veränderbaren Genealogie. Mit dem Begriff *gender* konnten soziale Einflüsse auf die individuelle Entwicklung im Rahmen gesellschaftlich-kultureller Strukturen und Prozesse eingehender analysiert und diskutiert werden (vgl. Degele 2008, 66 ff.).

Die (Neu-)Konzeption des Geschlechterbegriffs im Konzept von *sex* und *gender* beinhaltete aber auch Problematiken. Analog zum Begriffspaar *nature/nurture* implizierte *sex/gender* erneut eine Dichotomie von Natur und Kultur. Biologische Geschlechteraspekte blieben der Natur zugeordnet und wurden von der soziologisch orientierten Genderforschung bis in die 1990er Jahre weitestgehend ignoriert. Sex verblieb damit als Analysekategorie im Arbeitsfeld der Naturwissenschaften. Diese wiederum weiteten, ausgehend von *sex* als ontologisch vorgängiger Konstante, ihre Konzeption von Geschlecht auch auf Aspekte von *gender* aus. Geschlechterverhalten, Geschlechteridentitäten und Geschlechterrollen (im Extremfall sogar soziale Ungleichheiten) seien von einer biologischen Disposition bestimmt, die durch soziale Einflüsse höchstens ausdifferenziert werden könne (vgl. Wickler/Seibt 1998).

Ausgehend von diesen Problematiken wird im feministischen Diskurs zunehmend die Angemessenheit der Trennung von *sex* und *gender* bezweifelt. Die Bedeutung von *sex* und, damit einhergehend, der biologische Körper müsse in die Genderforschung (re-)integriert werden (Birke 2003; Fausto-Sterling 2005); die Gesamtheit der Wechselwirkungen biologischer, psychosozialer und kultureller Aspekte bei allen Fragen der Entstehung von Geschlecht sei zu berücksichtigen. In einem solchen *Embodiment*-Konzept sind einige Punkte zentral hervorzuheben:

1. Der Körper in seiner jeweils aktuellen Ausdrucksform ist immer schon Produkt biologischer und sozial-kultureller Faktoren, denn schon vor und insbesondere nach der Geburt ist die gesamte körperliche Entwicklung in die sozialen und kulturellen, historisch gewachsenen Bedingungen einer Gesellschaft eingebunden.
2. Erfahrungseinflüsse formen die körperliche Materialität ebenso wie ihre Funktionalität, z. B. ihre physiologischen Prozesse.
3. Körperliche Prozesse beeinflussen umgekehrt individuelles und soziales Handeln.
4. Statt einer Aufteilung in binäre biologische und soziale Faktoren müssen diese dynamischen Wechselwirkungen und ihre Zeitverläufe zum zentralen Gegenstand der Analyse werden.

Embodiment-Konzepte werden in den letzten Jahren auch in der Soziologie unter dem Stichwort der *Körpersoziologie* diskutiert: wie der Körper einerseits durch kulturell-gesellschaftliche Prozesse und Strukturen geformt, wie er andererseits wahrgenommen und in sozialen Interaktionen auch unabhängig von der rationalen Ebene eingesetzt wird (vgl. Cregan 2006; Meuser 2006).

Die detaillierte Beschäftigung mit neurowissenschaftlichen Erklärungsansätzen zu Geschlechterfragestellungen hat aufgezeigt, dass sich das Netzwerk Gehirn beständig zwischen biologischer Disposition und umweltoffener Plastizität entwickelt. Es überschreitet dabei andauernd die Grenze zwischen Natur und Kultur. Die körperliche Materialität wird einerseits von der Umwelt, von sozialen Erfahrungen und Lernprozessen geformt, gleichzeitig nehmen körperliche Aspekte selber Einfluss auf Denken und kognitive Prozesse. Neuere Ansätze der *Embodied Cognition* (Johnson/Rohrer 2008) tragen diesen Wechselwirkungsprozessen Rechnung. Lernen wird nicht mehr als rein rationaler Prozess verstanden. Körperliche Erfahrungen, beispielsweise Haltung, Gesten, das konkrete Ausführen einer Aufgabe, selbst die Mimik, spielen eine zentrale Rolle in der Kognition. Bewegen, Wahrnehmen, Fühlen, Denken und Handlungswissen werden bewusst und unbewusst über den Körper erworben. Weitere Ansätze dieser Richtung betonen ebenso die starke Interaktion von Emotionen mit kognitiven Prozessen (vgl. Damasio 1994).

Auf dieser Grundlage wird erstens die klassische Trennung von Körper und Geist, von Natur und Kultur durch die Verbindung von Biologie und Sozialität aufgebrochen. Zweitens werden Kausalanalysen von Körper und Verhalten mit einseitigen Ursachenzuweisungen an Natur *oder* Kultur von Modellen der ständigen Wechselwirkung abgelöst. Drittens weichen additive Modelle (der physikalische Körper sei in essentielle und erworbene Faktoren separierbar) dynamischen Modellen. „It is not enough to say nature cannot be separated from nurture. We must also provide models adequate to the cumulative dynamic of organism-environment intra-actions" (Tuana 1996, 61). Auch das Geschlecht in der Hirnforschung ist kein statisches Produkt mehr. Vielmehr müssen die bio-sozialen Entwicklungen mithilfe interaktionistischer *Embodying*-Ansätze (Schmitz/Degele 2010) prozessual erforscht werden. Dabei ist es unabdingbar, weiterhin verschiedene kritische Fragen in den Blick zu nehmen: Wie werden Normen gesetzt, nach denen Körper diszipliniert werden und sich selber disziplinieren? Wer hat die Definitionsmacht über erwünschte oder unerwünschte Ziele der Körper- und Hirnkonstruktion? Wer soll bestimmen, welche Lernförderung oder welche Gehirntrainings für wen sinnvoll sind? Diese Entscheidungen können nicht allein den Naturwissenschaften, legitimiert durch die scheinbare Objektivität ihrer Erkenntnisgewinnung, vorbehalten bleiben. Sie müssen im transdisziplinären und im wissenschaftlich-gesellschaftlichen Diskurs wesentlich offener ausgehandelt werden, als das bisher der Fall ist.

Literatur

Ambady, Nalini et al. (2001): Stereotype susceptibility in children: Effects of identity activation on quantitative performance. In: Psychological Sciences, 12/5, 385–390.

Barres, Ben A. (2006): Does gender matter? In: Nature, 442, 133–136.

Beaulieu, Anne (2002): Images Are Not the (Only) Truth: Brain Mapping, Visual Knowledge, and Iconoclasm. In: Science, Technology & Human Values 27/1, 53–86.

Birke, Lynda (2003): Shaping biology. Feminism and the idea of ‚the biological'. In: Williams, Simon J. et al. (Hrsg.): Debating Biology. Sociological Reflections on Health, Medicine and Society. London, 39–52.

Bishop, Katherine M./Wahlstein, Douglas (1997): Sex differences in the human Corpus Callosum: Myth or reality? In: Neuroscience & Biobehavioral Reviews, 21/5, 581–601.

Blanch, Richard J. et al. (2004): Are there gender-specific neural substrates of route learning from different perspectives? In: Cerebral Cortex, 14, 1207–1213.

Bredekamp, Horst et al. (2003): Bildwelten des Wissens. In: Bredekamp, Horst/Werner, Gabriele (Hrsg.): Kunsthistorisches Jahrbuch für Bildkritik – Bilder in Prozessen 1/1. Berlin, 1–20.

Bredow, Raphaela von (2007): Das gleiche Geschlecht. In: Der Spiegel, 6/2007, 142–149.

Burri, Regula V. (2008): Doing Images. Zur Praxis medizinischer Bilder. Bielefeld.

Cahill, Larry (2006): Why sex matters for neuroscience. In: Nature Reviews Neuroscience, 7, 477–484.

Cregan, Kate (2006): The Sociology of the Body. Thousand Oaks.

Damasio, Antonio R. (1994): The Feeling of What Happens: Emotion, Reason and the Human Brain. Cambridge, MA.

Dana, Alliance (2001): Männergehirn – Frauengehirn: Wo liegen die Unterschiede? Online-Ressource: http://edab.dana.org/pubarchive/braingender_de.pdf (18.9.2010).

Degele, Nina (2008): Gender/Queer Studies. Paderborn.

Draganski, Bogdan et al. (2004): Neuroplasticity: Changes in grey matter induced by training. In: Nature, 427, 311–312.

Fausto-Sterling, Anne (2005): The Bare Bones of Sex: Part I, Sex & Gender. In: Signs, 30, 1491–1528.

Frost, Julie A. et al. (1999): Language processing is strongly left lateralized in both sexes. Evidence from functional MRI. In: Brain, 122, 199–208.

Goswani, Usha (2006): Neuroscience and education: from research to practise. In: Nature Reviews Neuroscience, 7, 406–413.

Gould, Elisabeth et al. (1999): Neurogenesis in the neocortex of adult primates. In: Science, 286, 548–552.

Grön, Georg et al. (2000): Brain activation during human navigation: gender-different neural networks as substrate of performance. In: Nature Neuroscience, 3/4, 404–408.

Hagner, Michael (2008): Genius, Gender, and Elite in the History of the Neurosciences. In: Karafyllis, Nicole C./Ulshöfer, Gotlind (Hrsg.): Sexualized Brains. Scientific Modelling of Emotional Intelligence from a Cultural Perspective. Cambridge, MA, 53–68.

Heinemann, Thorsten/Heinemann, Linda (2010): Linda Heinemann: ‚Optimise your brain!' – Popular science and its social implication. A joint review of the popular science journals Scientific American Mind and Gehirn&Geist. In: BioSocieties, 5/2, 291–294.

Hyde, Janet S. (2006): Gender similarities still rule. In: American Psychologist, 60/6, 641–642.

Jäncke, Lutz (2008): Macht Musik schlau? Neue Erkenntnisse aus den Neurowissenschaften und der kognitiven Psychologie. Bern.

Johnson, Mark L./Rohrer, Tim (2008): We are live creatures: Embodiment, American Pragmatism and the cognitive organism. In: Body, Language & Mind, 2, 17–54.

Joyce, Kelly (2005): Appealing Images: Magnetic Resonance Imaging and the Production of Authoritative Knowledge. In: Social Studies of Sciences, 35/3, 437–462.

Kaiser, Anelis et al. (2009): On sex/gender related similarities and differences in fMRI language research. In: Brain Research Reviews, 61, 49–59

Kaiser, Anelis et al. (2007): On females' lateral and males' bilateral activation during language production: A fMRI study. In: International Journal of Psychophysiology, 63/2, 192–198.

Kimura, Doreen (1999): Sex and Cognition. Cambridge, MA.

Kimura, Doreen (1992): Weibliches und männliches Gehirn. In: Spektrum der Wissenschaft, 11/1992, 104–113.

Maguire, Eleanor M. et al. (2000): Navigation-related structural change in the hippocampi of taxi drivers. In: Proceedings of the National Academy of Science 97/6, 1–6.

Massa, Laura J. et al. (2005): Individual differences in gender role beliefs influence spatial ability test performance. In: Learning & Individual Differences, 15/2, 99–101.

McGlone, Janet (1977): Sex differences in the cerebral organization of verbal functions in patients with unilateral brain lesions. In: Brain, 100, 775–793.

Meuser, Michael (2006): Körper-Handeln. Überlegungen zu einer praxeologischen Soziologie des Körpers. In: Gugutzer, Robert (Hrsg.): Body Turn. Perspektiven der Soziologie des Körpers und des Sports. Bielefeld, 95–116.

Mitchell, William J. T. (1997): Der Pictorial Turn. In: Kravagna, Christian (Hrsg.): Privileg Blick. Kritik der visuellen Kultur. Berlin, 15–40.

Phillips, Michael et al. (2001): Temporal lobe activation demonstrates sex-based differences during passive listening. In: Radiology, 220, 202–207.

Pugh, Kenneth et al. (1996): Cerebral organization of component processes in reading. In: Brain, 119, 1221–1238.

Schlaug, Gottfried et al. (1995): Increased corpus callosum size in musicians. In: Neuropsychologia, 33, 1047–1055.

Schmitz, Sigrid (2006a): Hirnbilder im Wandel? Kritische Gedanken zum ‚sexed brain'. In: Mauss, Bärbel/Petersen, Barbara (Hrsg.): Das Geschlecht der Biologie. Talheim, 61–92.

Schmitz, Sigrid (2006b): Frauen- und Männergehirne. Mythos oder Wirklichkeit? In: Ebeling, Smilla/Schmitz, Sigrid (Hrsg.): Geschlechterforschung und Naturwissenschaften. Einführung in ein komplexes Wechselspiel. Wiesbaden, 211–234.

Schmitz, Sigrid (2004): Körperlichkeit in Zeiten der Virtualität. In: Schmitz, Sigrid/Schinzel, (Hrsg.): Grenzgänge. Genderforschung in Informatik und Naturwissenschaften. Königstein, 118–132.

Schmitz, Sigrid/Degele, Nina (2010): Embodying – ein dynamischer Ansatz für Körper und Geschlecht in Bewegung. In: Degele, Nina et al. (Hrsg.): Gendered Bodies in Motion. Leverkusen, 13–36.

Schnurr, Eva-Maria (2007): Frauen sind auch nur Männer. In: Die Zeit: Wissen, 1/2007, 10–23.

Shaywitz, Bennett A. et al. (1995): Sex differences in the functional organization of the brain for language. In: Nature, 373, 607–609.

Sommer, Iris et al. (2004): Do women really have more bilateral language representation than men? A meta-analysis of functional imaging studies. In: Brain, 127, 1845–1852.

Spencer, Steven J. et al. (1999): Stereotype threat and women's math performance. In: Journal of Experimental Social Psychology, 35, 4–28.

Steele, Claude M. (1997): A threat in the air: How stereotypes shape the intellectual identities and performance of women and African-Americans. In: American Psychologist, 52, 613–629.

Tuana, Nancy (1996): Fleshing Gender, Sexing the Body: Refiguring the Sex/Gender Distinction. In: Chanter, Tina (Hrsg.): Rethinking Sex and Gender. The Southern Journal of Philosophy, 35, Supplement, 53–71.

Vidal, Catherine/Benoit-Browaeys, Dorothée (2005): Cerveau, Sexe et Pouvoir. Berlin

Wallentin, Mikka (2009): Putative sex differences in verbal abilities and language cortex: a critical review. In: Brain and Language, 108, 175–183.

Wickler, Wolfgang/Seibt, Ute (1998): Männlich Weiblich. Ein Naturgesetz und seine Folgen. Heidelberg.

2

Sexuelle Identität – Risiko – Vorbilder: Brennpunkte der Jungendebatte

Rolf Pohl

Probleme der sexuellen Identität von Jungen und Männern*

Männlichkeit ist kein natürlicher Zustand, sondern ein fragiles, kulturell wandelbares Konstrukt, das in männlich dominierten Gesellschaften nicht nur erworben, sondern im Falle innerer oder äußerer Krisen immer wieder gegen damit einhergehende reale oder vermeintliche Bedrohungen unter Beweis gestellt, erneuert oder repariert werden ‚muss'. Die damit einhergehenden bewussten und unbewussten Konflikte zeigen sich insbesondere auf dem Feld der männlichen Sexualität. Wie lassen sich dieser Herstellungsprozess und seine Bedeutung für die Reproduktion vorherrschender Geschlechterverhältnisse differenziert und ohne anthropologisch verkürzte Pauschalurteile über ‚die' Männer begreifen? Eine Bearbeitung dieser Frage sollte

---

* Bei diesem Text handelt es sich um eine gekürzte und veränderte Fassung des Beitrags „Genitalität und Geschlecht. Überlegungen zur Konstitution der männlichen Sexualität". In: Bereswill, Mechthild/Meuser, Michael/Scholz, Sylka (Hrsg.) (2007): Dimensionen der Kategorie Geschlecht: Der Fall Männlichkeit (Forum Frauen- und Geschlechterforschung, Bd. 22). Münster: Westfälisches Dampfboot, 186–205 (mit freundlicher Genehmigung des Verlages).

(zunächst) an einer Soziologie der Männlichkeit ansetzen: Die wichtigsten soziologischen Ansätze, die sowohl differente als auch grundlegend übereinstimmende Merkmale historisch, kulturell und milieuspezifisch bestimmter Maskulinitäten zum Thema machen, sind die Theorie Bourdieus zur männlichen Herrschaft und Connells Konzeption der hegemonialen Männlichkeit. Michael Meuser weist darauf hin, dass beide Ansätze, wenn auch aus unterschiedlichen Perspektiven und mit unterschiedlichen Schwerpunktsetzungen, ein „fundamentales Prinzip der Konstruktion und Reproduktion von Männlichkeit verdeutlichen: eine doppelte Abgrenzung oder Distinktion, die zu Dominanzverhältnissen sowohl gegenüber Frauen als auch gegenüber anderen Männern führt" (Meuser 2003, 86).

Beide Theorien liefern mit dieser zweifachen Distinktion wichtige Anschlussstellen für eine psychoanalytische Theorie der männlichen Sexualität. Connell unterscheidet in seiner Analyse der historisch wandelbaren sozialen Herstellung von Männlichkeiten drei Bereiche, in denen der Kampf um Hegemonialität in seiner doppelten Bedeutung – als Kampf um die Führung in der Binnenhierarchie der männlichen Genusgruppe und als gemeinsamer Kampf aller Männer zur Sicherung ihrer Vormachtstellung gegenüber den Frauen – sichtbar wird: in den politischen und sozialen Machtbeziehungen, den ökonomischen Produktionsbeziehungen und der *Kathexis* (Connell 1999, 94 f.). Der Begriff *Kathexis* umfasst die Beeinflussung der emotionalen Bindungsmuster durch das soziale Geschlecht und damit die an libidinöse Besetzungsvorgänge gebundene Struktur und Dynamik des objektgerichteten sexuellen Begehrens im Rahmen des gesellschaftlichen Arrangements der Geschlechter. Das Konzept der *Kathexis* wird von Connell nicht weiter systematisch ausgeführt, gibt aber eine wichtige Nahtstelle für eine libidotheoretisch orientierte Psychoanalyse der männlichen Sexualität und die daraus entspringenden männlichen Bezugnahmen auf das untergeordnete weibliche Geschlecht an.

Im Zentrum von Bourdieus Variante einer „doppelten Distinktions- und Dominanzstruktur von Männlichkeit" steht eine gesellschaftlich konstituierte und in den männlichen Habitus eingehende „libido dominandi", in der sich der Wunsch ausdrückt, „die anderen Männer zu dominieren, und sekundär, als Instrument des symbolischen Kampfes, die Frauen" (Bourdieu 1997, 215). In männlich dominierten Kulturen, die Bourdieu am Beispiel der berberischen Kabylen in Algerien untersucht, müssen Männer ihre (fragile) Männlichkeit insbesondere den Frauen gegenüber beweisen, wobei diese Männlichkeitsbeweise in erster Linie der Abwehr angstauslösender Gefahren dienen, die von den Frauen für die männliche Integrität auszugehen scheinen. „Die fanatische Exaltierung der männlichen Werte", so heißt es bei

Bourdieu, „findet ihre düstere Entsprechung in den Ängsten, die die Weiblichkeit hervorruft" (ebd., 188). Das Hauptinstrument zur Angstabwehr und damit der Männlichkeitsbeweise aber ist das symbolisch zum Phallus aufgeladene Genital des Mannes. Die Reproduktion und die Sicherung der männlichen Herrschaft, des Prototyps gesellschaftlicher Herrschaft überhaupt, erfolgt in einer phallozentristischen Gesellschaft durch ihre Einschreibung in den Körper und insbesondere in die Geschlechtsorgane, „die, weil sie den Geschlechtsunterschied verdichten, prädestiniert sind, ihn zu symbolisieren" (ebd., 174). Bourdieu versteht seine ethnografische Untersuchung der Kabylen exemplarisch „als Instrument einer Soziaoanalyse des androzentristischen Unbewussten" (Bourdieu 2005, 14). Das kann hier nicht weiter vertieft werden, soll aber eine Spur deutlich machen, die zusammen mit dem Konzept der *Kathexis* von Connell wichtige Anknüpfungspunkte für eine psychoanalytische Konzeptualisierung der männlichen Sexualität bietet.

Nun hat innerhalb der Psychoanalyse ein paradigmatischer Wandel stattgefunden, der zu einer problematischen Verkürzung des Blicks auf die männliche Sexualität und insbesondere auf die widersprüchliche Dynamik libidinöser Objektbesetzungen geführt hat. Unter den neueren Richtungen und Schulen haben zwar insbesondere die Narzissmus-, die Bindungs- und die Objektbeziehungstheorie zu einer produktiven Erweiterung der psychoanalytischen Perspektive auf prä-ödipale Ablösungsprozesse und damit gleichzeitig zu einer Ausweitung der psychoanalytischen Erkenntnisbildung durch eine stärkere Einbeziehung sozialer Interaktionsmuster geführt. Aber gleichzeitig ist mit diesen Weiterentwicklungen eine „allgemeine Verflüchtigung des Sexuellen in der Psychoanalyse" (Parin 1986) einhergegangen, die fatale Folgen für die konzeptuelle Auseinandersetzung mit dem Thema Männlichkeit hat. Ähnlich wie in vielen feministischen Ansätzen ist auch in der Psychoanalyse mit dem Verschwinden der männlichen Sexualität und ihrer libidoökonomischen Grundlagen insbesondere deren genitale Ausrichtung aus dem Blickfeld geraten (vgl. Green 1998). An die Stelle einer Analyse der Struktur und Genese des spezifisch männlichen, an die Genitalität gekoppelten Begehrens im Rahmen einer Gesamtkonzeption von Psychosexualität ist eine modische Theorie der Geschlechtsidentitätsentwicklung getreten, als deren Fundament auch von feministischer Seite das zugleich normativ und affirmativ gefasste Konzept einer frühen „Ent-" und „Gegen-Identifizierung" des Jungen gilt.

Dieses auf Greenson (1968) zurückgehende Konzept ist quasi zum Schibboleth feministischer und psychoanalytischer Ansätze zur männlichen Sozialisation geworden. Die inflationäre Verwendung des weitgehend unreflektierten und mit fragwürdigen Ganzheitlichkeitsvorstellungen verbundenen

Identitätsbegriffs („Geschlechtsidentität", „Identitätszuweisung", „Identitätspolitik" usw.) ist allerdings höchst problematisch. Der Junge müsse sich, um zu einer stabilen männlichen Geschlechtsidentität zu gelangen, im „zartesten und verletzlichsten Alter" (Günzel 1989, 223) von ca. ein bis zwei Jahren von seiner primären Bezugsperson, das heißt in der Regel der Mutter, lösen und eine „Gegen-Identifikation" mit einem hoffentlich nicht nur real vorhandenen, sondern auch emotional anwesenden Vater aufbauen. Diese frühe Mutterablösung wird allgemein als „Identifikationsbruch" bezeichnet, so als sei die „Abgrenzung des Jungen von der Mutter [...] der einzige Weg, auf dem der Junge seine Geschlechtsidentität herstellen kann" (Pech 2002, 42; ähnlich auch Chodorow 1985). In manchen Auffassungen wird dieser *Identifikations*bruch sogar dramatisch zu einem *Identitäts*bruch verschärft und wie etwa bei Nitzschke (1988, 74) von einer in der frühen Mutter-Sohn-Symbiose erzeugten weiblichen „Ur-Identität" ausgegangen, die der Junge energisch überwinden und in eine männliche Identität transformieren müsse.

Die frühe libidinöse Struktur der Sexualität des Jungen hat in diesen Ansätzen keine eigenständige Bedeutung mehr. Die männliche Sexualität wird stattdessen als probates Mittel zur Symbolisierung von Differenz und Eigenständigkeit, das heißt als Ergebnis einer sekundären Sexualisierung von Trennung und Verlust durch die narzisstische Besetzung des Penis interpretiert. Neben dieser Verkürzung der Sexualitätsdimension liegt eine der Hauptgefahren dieser Ansätze in der Verdoppelung der gesellschaftlichen Abwertung der Weiblichkeit durch die Reduktion des mütterlichen Einflusses auf eine zu überwindende und aus Körper und Seele des Jungen gleichsam wie in den klassischen Initiationen auszutreibende urweibliche Substanz (vgl. Schmauch 1995, 33; Pohl 2004, 59–97). Diese Annahme wird häufig mit einer Klage über die schädliche Überpräsenz weiblicher Bezugspersonen in der frühen Jungensozialisation und über ein Verhalten der Mütter verbunden, die ihre Jungen grundsätzlich entweder zu früh oder zu spät aus der nutritiven, als konflikt- und spannungsfreien Einheit missverstandenen Symbiose entlassen. *Identitäts*bruch wird also mehr oder weniger explizit als Befreiung von der verschlingenden oder der rabiat abstoßenden Mutter gesehen. Die Voraussetzung einer stabilen männlichen Identität ist demnach an die größtmögliche Entfernung zur Mutter und an die erfolgreiche Abwehr der aus der unbewussten Erinnerung an sie entspringenden regressiven Sogwirkung („Symbioseangst") gebunden.

Von dieser Position aus ist der Schritt zu einer Idealisierung der phallischen Männlichkeit und zu einer Rechtfertigung von männlicher Härte und Dominanz, die als logische Folge notwendiger Trennungsaggressionen verharmlost wird, nicht mehr weit. In vielen psychoanalytischen Ansätzen zur frühen Männlichkeitsentwicklung ist die Doppelstrategie einer Dämonisierung der Mutter als „Ort der Schuld" und als „Sündenbock der Moderne" bei gleichzeitiger Idealisierung des Vaters (und damit generell des Männlichen) als heilsbringenden Retter aus einer vernichtenden mütterlich-weiblichen Verschlingung verbreitet, eine Doppelstrategie, wie sie am eindrücklichsten von Rohde-Dachser (1991, 259 ff.) als Ausdruck einer Re-Mythologisierung des Geschlechterverhältnisses kritisiert wird (vgl. Pohl 2006). Auch der „kritischen Männerforschung" entstammen sozialisationstheoretische Ansätze, die sich in ähnlicher Weise an dem Geschäft des *Motherblamings* beteiligen, wenn sie den Ablösungskampf des Jungen gegen die als „Baubokratie" diskreditierte frühe mütterliche Herrschaft und Übermacht und die bei Männern daraus entstehende unaushaltbare Mischung aus Frauenangst und sexuellem Begehren sogar als eine anthropologisch notwendige Tatsache verklären (Böhnisch 2003, 232 f.; vgl. auch Böhnisch 2004; Böhnisch/Winter 1993).

Das als Mutterüberwindungsschema gefasste Modell der Ent-Identifizierung ist also in mehrfacher Hinsicht problematisch: Es ist misogyner Bestandteil eines projektiven Entlarvungsversuchs des weiblichen Geschlechts als faszinierend und zugleich furchterregend; es kommt an die unbewussten Selbst- und Objektrepräsentanzen des heranwachsenden Jungen und die daran gebundenen Wünsche und Fantasien bezüglich des eigenen und des „anderen" Geschlechts nicht heran. Die Idee eines potenziell gelingenden scharfen Identitätsbruchs ist aus psychoanalytischer Sicht fiktiv, denn im „Unbewussten des Jungen, wie aller Menschen, gibt es keine Verneinung, keinen definitiven Bruch" (Schmauch 1996, 52). Das bedeutet, so Ulrike Schmauch weiter: „Frühes Trieb- und Selbsterleben, frühe Identifizierungen werden nicht ‚beendet' – das ist, psychoanalytisch gesehen, eine sinnlose Annahme" (ebd.); und schließlich fällt auch an dem Konzept eines Identitätsbruchs durch die Ent-Identifizierung von der Mutter auf, dass die Sexualität aus dem Nirgendwo zu kommen scheint und als eine Kraft gesehen wird, die einzig der sekundären Aufladung körperlicher Differenzmerkmale zu quasi archetypischen Insignien männlicher Differenz und Selbstbehauptung dienen soll.

1 Die Konstitution der Sexualität zwischen Trieb und Objekt

Auf der Suche nach homologen Merkmalen der männlichen Heterosexualität stoßen wir sofort auf Übereinstimmungen, die sich in unterschiedlichen Ausprägungen bis heute hartnäckig halten. Für Godenzi handelt es sich insbesondere um die „Präferenz optischer Reize, die Fixierung auf Penis und

Koitus, das Beharren auf der dominanten Rolle, die Zelebration des Samenausstosses und das ungeduldige Warten darauf, die Verarmung der Fantasie, der Hass auf die Omnipotenz der Frau, die Angst vor der eigenen Impotenz, die Verneigung vor der Quantität" (Godenzi 1991, 157). Im Prinzip handelt es sich bei den beschriebenen Merkmalen um Ausgestaltungen oder Varianten der beiden Hauptkennzeichen der männlichen Sexualität in männlich hegemonialen Gesellschaften: eine phallisch überhöhte Genitalfixierung und eine ambivalente, von Begehren und Feindseligkeit geprägte unbewusste Einstellung zu Frauen und zur Weiblichkeit. Die Tiefendimension dieser Merkmale und ihrer spezifischen Verbindungen lassen sich weder ausschließlich soziologisch noch objektbeziehungstheoretisch schlüssig erklären. Vor diesem Hintergrund halte ich entgegen dem allgemeinen Mainstream innerhalb der psychoanalytischen Schulenbildungen einen kritischen Rückgriff auf Freuds gleichzeitig trieb- und objekttheoretisch fundierte Sexualtheorie für ausgesprochen sinnvoll und hilfreich (ausführlich in Pohl 2004).

Dabei dürfen selbstverständlich die beiden Hauptkritiken an Freuds Triebtheorie sowie an seinen Geschlechtermodellen nicht ignoriert werden. Der gravierendste Einwand bezieht sich auf seine unhaltbare, die herrschenden Geschlechterverhältnisse biologisierende und von hohen männlichprojektiven Anteilen bestimmte Weiblichkeitstheorie. Aber gerade der androzentristische Bias in Freuds triebtheoretischen Annahmen zur sexuellen Differenz bietet auch Chancen für eine Annäherung an die Tiefendimensionen der männlichen Sexualität. Freuds sexualtheoretische Konzepte sind aus männlicher Perspektive verfasst und viele von ihnen bieten wichtige Erklärungsansätze für eine Psychoanalyse der Männlichkeit. Nach diesen Modellvorstellungen werden die Sexualität des Mannes und ihre bevorzugten Äußerungsformen hauptsächlich von zwei nach wie vor hochaktuellen Kriterien bestimmt: Die männliche Sexualität unterliegt erstens einem phallokratischen Genitalprimat, dessen Rigidität und Ausschließlichkeit die (männliche) Genitalität gleichsam zur *Exekutive* und den narzisstisch hochbesetzten Penis des Mannes zum *Exekutivorgan* der gesamten Sexualität macht, indem „das Vordrängen des erigiert gewordenen Gliedes beim Manne gebieterisch auf das neue Sexualziel hinweist, auf das Eindringen in eine die Genitalzone erregende Körperhöhle" (Freud 1905, 123). Diese empirisch durchaus richtige Beobachtung Freuds lässt sich geschlechtertheoretisch auch anders als nur als eine unausweichliche Folge der männlichen Sexualreifung interpretieren: Das Genitalprimat ist ein Primat des Männlichen und die Penis- und Koitusfixierung zeigen, dass das Geschlecht der Männer an dem zum bloßen Vollzugsorgan verdinglichten Ausdrucks- und Sicherungsmittel ihrer Männlichkeit hängt.

Die Konstitution der Sexualität zwischen Trieb und Objekt

Neben dieser Genitalfixierung ist die männliche Sexualität zweitens von einer Beimengung von Aggression gekennzeichnet, die sich besonders deutlich in den unbewussten, in einer Mischung aus Lust, Angst, Neid und einer bis zum Hass steigerbaren Feindseligkeit bestimmten Einstellungen zur Weiblichkeit ausdrückt, wobei diese Mischungen in Krisenzeiten mit Verschiebung der Prioritäten neu zusammengesetzt werden können. Zugespitzt formuliert folgt für Freud aus dieser doppelten Charakteristik, dass die männliche Sexualität generell von dem Zusammenwirken einer „Hochschätzung des männlichen Organs" und einer „Geringschätzung des Weibes" (Freud 1922, 205) bestimmt wird, einer Geringschätzung allerdings, die nur die andere Seite der idealisierenden Verklärung der sexuell unberührbaren Frau in der männlichen Aufspaltung des Frauenbildes in Jungfrau und Hure darstellt. Der ungebrochene Boom von Prostitution und Pornografie bestätigt Freuds formelhafte Beschreibung der weitverbreiteten männliche Unfähigkeit, Liebe, Zärtlichkeit und Sinnlichkeit dauerhaft an ein „Objekt" zu binden: „Wo sie lieben, begehren sie nicht, und wo sie begehren, können sie nicht lieben" (Freud 1910/1912, 82). Hat sich eigentlich bis heute an der darin zum Ausdruck kommenden, mit Angst durchsetzten Abwertung und Aufspaltung des Weiblichen grundsätzlich etwas geändert?

Damit kommen wir neben dem Androzentrismusvorwurf zur zweiten Kritik an Freuds triebtheoretischer Sexualitätsauffassung. Die gängige Aufspaltung des Frauenbildes, die damit einhergehende Abwehr der Angst vor der Frau und insbesondere vor der weiblichen Sexualität sowie die fetischistische Penis- und Potenzfixierung zeigen, dass es in den libidinösen und aggressiven Äußerungsformen der männlichen Sexualität um weit mehr geht als um bloß quantitative Stauungs- und Entladungsvorgänge, wie es Freud immer wieder unterstellt wird. Der gängige Vorwurf, Freud reduziere die (männliche) Sexualität auf ein psychohydraulisches Dampfkesselmodell, das allerhöchstens zum sexualrepressiven Klima und zu den mechanisch-naturwissenschaftlichen Vorstellungen des 19. Jahrhunderts gepasst habe (so etwa bei Böhnisch/Winter 1993, 185), ist falsch und verkennt den heuristischen Wert triebtheoretischer Ansätze. Ein kritisches Festhalten an ihnen ist vor allem als Gegenstrategie gegen jene soziologisierende Sicht auf die männliche Sexualität wichtig, die die Psychoanalyse vorschnell in eine bloße Interaktionstheorie transformieren möchte.

Im Zentrum der selbstverständlich nicht biologisch misszuverstehenden Triebtheorie stehen die unbewussten Bewegungen zwischen Trieb und Objekt im Spannungsfeld einer prinzipiellen Offenheit des Triebes („Plastizität der Psyche") und seiner tatsächlichen Fixierung an Objekte („Klebrigkeit der Libido"). Diese Bewegungen zwischen Trieb und Objekt finden entlang unbewusster Repräsentationssysteme auf der Ebene der psychischen Realität statt und manifestieren sich beim Prototyp aller Triebe, dem Sexualtrieb, in den sexuellen Fantasien und schließlich im manifesten Sexualverhalten. In der Entstehung und Entwicklung der menschlichen Sexualität ist also von Beginn an ein grundlegender Widerspruch zwischen Objektunabhängigkeit und Bindungszwang verankert, der erhebliche Auswirkungen insbesondere für das Triebschicksal der männlichen Sexualität und damit für die männliche Subjektkonstitution insgesamt hat.

Das Objekt des Triebes ist zwar, so Freuds feste Überzeugung, einerseits das Variabelste am Trieb, beliebig und austauschbar; andererseits aber benötigt der Trieb nicht nur für die Akte realer Befriedigung Objekte, sondern auch, um als unbewusste Wunschfantasie überhaupt dargestellt werden zu können. Ohne Objekt gibt es keine Sexualität und folglich auch keine Geschlechtsidentität. Daraus ergibt sich ein fundamentales Dilemma, dem die Konstitution der Sexualität schon im Medium erster Objekterfahrungen unterworfen ist: Das sexuelle Begehren richtet sich zwangsläufig auf ein Objekt, das der Trieb unter dem Einfluss des Primärprozesses und den Ansprüchen eines purifizierten Lustprinzips eigentlich nicht brauchte, auf das er aber in all seinen Erscheinungs- und Befriedigungsformen trotzdem unabdingbar angewiesen ist (Freud 1905; 1915). Ein freies Abströmen von sexueller Erregung ohne archaische Formen der Bindung an Objekte bzw. Partialobjekte und ohne die damit automatisch verbundene Grunderfahrung von Trennung und Verlust ist von Beginn an unmöglich. Das bedeutet gleichzeitig, dass die Idee eines Triebes „an sich" ein Mythos ist und die Suche nach seinem biologischen Substrat ebenso müßig wie der Glaube an einen frühen paradiesischen Zustand prästabilierter (objektloser) Harmonie im Sexualhaushalt (vgl. ausführlich Pohl 2004, 101–165).

Dieses grundlegende Dilemma in den Bewegungen zwischen Sexualtrieb und den sowohl psychisch repräsentierten als auch realen Objekten gilt grundsätzlich für beide Geschlechter, prägt aber in männlich dominierten Kulturen und Gesellschaften in einer ganz spezifischen Weise die darauf aufbauende Ausgestaltung der männlichen Sexualität mit fatalen Konsequenzen für die vorherrschenden Regelungen des Geschlechterverhältnisses.

2 Autonomiewunsch und Abhängigkeitsangst – Der unlösbare Grundkonflikt der hegemonialen männlichen Sexualität

Der entscheidende Dreh- und Angelpunkt einer vom allgemeinen Sexualitätsdilemma geprägten und von einer verdichteten Einheit von Genitalprimat und Weiblichkeitsabwehr bestimmten männlichen Sexualität ist die geschlechtsspezifische Wahrnehmung und Verarbeitung des Geschlechtsunterschieds. Damit soll jedoch keineswegs eine Unausweichlichkeit männlicher Triebschicksale postuliert werden, mit der die phallokratischen Lösungswege in der gängigen Männlichkeitsentwicklung anthropologisch verklärt werden. In Anlehnung an das von Benjamin konzipierte Anerkennungsparadigma ist durchaus eine Verarbeitung der Geschlechterdifferenz ohne Erzeugung eines Zwangs zur Abgrenzung durch eine selbsterhöhende Betonung der an anatomischen Merkmalen festgemachten Unterschiede denkbar. Eine Trennung und Abgrenzung von Objekten der frühen Pflege, von den ersten Identifikationsobjekten und von den nicht erreichbaren bzw. verbotenen Objekten des sexuellen Begehrens ist zwar für die Subjektkonstitution unerlässlich. Aber nach Benjamin besteht die Ich-Entwicklung eben nicht ausschließlich darin, „denn neben der Abgrenzung ist auch von einem subjektiven Bedürfnis nach gegenseitiger Anerkennung auszugehen" (Benjamin 1995, 252).

Der Umgang mit diesem intersubjektiven Grundbedürfnis nach Anerkennung, das heißt seine Abwehr oder seine Akzeptanz, prägt von den ersten psychosozialen Austauschprozessen der frühesten Kindheit an jeden Kampf um konkrete Wünsche und bildet damit auch das Einfallstor für die Entwicklung und Ausgestaltung von Macht- und Herrschaftsinteressen. Aber ist damit grundsätzlich auch eine Form der Autonomieentwicklung denkbar, die auf der Basis wechselseitiger Anerkennung der eigenen Wünsche und des eigenen Begehrens entstehen kann, ohne dem gegenüberstehenden Subjekt und mit ihm kollektiv der Gruppe, die es repräsentiert, einen eigenen Subjektstatus abzusprechen und dieses Subjekt zu einem defizitären Mängelwesen zu erklären? Auch wenn sich Benjamin an der traditionellen ödipalen Konstellation orientiert und außerdem, dem psychoanalytischen Modetrend folgend, eine falsche Alternative zwischen der Triebtheorie und einer „Theorie primärer Intersubjektivität" konstruiert, so leuchtet ihr Grundmodell unmittelbar ein und kann zur weiteren Erläuterung des Grundkonflikts zwischen Autonomie und Unabhängigkeit auch für die männliche Subjektbildung herangezogen werden. Die Notwendigkeit der intersubjektiven Anerkennung gipfelt für Benjamin in dem für beide Geschlechter geltenden Paradox, „dass man/frau vom Anderen abhängt, um seine/ihre Unabhängigkeit zu bestätigen" (ebd., 259). Und das bedeutet: „In dem eigenen Bemühen, Autonomie zu erlangen, bedarf man des Anderen, der den Wunsch nach Selbstbehauptung bzw. die Fähigkeit dazu anerkennen muss" (ebd.).

Das in den gängigen geschlechtertheoretischen Erklärungsansätzen nicht hinterfragte, sondern theoretisch verdoppelte Postulat eines rigiden Zwangs zur Ent-Identifizierung von der frühen Mutter und zu einer Selbstdefinition des männlichen Kindes in erster Linie als nicht-weiblich sprengt aber dieses „paradoxe Gleichgewicht zwischen Autonomie und Abhängigkeit" (ebd.) in der männlichen Entwicklung zugunsten einer immer stärkeren Betonung von Differenz, Ungleichheit und einer den/die Anderen entwertenden narzisstischen Größenfantasie. Bei der im Modell der Ent-Identifizierung postulierten frühen Mutterablösung wird aber vergessen, dass die Jungen und später die Männer in männlich dominierten Gesellschaften ihre Autonomie eben nicht in wechselseitiger Anerkennung entwickeln. Stattdessen unterliegen sie dem unentrinnbaren Zwang, sich mit der Betonung ihrer Unabhängigkeit prinzipiell als das wichtigere und überlegenere Geschlecht zu setzen und wenn es darauf ankommt, das heißt insbesondere in Krisenzeiten, die unbewusst immer auch als Krise der Männlichkeit erlebt werden, diese Setzung zu erneuern und durch die bekannten kulturspezifischen Männlichkeitsbeweise zur Sicherstellung der männlichen Integrität zu bestätigen.

Diese männliche Selbstsetzung ist kein einmaliger Vorgang, der mit der frühen Verarbeitung der Geschlechterdifferenz ungefähr im zweiten Lebensjahr und der Ablösung von der Mutter abgeschlossen ist, denn dieser Vorgang unterliegt dem in linearen Reifungsmodellen mit monokausalen Erklärungsansätzen generell vernachlässigten Mechanismus der Nachträglichkeit. Nachträglichkeit bedeutet, dass spätere lebensgeschichtlich relevante Reifungsphasen entscheidende Umschlagstellen darstellen, in denen einmal geronnene psychische Strukturen unter dem Einfluss neuer Erfahrungen wieder verflüssigt und durch ‚Umschriftung' unbewusst eingelagerten Erinnerungsmaterials auch verändert und zu neuen Ausgängen geführt werden können (vgl. Kirchhoff 2009). Diesem Nachträglichkeitsmechanismus kommt eine große Bedeutung für die Entwicklung der Sexualität zu. Sexualität entsteht nicht als eine biologische Kraft, die dem Körper „von Natur aus" anhaftet, „sondern als leibliche Einschreibung lustvoller Erfahrungen" im Rahmen frühkindlicher Interaktionen (Quindeau 2005, 138). Die Pubertät stellt dann nach Freuds zweizeitigem Ansatz der Sexualentwicklung vor allem einen „zentralen Knotenpunkt dieser Umschriften dar, an dem diese Erfahrungen unter dem Primat des Genitalen neu strukturiert und zur Erwachsenensexualität umgeschrieben werden" (ebd.).

Damit kommen wir zur Entwicklung der männlichen Sexualität zurück. Selbstverständlich wäre die Annahme naiv, der kleine Junge würde sich bereits zur Zeit der Verarbeitung der Geschlechterdifferenz und damit zu Beginn der frühkindlichen „phallischen Phase" durch die Entfaltung eines fertigen Genitalprimats endgültig als das überlegene Geschlecht setzen. Erst gemeinsam mit den späteren Umschriften sorgen die frühen Einschreibungen dafür, dass das Genital zum Brennpunkt der gesamten männlichen Sexualität wird. Die endgültige Errichtung des Genitalprimats erfolgt erst in der Pubertät. Der Penis wird dann zum zentralen Ausdrucksmittel des männlichen Selbstempfindens, weshalb beim Mann die angesprochene Fixierung an Potenz und Leistung so eng mit der Funktionsfähigkeit seines Geschlechtsorgans verbunden ist. Dabei wird neben der sexuellen auch die soziale Leistungsfähigkeit symbolisch am erigierten Glied festgemacht. Der Penis wird narzisstisch aufgewertet und als Phallus unbewusst zum Symbol von Vitalität, Souveränität und Autonomie. „Das ‚Primat der Genitalität' hat in seinem normativen Aspekt", so Sophinette Becker (2005, 71), „eine einseitige, androzentristische Ausrichtung".

Zudem verspricht der zum Phallus aufgeblähte Penis Allmacht und Transzendenz und kann im Fall subjektiv als existenziell erlebter Bedrohungen der Männlichkeit als waffenähnliches Instrument der sexuellen Aggression dienen. Phallischer Narzissmus und phallische Aggressivität liegen somit eng beieinander. Gleichzeitig aber bleibt der Penis das, was er seiner ursprünglichen Funktion nach immer war: das erotische Zentralorgan der sexuellen Erregung, der Lust und der Befriedigung des Mannes. Unter dem Diktat des Genitalprimats ist der Penis also mehrfach determiniert und verkörpert alle bedeutsamen, mit den hegemonialen Formen der Männlichkeit verbundenen sexuellen, narzisstischen und aggressiven Dimensionen mit gravierenden Folgen für die Einstellung des Mannes zum weiblichen Geschlecht und damit für die vorherrschende Polarität der Geschlechter. Dabei kommt die dilemmatische Grundstruktur der männlichen Sexualität in einem Paradox zum Ausdruck, das direkt dem allgemeinen Sexualitätsdilemma entspringt: In ihrer phallischen Gestalt von Größe, Unabhängigkeit und Transzendenz braucht die männliche Sexualität keinen Anderen und daher auch keine Objekte. In ihrer genitalen Lustdimension dagegen umso mehr. Jede Lust des Mannes löst somit eine unbewusste Angst vor Abhängigkeit aus.

Damit gelangen wir in das Zentrum des sexuellen Männlichkeitsdilemmas. Die unter den herrschenden Geschlechterhierarchien sozialisierten Männer neigen dazu, zwischen „Abhängigkeit und Unabhängigkeit" eine „falsche Antinomie" (Benjamin 1995, 256) herzustellen, die, wenn sie unterlaufen wird, existenzielle Ängste und teils energische, teils verzweifelte Gegenmaßnahmen zur Abwehr der assoziativ mit Weiblichkeit verknüpften Gefahren auslöst. Dem männlichen Ideal von Autonomie und Überlegenheit stehen dabei insbesondere zwei elementare Erfahrungen von Abhängigkeit diametral entgegen: die eigene Herkunft und die Sexualität.

Die erste Grunderfahrung des Mannes, die den dominierenden Männlichkeitsbildern zutiefst widerspricht, ist seine Abstammung. „Der Mann", so fasst Regina Becker-Schmidt (2000, 80) die Tiefendimension dieses Konflikts zusammen, „ist nicht von seinesgleichen fabriziert, sondern er schuldet sein Dasein einer Frau. Er ist zudem in seinen ersten Lebensjahren von ihr abhängig. ‚Mütterlichkeit' bindet somit nicht einfach Frauen an ihr Geschlecht, sondern männliche Kinder an die Mutter: das andere Geschlecht." Becker-Schmidt zieht daraus den Schluss: „Das männliche Bewusstsein will offensichtlich den Gedanken an diese Abhängigkeit nicht zulassen" (ebd.).

Auf keinem Gebiet aber zeigt sich der Mann abhängiger und im eigenen Selbstverständnis schwächer als in der Sexualität und ihrer zur Männlichkeitsnorm gehörenden heterosexuellen Orientierung. Das Dilemma ergibt sich aus der prinzipiellen Objektgebundenheit (auch und gerade) der genitalen Sexualität. Das zeigt sich besonders deutlich in der tief sitzenden Angst vieler Männer vor der weiblichen Sexualität und zugleich vor der eigenen Impotenz. Nach einer repräsentativen Umfrage haben 88 % der deutschen Männer Angst vor Frauen und 84 % Angst vor Potenzversagen (Pohl 2003b, 177). Männer sind der offenbar nur schwer zu ertragenden Überzeugung, Frauen seien die eigentlichen Kontrolleure ihrer sexuellen Reaktionen. Für Benz drückt sich diese Angst des Mannes darin aus, „dass der Penis, als [...] Symbol seiner Männlichkeit, nicht ihm gehört, sondern der Kontrolle eben jener Frauen zu unterstehen scheint, von denen er sich deutlich abgrenzen möchte" (Benz 1989, 169). Gerade die (vermeintlich) durch Frauen ausgelöste Erregung zeigt, dass die im männlichen Autonomiewahn enthaltene Idee einer vollkommenen Beherrschung und Kontrolle eine Illusion ist. Das (männliche) Ich ist nicht Herr im eigenen Haus (Freud), schon gar nicht über die eigene Sexualität und den eigenen Körper. Das weist auf ein grundsätzliches Paradox in der Konstruktion der sexuellen Identität des Mannes hin, das nicht aufzulösen ist und deshalb immer antifeminine Feindseligkeiten und Aggressionen mobilisieren und sogar verstärken kann: Im Selbstverständnis des vermeintlich autonomen und überlegenen Geschlechts ist das, was Quelle von Begierde und Lust ist, gleichzeitig, gerade *weil* es das ist, die größte Quelle von Unlust und Angst. Dieser in der Sexualität am stärksten zum Ausdruck kommende Abhängigkeits-Autonomie-Konflikt stellt somit eine der wichtigsten Quellen für die misogynen Tendenzen vieler Männer, für die paranoid getönte Abwehr der mit Weiblichkeit und unmännlicher Schwäche assoziierten Homosexualität, für die weitverbreiteten sexuellen Perversionen und für die sexuelle und allgemeine Gewaltbereitschaft gegenüber Frauen dar.

Die hier skizzierte Transformation des sexuellen Grundkonflikts zwischen Trieb und Objekt zu einem scheinbar unentrinnbaren Männlichkeitsdilemma ist, um es abschließend noch einmal zu betonen, keine anthropologische

Tatsache, sondern Ausdruck der Kontinuität gesellschaftlicher Geschlechterhierarchien. Eine wirksame, auch für die Konstitution der männlichen Sexualität folgenreiche Gegenstrategie müsste grundsätzlich das Ziel einer „nicht auf Abwertung [der Weiblichkeit, R. P.] beruhenden Ausbildung der männlichen Geschlechtsidentität" (Pech 2002, 43) verfolgen. Nach der Grundidee in Benjamins paradigmatischem Anerkennungs-Modell scheint eine halbwegs gelungene Befriedung des Geschlechterverhältnisses prinzipiell möglich, ohne die Spannungen des Gegengeschlechtlichen aufzugeben bzw. die Differenzen insgesamt durch Dekonstruktion aufzulösen. Das aber, an diese Binsenweisheit sei hier noch einmal erinnert, ist nach Sigusch erst möglich, „wenn die Frau als Genus *gesellschaftlich* gleichwertig ist" (Sigusch 1998, 1222). Es geht also nicht um eine Entwicklung von der Gleichheit *zur* Differenz oder um die (falsche) Alternative Gleichheit *oder* Differenz, sondern um die letztlich nach wie vor gesellschaftlich und politisch erst noch einzulösende Gleichheitsforderung *innerhalb* der anzuerkennenden biopsychischen und psychosozialen Differenz der Geschlechter.

Literatur

Becker, Sophinette (2006): Streifzüge durch die Geschlechterdifferenz und ihre Auflösungen. Frankfurt am Main (unveröffentl. Manuskript).

Becker, Sophinette (2005): Weibliche und männliche Sexualität. In: Quindeau, Ilka/Sigusch, Volkmar (Hrsg.): Freud und das Sexuelle. Neue psychoanalytische und sexualwissenschaftliche Perspektiven. Frankfurt am Main, 63–79.

Becker-Schmidt, Regina (2000): Maskulinität und Kontingenz. Macht als Kompensation eines männlichen Konflikts. In: Bosse, Hans/King, Vera (Hrsg.): Männlichkeitsentwürfe. Wandlungen und Widerstände im Geschlechterverhältnis. Frankfurt am Main, 71–82.

Benjamin, Jessica (1995): Anerkennung und Zerstörung: Die Dialektik von Autonomie und Bezogenheit. In: Keupp, Heiner (Hrsg.): Lust an der Erkenntnis. Der Mensch als soziales Wesen. Sozialpsychologisches Denken im 20. Jahrhundert. Ein Lesebuch. München, 252–271.

Benz, Andreas (1989): Weibliche Unerschöpflichkeit und männliche Erschöpfbarkeit: Gebärneid der Männer und der Myelos-Mythos. In: Rotter, Lillian: Sex-Appeal und männliche Ohnmacht (hrsg. v. Andreas Benz). Freiburg, 133–170.

Böhnisch, Lothar (2004): Männliche Sozialisation. Eine Einführung. Weinheim/München.

Böhnisch, Lothar (2003): Die Entgrenzung der Männlichkeit. Verstörungen und Formierungen des Mannseins im gesellschaftlichen Übergang. Opladen.

Böhnisch, Lothar/Winter, Reinhard (1993): Männliche Sozialisation. Bewältigungsprobleme männlicher Geschlechtsidentität im Lebenslauf. Weinheim.

Bourdieu, Pierre (2005): Die männliche Herrschaft. Frankfurt am Main.

Bourdieu, Pierre (1997): Die männliche Herrschaft. In: Dölling, Irene/Krais, Beate (Hrsg.): Ein alltägliches Spiel. Geschlechterkonstruktion in der sozialen Praxis. Frankfurt am Main, 153–217.

Connell, Robert W. (1999): Der gemachte Mann. Konstruktion und Krise von Männlichkeiten. Opladen.

Freud, Sigmund (1923): Das Ich und das Es. GW XIII, 237–289.

Freud, Sigmund (1922): Über einige neurotische Mechanismen bei Eifersucht, Paranoia und Homosexualität. GW XIII, 195–207.

Freud, Sigmund (1915): Triebe und Triebschicksale. GW X, 210–231.

Freud, Sigmund (1910/1912): Beiträge zur Psychologie des Liebeslebens. GW VIII, 66–91.

Freud, Sigmund (1910): Über „wilde" Psychoanalyse. GW VIII, 118–125.

Freud, Sigmund (1905): Drei Abhandlungen zur Sexualtheorie. GW V, 27–145.

Godenzi, Alberto (1991): Bieder, brutal. Frauen und Männer sprechen über sexuelle Gewalt. Zürich.

Green, André (1998): Hat Sexualität etwas mit Psychoanalyse zu tun? In: Psyche – Z Psychoanal 52, 1170–1191.

Greenson, Ralph R. (1968): Die Beendigung der Identifizierung mit der Mutter und ihre besondere Bedeutung für den Jungen. In: Greenson, Ralph R. (1982): Psychoanalytische Erkundungen. Stuttgart, 257–264.

Günzel, Sigrid (1989): Ava und Edam – Ist die Partnerschaft zwischen Mann und Frau überhaupt möglich? In: Psyche – Z Psychoanal 43, 219–337.

Kirchhoff, Christine (2009): Das psychoanalytische Konzept der „Nachträglichkeit": Zeit, Bedeutung und die Anfänge des Psychischen. Gießen.

Laplanche, Jean (1974): Leben und Tod in der Psychoanalyse. Olten/Freiburg.

Meuser, Michael (2003): Wettbewerb und Solidarität. Zur Konstruktion von Männlichkeit in Männergemeinschaften, in: von Arx, Sylvia et al. (Hrsg.): Koordinaten der Männlichkeit. Orientierungsversuche. Tübingen, 83–98.

Meuser, Michael (2000): Perspektiven einer Soziologie der Männlichkeit. In: Janshen, Doris (Hrsg.): Blickwechsel. Der neue Dialog zwischen Frauen- und Männerforschung. Frankfurt am Main, 47–78.

Nitzschke, Bernd (1988): Sexualität und Männlichkeit. Zwischen Symbiosewunsch und Gewalt. Reinbek.

Parin, Paul (1986): Die Verflüchtigung des Sexuellen in der Psychoanalyse. In: Psychoanalytisches Seminar Zürich (Hrsg.): Sexualität. Frankfurt am Main, 11–22.

Pech, Detlef (2002): „Neue Männer" und Gewalt. Gewaltfacetten in reflexiven männlichen Selbstbeschreibungen. Opladen.

Pohl, Rolf (2006): Vater ist der Beste. Über die Wiedergeburt eines Helden im sozialwissenschaftlichen Familiendiskurs. In: Bereswill, Mechthild et al. (Hrsg.): Vaterschaft im Wandel. Multidisziplinäre Analysen und Perspektiven aus geschlechtertheoretischer Sicht. Weinheim/München, 171–189.

Pohl, Rolf (2004): Feindbild Frau. Männliche Sexualität, Gewalt und die Abwehr des Weiblichen. Hannover.

Pohl, Rolf (2003a): „(...) vom Liebhaber zum Lustmörder." Die Legierung von Sexualität und Aggression in der männlichen Geschlechtsidentität. In: von Arx, Sylvia et al. (Hrsg.): Koordinaten der Männlichkeit. Orientierungsversuche. Tübingen, 15–47.

Pohl, Rolf (2003b): Paranoide Kampfhaltung. Über Fremdenhass und Gewaltbereitschaft bei männliche Jugendlichen. In: Koher, Frauke/Pühl, Katharina (Hrsg.): Gewalt und Geschlecht. Konstruktionen, Positionen, Praxen. Opladen, 161–186.

Pohl, Rolf (2002): Massenvergewaltigung. Zum Verhältnis von Krieg und männlicher Sexualität. In: Mittelweg 36, Jg. 11, 53–75.

Quindeau, Ilka (2005): Sexuelles Begehren als Einschreibung. In: Dannecker, Martin/Katzenbach, Agnes (Hrsg.): 100 Jahre Freuds „Drei Abhandlungen zur Sexualtheorie". Aktualität und Anspruch. Gießen, 135–139.

Rohde-Dachser, Christa (1991): Expeditionen in den dunklen Kontinent. Weiblichkeit im Diskurs der Psychoanalyse. Berlin.

Schmauch, Ulrike (1996): Probleme der männlichen sexuellen Entwicklung. In: Sigusch, Volkmar (Hrsg.): Sexuelle Störungen und ihre Behandlung. Stuttgart, 44–56.

Schmauch, Ulrike (1995): Was geschieht mit kleinen Jungen? Der weibliche Blick auf Männlichkeit und das Konzept der „sicheren männlichen Identität". In: Düring, Sonja/Hauch, Margret (Hrsg.): Heterosexuelle Verhältnisse. Stuttgart, 27–38.

Sigusch, Volkmar (1998): Die neosexuelle Revolution. Über gesellschaftliche Transformationen der Sexualität in den letzten Jahrzehnten. In: Psyche – Z Psychoanal 52, 1192–1234.

Tillner, Georg/Kaltenecker, Siegfried (1995): Offensichtlich männlich. Zur aktuellen Kritik der heterosexuellen Männlichkeit. In: Widersprüche 15, Heft 56/57, 11–22.

Erich Lehner

Brauchen Jungen männliche Vorbilder?

Ein mittlerweile klassisches Zitat von Ludwig Gurlitt (1909) beschreibt die grundlegende Struktur des Lernens an einem Vorbild: „Man kann das Wort Erziehung streichen und dafür das Wort Vorbild einsetzen. Man braucht es den Kindern nur vorzuleben, und wer das kann, der ist der wahre Vater, Erzieher, Herrscher, wer es nicht kann, dem nützen alle kluge Reden nichts. […] Die schweigsamste Erziehung ist die beste." Die Natur sorgte dafür, „daß der Zögling vom Vorbild lerne" und er „in einer heilsamen Weise dem Zwang der Gemeinschaft unterworfen" werde (zit. nach Frost 1996, 91). Das gelebte Vorbild hat in dieser Vorstellung so viel Motivationskraft, dass es vom Zögling übernommen wird. Vorausgesetzt ist, dass das Vorbild dem Zögling hierarchisch übergeordnet ist. Der Zögling hat das zu übernehmen, was „Vater, Erzieher, Herrscher" als Vorbild vorleben. Unter dem Eindruck der Schrecken des Nationalsozialismus, in dem die Forderung nach Unterwerfung unter Werte, Ideale und Personen extreme Ausformungen erreicht hat, wurde gerade auf diesen hierarchisch-autoritären Charakter des Vorbildlernens hingewiesen. Theodor W. Adorno weist darauf hin, dass durch Werte und Leitbilder nur die Ohnmacht verstärkt und totalitäre Sinnesart gefördert wird (Adorno 1997, 297). Selbstbestimmung und Mündigwerden werden dadurch eher verhindert. Aufgrund dieser kritischen Einwände geriet das Vorbilddenken zunehmend in den Hintergrund. Erst jüngst tauchte es in unterschiedlichen Zusammenhängen wieder auf: Sowohl in der Diskussion um die Vaterabwesenheit als auch um die im Vergleich zu Mädchen weniger erfolgreichen Jungen in der Schule wird eine größere männliche Präsenz in der Erziehung von Jungen gefordert. Sie sollen Jungen als *Role Models* und Vorbilder dienen, an denen sie sich in ihrem Mannwerden orientieren können.

Die Überzeugung, dass Vorbilder für die Entwicklung von Kindern und Jugendlichen notwendig sind, kann zunächst auf Erkenntnisse aus der Psychoanalyse gestützt werden. Nach der psychoanalytischen Theorie enthält jede gesunde Entwicklung eines Menschen Prozesse der Identifizierung und Idealisierung. Identifizierung bedeutet eine „Ich-Veränderung unter dem Einfluss irgendeines äußeren Objekts oder eines bereits intensiv besetzten Teiles der Außenwelt" (Balint 1967, 71). Damit jedoch eine „Ich-Veränderung entsprechend einem äußeren Vorbild" zustande kommt, muss „dieses Vorbild dem Individuum besonders viel bedeuten" (ebd.). Im Prozess der Identifizierung ist deshalb immer auch ein Stück Idealisierung enthalten. Das heißt, dass eine Person andere Personen bzw. Eigenschaften oder Handlungsweisen von Personen zumindest vorübergehend für nachahmenswert hält (vgl. Mitscherlich 1978, 14 I). Idealisierung wird in der Selbstpsychologie – eine Weiterentwicklung der klassischen Psychoanalyse – als ein „Bedürfnis, sich als Teil eines bewunderten und anerkannten Selbstobjekts zu erleben" (Wolf 1996, 80), beschrieben. Es meint „das Bedürfnis nach einer Möglichkeit, akzeptiert zu werden und zu verschmelzen mit einem starken und ruhigen, furchtlosen, mächtigen Selbstobjekt, das die Eigenschaften besitzt, die dem Subjekt fehlen" (ebd.). Während im psychoanalytischen Sprachgebrauch mit dem Ausdruck „Objekt" Personen, Sachen, Ideen etc. bezeichnet werden, sagt der Begriff Selbstobjekt mehr aus. Er bezeichnet gerade nicht nur Objekte im Sinne realer Personen, Sachen oder Ideen. Dieser Begriff bringt vielmehr die zutiefst subjektive Erfahrung eines Selbst mit Aspekten dieser realen Personen, Sachen oder Ideen zum Ausdruck (vgl. ebd., 76 f.). Solche Erfahrungen werden zwar durch die Begegnung mit realen Objekten wie nahen Bezugspersonen, Lehrerinnen und Lehrern, Freundinnen und Freunden etc. angeregt, aber in der Selbstobjekterfahrung geht es nicht um die objektive Realität eines Objekts, sondern um die höchst subjektive Wahrnehmung dieses Objekts, die allein von den subjektiven Bedürfnissen einer Person gesteuert werden. Initiative und Steuerung liegen also bei der Person.

Neben der Psychoanalyse kann sich das Vorbildlernen auch auf das von Albert Bandura entwickelte Lernen am Modell stützen (vgl. Jonas/Brömer

2002, 282 f.; Arnold 2000, 54 f.). Bandura zeigt in seinen Untersuchungen, dass die Aneignung neuen Verhaltens durch Beobachtung und die Reproduktion dieses Verhaltens zwei Phasen eines Lernprozesses sind, der selbst sehr vielschichtig ist. Beim Aneignen werden die Steuerung der Aufmerksamkeit und die Speicherung des Beobachteten im Gedächtnis als wichtige Prozesse angesehen. Bei der Reproduktion sind vor allem Motivationsprozesse entscheidend, aber auch die Einschätzung der eigenen Kompetenzen. Gemäß der Theorie des Modell-Lernens laufen zwischen dem Beobachten eines Modells und der Wiedergabe höchst komplexe kognitive Prozesse ab. Diese führen jedoch nicht zu einer linearen Wiedergabe des Beobachteten, sondern höchstens zu Modifikationen des beobachteten Verhaltens.

Sowohl die Psychoanalyse als auch die Theorie des Modell-Lernens beschreiben eine Orientierung an Bildern und Anreizen aus der Außenwelt. In beiden Theorien geht es jedoch um höchst komplexe Prozesse der Aneignung und Auseinandersetzung, in der individuelle Entwicklung und soziale Beziehungen große Bedeutung haben. Allerdings geben sie keine Begründung für die weitverbreitete Annahme, wofür das Vorbild stehen könnte, nämlich, dass es nachgeahmt wird und dass dadurch die Entwicklung von außen gesteuert werden kann. Auf der Basis dieser Theorien lässt sich ganz allgemein festhalten: Jungen orientieren sich nicht an Vorbildern, sondern höchstens an Bildern und Modellen als äußere Anreize. Diese werden jedoch nicht einfach nachgeahmt, sondern eigenständig und eigensinnig, das heißt vor dem Hintergrund ihrer bisherigen Entwicklungsgeschichte und – wie die Psychoanalyse betont – eingebunden in ein Beziehungsgeschehen be- und verarbeitet.

Fehlende männliche Vorbilder werden vor allem in zwei Lebensbereichen reflektiert: Einerseits wird der fehlende Vater in der Familie problematisiert, andererseits wird die zahlenmäßige Dominanz von Frauen als Lehrerinnen im Schulbetrieb kritisiert. Deshalb soll nun in diesen Bereichen die Funktion eines möglichen männlichen Vorbildes näher untersucht werden.

1 Männliches Vorbild in der Familie

Die Folge der Abwesenheit des Vaters ist seit dem Zweiten Weltkrieg ein Thema der Forschung. In jüngster Zeit wird sie im Zusammenhang von Trennungen und Ein-Eltern-Familien diskutiert. Es scheint, dass eine Abwesenheit des Vaters, die länger als sechs Monate dauert und sich in der frühen Kindheit (in den ersten sechs Jahren) ereignet, ein belastendes Ereignis für die spätere Entwicklung des Kindes darstellt (vgl. Franz et al. 1999, 270 ff.).

Ebenso dürfte die Vaterabwesenheit etwas mehr Auswirkungen auf Jungen als auf Mädchen haben (Mott et al. 1997, 115). Die Frage ist jedoch, was genau an der Vaterabwesenheit sich im Einzelfall belastend auswirkt. Ist es das Fehlen des zweiten Elternteils, das die Situation für Kinder schwierig macht, oder sind es ökonomische Probleme, verbunden mit emotionalem Stress, die sich für Ein-Eltern-Familien ergeben? Wirkt sich vor allem die subjektive Erfahrung der Kinder, von einem Elternteil vernachlässigt zu werden, negativ aus oder sind eher die Konflikte vor und nach der Trennung/Scheidung die für Kinder entscheidenden belastenden Faktoren (vgl. Lamb 1997, 11)? Es ist nicht die Vaterabwesenheit an sich, welche die Entwicklung von Kindern negativ beeinflussen kann. Vielmehr sind es die Folgen der durch eine Trennung hervorgerufenen schwierigen Lebensumstände, die beeinträchtigend auf die Entwicklung von Kindern einwirken können.[2] Darüber hinaus gibt es Hinweise, dass sich Vaterabwesenheit nicht nur negativ auswirkt. Zu diesem überraschenden Ergebnis kam ein Mannheimer Projekt, in dem die Häufigkeit seelisch bedingter Erkrankungen in der Normalbevölkerung erhoben werden sollte. Dabei wurde eine Gruppe gesunder Menschen im Vergleich mit einer Gruppe kranker Menschen auf mögliche Ursachen in der Biografie hin untersucht. Ganz unerwartet fand sich die Vaterabwesenheit bei den Gesunden (vgl. Dornes 2000, 110). Ebenso fanden sich in einer von Elmar Brähler, Jörg Schumacher und Bernhard Strauß (2000) durchgeführten Studie Hinweise darauf, dass sich bei vaterlos aufgewachsenen Kindern die Vaterlosigkeit auch positiv auswirken kann.

Im Gegensatz zur Vaterabwesenheit könnten auch Forschungsergebnisse, die positive Auswirkungen eines anwesenden Vaters auf die Entwicklung von Kindern beschreiben, als Beleg für die Bedeutung eines männlichen Vorbildes gesehen werden. Zahlreiche Untersuchungen zeigen, dass engagierte Väter einen positiven Effekt auf die Entwicklung ihrer Kinder haben (vgl. Pruett 1988, 170 ff.; Pleck 1997, 96). Kinder stark engagierter Väter zeigen beispielsweise in der Vorschule eine größere kognitive Kompetenz, eine verstärkt internale Kontrollüberzeugung und mehr Empathie. Kinder im Alter zwischen sechs und sieben Jahren reagieren auf das positive väterliche Engagement mit besseren schulischen Leistungen und sozialer Reife. Ebenso wirkt sich

---

2 Anzumerken ist, dass eine Trennung der Eltern nicht notwendig zur Beeinträchtigung der kindlichen Entwicklung führen muss. Drei Viertel der Kinder erleiden keine Langzeitfolgen. Damit sollen die Probleme, die Trennung und Scheidung für alle Beteiligten verursachen können, nicht minimiert werden. Diese Ergebnisse weisen jedoch auf die Fähigkeit von Kindern hin, auch diese Situation positiv zu bewältigen. Gleichzeitig ist es ein Widerspruch zur weitverbreiteten Meinung, dass Scheidung an sich schon schädigend sei (vgl. Hetherington et al. 1998, 169 f.).

das väterliche Engagement auf die Entwicklung von Selbstkontrolle, Selbstwertgefühl, Fertigkeiten zur Lebensbewältigung sowie sozialer Kompetenz im Grundschulalter und in der Jugend positiv aus. Väterliches Engagement im Alter von fünf Jahren lässt auch positive Vorhersagen auf eine spätere empathische Einstellung anderen gegenüber zu. Es konnten sogar positive Effekte auf bildungsbezogene und berufliche Mobilität von Söhnen und Töchtern im Alter von 20 Jahren festgestellt werden (vgl. Fthenakis 1999, 121). Wassilios Fthenakis (1999, 122) fasst deshalb zusammen: „Umfassendes väterliches Engagement wirkt sich insbesondere auf die Entwicklung kindlicher Eigenschaften wie Empathie, soziale Kompetenz, schulische Leistungsfähigkeit und Problembewältigungsfertigkeiten aus."

Die entscheidende Frage bleibt auch hier, was genau diese positiven Effekte bewirkt. Eine erste Antwort ist in dem Umstand zu sehen, dass die referierten positiven Auswirkungen der väterlichen Anwesenheit bei Kindern festgestellt wurden, deren Väter 42% und mehr der konkreten Versorgungsarbeit übernommen haben (vgl. Fthenakis 1999, 121). Es ist also die konkrete Versorgungsarbeit, die einen positiven Einfluss ausübt. Dies wird auch durch die Arbeiten Alois Herlths bestätigt, der auf die immense Bedeutung von Haushaltsarbeit und der Fähigkeit zur Sensitivität für das positive Erleben des Vaters durch Kinder hinweist. „Die zentrale Aussage ist, dass in der Sensitivität der Väter eine Art Schlüsselvariable des Gelingens familialer Beziehungen sowohl auf der Ebene der Ehe als auch auf der Ebene der Vater-Kind-Beziehungen zu sehen ist. [...] Überraschend deutlich erweist sich auch die Haushaltsbeteiligung der Väter als wichtige Voraussetzung zumindest der Vater-Kind-Beziehungen: [...] je mehr Letztere sich im Haushalt engagieren, desto unterstützender werden sie von ihren Kindern wahrgenommen" (Herlth 2002, 603). Der positive Effekt väterlicher Anwesenheit hängt von der zeitlichen Verfügbarkeit, von der väterlichen Sensitivität und von konkreter pflegerischer Versorgungsarbeit ab. Ausgehend von dem Umstand, dass Mütter üblicherweise eine hohe Präsenz bei Kindern haben, bedeutet ein aktiver Vater, dass ein Kind einen zweiten präsenten Elternteil zur Verfügung hat. Es kann unabhängige und nahe Beziehungen zu zwei unterschiedlichen Persönlichkeiten aufbauen. Damit hat es ein größeres Spektrum an Außenreizen und Interaktionsmöglichkeiten. Der wesentliche Wert liegt also primär nicht im Geschlecht des Vaters, sondern in der Anwesenheit zweier verlässlicher Bezugspersonen. Diese Sicht stützen auch Forschungen mit gleichgeschlechtlichen Elternpaaren. Kinder eines weiblichen Elternpaares zeigen nur geringe Unterschiede in der psychischen und sozialen Entwicklung im Vergleich zu Kindern mit einem Vater-Mutter-Elternpaar (vgl. Marsiglio/Pleck 2005, 254). Bedeutsam für die Entwicklung von Kindern ist demnach nicht so sehr die bloße Anwesenheit des Vaters als Mann, sondern viel mehr die Art und Weise, wie er als Person präsent ist. Damit dürfte auch zusammenhängen, dass in manchen Fällen das Fehlen des Vaters positiv ist, z. B. im Falle von Gewalttätigkeit oder von ausgeprägtem Desinteresse des Vaters. Michael Flood (2003, 14) fasst zusammen: „In both-parent and single-mother families, it is not the presence and absence of fathers which is fundamental in shaping children's well-being but the extent to which fathers are involved in positive parenting." Nicht das fehlende oder abwesende männliche Vorbild ist hier der entscheidende Wirkfaktor, sondern vielmehr die Person, die bereit ist, sich mit den Kindern in eine pflegende Beziehung einzulassen.

2 Männliche Vorbilder in der Schule

Der zweite Bereich, in dem ein männliches Vorbild für Jungen diskutiert wird, ist die Schule. Die im Vergleich zu Jungen besseren Schulleistungen der Mädchen (vgl. Hasenhüttl 2001, 19; Strahm 2003, 421 f.; Stürzer 2003, 86 f.), führen zu der Überlegung, ob nicht die fehlenden männlichen Lehrer ein Grund für das schlechte Abschneiden der Jungen sein könnten. So kommen z. B. Heike Diefenbach und Michael Klein (2002, 938) in ihrer Analyse der Sekundarabschlüsse in Deutschland zu folgendem Schluss: „Je geringer der Anteil männlicher Grundschullehrer und je höher die Arbeitslosenquote in einem Bundesland ist, desto schlechter schneiden Jungen im Vergleich zu Mädchen im Hinblick auf ihre Sekundarabschlüsse ab." Für sie besteht ein Zusammenhang zwischen der Benachteiligung von Jungen und den fehlenden männlichen Grundschullehrern. Aufgrund solcher Überlegungen kommt es derzeit in vielen westlichen Ländern zur Forderung nach mehr männlichen Lehrern, vor allem in der Grundschule, in denen Lehrer die Funktion von *Role Models* übernehmen sollten.

Die Idee der *Role Models* wurzelt in der Geschlechterrollentheorie. Geschlechterrollen wurden verstanden als Muster sozialer Erwartungen und Normen für das Verhalten von Frauen und Männern (vgl. Connell 2000, 7 f.). Auch diese Theorie wird vielfach kritisch gesehen, da die Vorstellung von einer eindeutigen, stabilen geschlechtlichen Identität, die im Sozialisationsprozess weitergegeben und erworben wird, nicht mehr haltbar ist. Die Konstruktion von Geschlecht ist als ein hochkomplexer Prozess zu verstehen, in dem unterschiedliche gesellschaftliche und individuelle Faktoren zusammenwirken. Von entscheidender Bedeutung ist jedoch die Aktivität des Subjekts, das seine Identität und sein Geschlecht selbst aktiv mitkonstruiert (vgl.

Dausien 2006, 18ff.). *Role Models* in der Funktion von Vorbildern können in diesem Prozess nur eine marginale Rolle spielen. Michael Göhlich und Jörg Zirfas (2009, 155) stellen zurecht fest, dass „die Lebenskunst des Erziehers (der Lebenskunst) kein positives Orientierungsbeispiel für den Edukanden" abgibt. „Vom anderen lernen [...] bedeutet hier dezidiert, es theoretisch und praktisch anders machen zu wollen, eine Mimesis der originellen Differenzierung zu entwickeln. Man kann nicht *vom* Anderen, sondern nur *durch* ihn lernen [...]" (ebd.).

Die Forderung nach männlichen Lehrern als *Role Models* enthält aber noch weitere implizite Annahmen, die es kritisch zu bedenken gilt – etwa, dass Lehrer und Lehrerinnen unterschiedlich unterrichten, dass Jungen und Mädchen auf sie unterschiedlich reagieren, zudem auf das gleiche Geschlecht „besser" reagieren und dass Lehrer und Jungen eine größere und einzigartige Verbundenheit aufgrund ihrer Männlichkeit haben (Skelton 2007, 688). Für diese in der pädagogischen Diskussion gerne übernommenen Annahmen gibt es jedoch keine überzeugenden Belege. Elien Sabbe und Antonia Aelterman (2007, 532) haben die zu diesen Fragen vorliegende Literatur zusammengefasst und halten fest: „With regard to the feminisation debate it can be concluded that the assumptions made about possible differences between male and female teachers in their teaching styles, capacities, and effects on pupils' achievement, well-being and attitudes, do not hold theoretically nor empirically. Sex differences research could not expose – apart from some weak tendencies – essential male and female ways of teaching or straightforward divergent effects on pupils." Erklärbar wird dieser Sachverhalt dadurch, dass offensichtlich für Schülerinnen und Schüler das Geschlecht der Lehrperson nicht im Vordergrund steht. In einer finnischen Untersuchung sollten Jugendliche, Jungen wie Mädchen, ihre Erwartungen an eine gute Lehrperson darstellen. Nach ihren Vorstellungen sollten sie gut unterrichten können, unterschiedliche Methoden anwenden und Schüler/innen gegenüber hilfreich sein. Gewünscht wurde auch, dass sie fähig sind, Disziplin zu halten, aber in einer entspannten (*relaxed*) Klassenatmosphäre. Das Geschlecht spielte bei diesen Schüler/innen keine Rolle (vgl. Lahelma 2000, 176). Die bloße Präsenz männlicher Lehrer allein kann demnach die Leistungen der Schüler nicht verbessern (vgl. Cushman 2008, 125f.; Carrington/Skelton 2003, 256). Die Forderung nach männlichen Lehrern als *Role Models* stößt noch an eine andere Frage. Für welche bestimmte Männlichkeit sollen sie ein Vorbild abgeben? Die Genderforschung hat sehr eindringlich darauf hingewiesen, dass es *den* Mann/*die* Männlichkeit nicht gibt, vielmehr existiert jeweils eine Vielzahl unterschiedlicher Männlichkeitskonstruktionen (vgl. Connell 2000, 10). Unterschiedliche Lehrpersonen stehen für unterschiedliche Männlichkeiten und bringen ihre Männlichkeit auch unterschiedlich in den Unterricht ein (vgl. Francis 2008). Zudem können auch die Erwartungen an diese *Role Models* höchst unterschiedlich ausfallen. In einer Untersuchung mit Schulleitern in Neuseeland stieß Penni Cushman (2008) auf vier Erwartungsmuster: An erster Stelle dachten die Leiter an männliche Lehrer als Vaterfiguren für Kinder aus Ein-Eltern-Familien. Damit ist eine gefährliche Erwartung angesprochen, da sich die Rollen von Eltern und die von Lehrern klar unterscheiden. An zweiter Stelle folgte die Vorstellung, dass männliche Lehrpersonen Führungsaufgaben im Sport übernehmen sollten. Danach äußerte eine kleine Gruppe die zunächst unbestimmt klingende Erwartung, dass männliche Lehrer sich um Jungen kümmern sollten. Bei genauerem Nachfragen traten durchaus problematische Vorstellungen hervor: Jungen sollten durch sie männliche Eigenschaften wie Mut, Stärke, Durchsetzungsfähigkeit entwickeln lernen und so zu „richtigen" Männern werden. Nur eine kleine Gruppe schließlich verband mit der Forderung die Hoffnung, dass durch diese Männer Geschlechterstereotypen hinterfragt und alternative Männlichkeitsentwürfe entwickelt werden könnten. Solche Ergebnisse geben Anlass zur Sorge, dass durch die bloße Vermehrung männlicher Lehrpersonen eher dominante, Frauen und nichtkonforme Männer benachteiligende Männlichkeitsentwürfe verstärkt werden (vgl. Carrington/ Skelton 2003, 257).

Schließlich gilt es auch eine wesentliche Grundannahme des Vorbilddenkens kritisch zu bedenken, wonach Kinder und Jugendliche ihre Geschlechtsidentität wesentlich in dyadischen Interaktionen mit einem Vorbild entwickeln. Aufgrund der Überlegungen Carrie Paechters (vgl. 2007) muss gerade diese Vorstellung tiefgehend relativiert werden. Paechter sieht die Konstruktion einer Geschlechtsidentität als „product of group processes" (ebd., 1). Sie schreibt: „this process of learning to be male or female takes place within loose, overlapping, local communities of masculinity and feminity practice" (ebd., 6). In diesen Kommunitäten erfahren Kinder und Jugendliche, wie es ist, als männlich und weiblich behandelt zu werden. Sie lernen auch, welche Erwartungen man an Frauen und Männer in der jeweiligen Kommunität, in der sie Mitglieder sind, hat. Sie sagt: „Everyone is a member of a large number of communities of practice, of masculinity or feminity and of other things, so that a person's identity is developed at least partly in the overlap between these communities" (ebd., 7). Ihr zufolge bestehen drei wesentliche Bereiche, in denen für Kinder und Jugendliche „the communal construction and learning of masculinities and femininities" (ebd., 2) stattfinden: die Familie, die *Peergroup* und die Schule. Geschlecht wird demnach innerhalb vielfältiger und facettenreicher sozialer Prozesse konstruiert. In ihnen können Bilder und Modelle sehr wohl Anregungen und Orientierung sein, die in vielfältigen Interaktionen innerhalb der Gruppe bearbeitet werden. Sie werden jedoch nicht die Funktion eines besonderen Vorbildes einnehmen.

3 Resümee

„Verabschieden wir uns von den vorgehaltenen Vorbildern", hat Ursula Frost (1996, 126) gefordert. Jungen brauchen keine Vorbilder, sondern Menschen beiderlei Geschlechts, die sie im Be- und Verarbeiten der vielen Bilder begleiten. Sie brauchen auch keine männlichen Lehrer als *Role Models*, sondern fachkompetente Lehrpersonen, in deren Qualifikation auch die Genderkompetenz eine zentrale Rolle einnimmt. Diese Kompetenz ist umso wichtiger, als Gender möglicherweise eine bedeutende Auswirkung auf den Umstand hat, dass Jungen in der Schule weniger erfolgreich sind als Mädchen. Waltraud Cornelißen (2004, 5 f.) weist auf Basis deutscher Daten zum Schulbesuch darauf hin, dass nicht „alle" Jungen im Vergleich zu Mädchen geringere Schulerfolge aufweisen, sondern eher solche, die aus bildungsfernen Schichten oder aus Migrantenfamilien stammen. Anhand der deutschen PISA-Daten zeigt sie, dass Jungen und Mädchen in den oberen und mittleren Leistungsstufen gleichermaßen vertreten sind. Nur im unteren Leistungsspektrum überwiegen die Jungen. Sehr oft existieren gerade in dieser Gruppe Männlichkeitsbilder, die mit Lernen schwer vereinbar sind (vgl. Haywood/Mac an Ghaill 2003, 68). „Schulversagen hat offensichtlich neben einem schulischen auch einen milieuspezifischen und jugendkulturellen Hintergrund" (Cornelißen 2004, 7). Lehrerinnen und Lehrer sind deshalb gefordert, die Männlichkeits- und Weiblichkeitskonstrukte dieser Schüler aufzugreifen und zu bearbeiten.

Trotz der kritischen Position in Bezug auf männliche *Role Models* kann es dennoch durchaus sinnvoll sein, sich um eine größere Präsenz von Männern in der Pflege und in der Schulausbildung von Jungen und Mädchen zu bemühen. Dabei geht es jedoch nicht um eine bloße Vermehrung von Männern, sondern um ein Bemühen um Männer wie auch um Frauen mit Genderkompetenz. Zum einen kann man davon ausgehen, dass das durch Personen in einem Interaktionsvorgang verkörperte Geschlecht auch Erfahrungs- und Reflexionsräume eröffnet (vgl. Francis 2008, 120). Zum anderen kann die größere Präsenz von Männern in der Pflege und im Lehrberuf ein Zeichen für mehr Gerechtigkeit und Gleichheit auf gesellschaftlicher Ebene sein (vgl. Carrington/Skelton 2003, 262). Auf dieser Ebene wäre es auch ein Beitrag zu einem veränderten Männlichkeitsbild. Indem eine Gruppe von Männern sich verstärkt mit Pflege und empathischer Begleitung von Kindern und Jugendlichen beschäftigt, hat dies über die Zeit auch Auswirkungen auf das in der Gesellschaft dominante Männerbild. Dieses Männerbild verliert dadurch seine einseitig an Konkurrenz und Leistung orientierte Ausrichtung und entwickelt stärker Aspekte der Pflege und Beziehung. Damit stellt es eine Korrektur traditioneller Männlichkeit dar und kann Anstoß zu neuen, geschlechtergerechteren Entwicklungen geben.

Literatur

Adorno, Theodor W. (1997): Ohne Leitbild. Parva Aesthetica. In: Tiedemann, Rolf (Hrsg.): Theodor W. Adorno. Gesammelte Schriften, 10/1, 289–453.

Arnold, Eva (2000): Lernen durch Vorbilder. Was sagen psychologische Theorien? In: Pädagogik, 7/8, 53–55.

Balint, Michael (1967): Regression. Therapeutische Aspekte und die Theorie der Grundstörung, München.

Brähler, Elmar/Schumacher, Jörg/Strauß, Bernhard (2000): Leiden vaterlos Aufgewachsene im Erwachsenenalter häufiger unter psychischen Beeinträchtigungen? Ein Kurzbericht. In: Psychotherapie, Psychosomatik und medizinische Psychologie, 50, 287–291.

Carrington, Bruce/Skelton, Christine (2003): Re-thinking ‚role models': equal opportunities in teacher recruitment in England and Wales. In: Journal of Education Policy, 18/3, 253–265.

Connell, Robert W. (2000): The Men and the Boys. Berkeley.

Cornelißen, Waltraud (2004): Bildung und Geschlechterordnung in Deutschland. Einige Anmerkungen zur Debatte um die Benachteiligung von Jungen in der Schule. Online-Ressource: http://cgi.dji.de/bibs/161_2150CornelissenLMU.doc (22.08.2008).

Cushman, Penni (2008): So what exactly do you want? What principals mean when they say „male role model". In: Gender and Education, 20/2, 123–136.

Dausien, Bettina (2006): Geschlechterverhältnisse und ihre Subjekte. Zum Diskurs um Sozialisation und Geschlecht. In: Bilden, Helga/Dausien, Bettina (Hrsg.): Sozialisation und Geschlecht. Theoretische und methodologische Aspekte. Opladen, 17–44.

Diefenbach, Heike/Klein, Michael (2002): „Bringing Boys Back In". Soziale Ungleichheit zwischen den Geschlechtern im Bildungssystem zuungunsten von Jungen am Beispiel der Sekundarschulabschlüsse. In: Zeitschrift für Pädagogik, 48 (6), 938–958.

Dornes, Martin (2000): Die emotionale Welt des Kindes. Frankfurt am Main.

Drudy, Sheelagh (2008): Gender balance/gender bias: the teaching profession and the impact of feminisation. In: Gender and Education, 20/4, 309–323.

Foster, Viktoria et al. (2001): ‚What about the boys?' An overview of the debates. In: Martino, Wayne/Meyenn, Bob (Hrsg.): What about the boys? Issues of masculinities in schools. Philadelphia, 1–23.

Francis, Becky (2008): Teaching manfully? Exploring gender subjectivities and power via analysis of men teachers' gender performance. In: Gender and Education, 20/2, 109–122.

Franz, Matthias et al. (1999): Wenn der Vater fehlt. Epidemiologische Befunde zur Bedeutung früher Abwesenheit des Vaters für die psychische Gesundheit im späteren Leben. In: Zeitschrift für psychosomatische Medizin, 45, 260–278.

Frost, Ursula (1996): Erziehung durch Vorbilder. In: Schmidinger, Heinrich (Hrsg.): Vor-Bilder. Realität und Illusion. Salzburger Hochschulwochen 1996. Graz, 91–127.

Göhlich, Michael/Zirfas, Jörg (2009): Leben Lernen. Zur Rekonstruktion eines pädagogischen Diskurses. In: Strobel-Eisele, Gabriele/Wacker, Albrecht (Hrsg.): Konzepte des Lernens in der Erziehungswissenschaft. Phänomene, Reflexionen, Konstruktionen. Bad Heilbrunn, 144–156.

Hasenhüttl, Erika (2001): Feministisch angehaucht? Zur Genderfrage in der Lehrerinnen-Ausbildung. Wien.

Haywood, Chris/Mac an Ghaill, Mairtin (2003): Men and masculinities. Buckingham.

Jonas, Klaus/Brömer, Philip (2002): Die sozial-kognitive Theorie von Bandura. In: Frey, Dieter/Irle, Martin (Hrsg.): Theorien der Sozialpsychologie. Band II: Gruppen-, Interaktions- und Lerntheorien. Bern, 2. vollst. überarb. u. erw. Aufl., 277–299.

Lahelma, Elina (2000): Lack of Male Teachers: A Problem for Students or Teachers? In: Pedagogy, Culture and Society, 8/2, 173–186.

Lamb, Michael E. (1997): Fathers and Child Development: An Introductory Overview and Guide. In: Lamb, Michael E. (Hrsg.): The Role of the Father in Child Development. New York, 1–18.

Lindner, Konstantin (2009): Vorbild – Ergebnisse einer qualitativ-empirischen Studie zum Vorbildverständnis bei Jugendlichen. In: Religionspädagogische Beiträge, 63, 75–90.

Marsiglio, William/Pleck, Joseph H. (2005): Fatherhood and Masculinities. In: Kimmel, Michael S. et al. (Hrsg.): Handbook of studies on Men and Masculinities. Thousand Oaks, 249–269.

Mitscherlich, Margarete (1978): Das Ende der Vorbilder. Vom Nutzen und Nachteil der Idealisierung. München.

Mott, Frank L. et al. (1997): Paternal Absence and Child Behavior: Does a Child's Gender Make a Difference? In: Journal of Marriage and the Family, 59, 103–118.

Paechter, Carrie (2007): Being Boys, Being Girls: Learning masculinities and feminities. New York.

Pleck, Joseph H. (1997): Paternal Involvement: Levels, Sources, Consequences. In: Lamb, Michael E. (Hrsg.): The Role of the Father in Child Development. New York, 66–103.

Pruett, Kyle D. (1988): Die neuen Väter. Männer auf dem Weg in die Familie. München.

Sabbe, Elien/Aelterman, Antonia (2007): Gender in teaching: a literature review. In: Teachers and Teaching, 13/5, 521–538.

Skelton, Christine (2007): Gender, policy and initial teacher education. In: Gender and Education, 19/6, 677–690.

Stamm, Margrit (2007): Begabung, Leistung, Geschlecht: Neue Dimensionen im Lichte eines alten erziehungswissenschaftlichen Diskurses. In: Review of Education, 53, 417–437.

Stürzer, Monika (2003): Geschlechtsspezifische Schulleistungen. In: Stürzer, Monika et al. (Hrsg.): Geschlechterverhältnisse in der Schule. Opladen, 83–121.

Wolf, Ernest S. (1996): Theorie und Praxis der psychoanalytischen Selbstpsychologie. Frankfurt am Main.

Tim Rohrmann

Zur Bedeutung von männlichen Pädagogen für Jungen

Seit einigen Jahren wird die Bedeutung von männlichen Pädagogen für Jungen intensiv diskutiert. Im Kontext der Entwicklung von sozialpädagogischer Jungenarbeit mit männlichen Jugendlichen seit Beginn der 1990er Jahre wurde der Satz „Jungen brauchen Männer" zur Standardaussage. In jüngerer Zeit wurde er zunehmend auf den Bereich der Grundschule sowie damit einhergehend auch auf Kindertagesstätten bezogen, in denen es bislang nur wenige männliche Fachkräfte gibt. Während der Ruf nach mehr Männern in pädagogischen Einrichtungen für Kinder in der Öffentlichkeit zunehmend populär ist und inzwischen auch deutliche politische Unterstützung erfährt, positionieren sich viele Vertreter/innen der Erziehungswissenschaften kritisch. Ausgehend vom mangelhaften Forschungsstand zur Thematik wird die Bedeutung des Geschlechts von Pädagog/innen relativiert und manchmal ganz infrage gestellt. Männliche Pädagogen erscheinen nicht selten in kritischem Licht, und es wird angezweifelt oder bestritten, dass sie für Jungen tatsächlich so bedeutsam seien. Dabei entsteht zuweilen der Eindruck, dass sprichwörtlich das Kind mit dem Bade ausgeschüttet wird. Im folgenden Beitrag wird die Frage aufgeworfen, ob bisherige Untersuchungen und theoretische Ansätze zu eng angelegt sind, um die Bedeutung männlicher Pädagogen für Jungen differenziert zu erfassen und zu erklären, und es wird ein komplexerer Analyserahmen vorgeschlagen.

1   Zur Bedeutung von Männern für Kinder

Annahmen über die Bedeutung von Männern in der Erziehung und in der pädagogischen Arbeit mit Kindern sind einem erheblichen historischem Wandel unterworfen. Im Zuge der Entwicklung der bürgerlichen Geschlechtsrollen wurde Erziehung zur Frauensache. Insbesondere die Erziehung kleiner Kinder wurde in erster Linie der Mutter zugeordnet. Auch in der im 19. Jahrhundert beginnenden institutionellen Betreuung von Kindern dominierten weibliche Bezugspersonen. Kindergärtnerin und Volksschullehrerin waren von Beginn an Frauenberufe, die im Kontext des bürgerlichen Frauenbildes entstanden und auf Vorstellungen „natürlicher Mütterlichkeit" aufbauten (vgl. Kleinau 2000; Sachße 2003; Rabe-Kleberg 2003).

Allerdings wurde die Dominanz von Frauen in der Erziehung von Kindern immer wieder auch kritisiert. Bereits Fröbel war der Ansicht, dass beide Geschlechter für die Erziehung von kleinen Kindern wichtig seien, fand allerdings zu seiner Zeit damit keinen Widerhall. In den 20er Jahren des vergangenen Jahrhunderts entwickelte sich die Pfadfinderbewegung in Nordamerika ausdrücklich als Reaktion auf eine vermeintliche „Verweiblichung" von Jungen durch die in Frauenhand liegende Erziehung (Faludi 1993, 108). Nach dem zweiten Weltkrieg problematisierte der deutsche Psychoanalytiker Mitscherlich (1963) die „vaterlose Gesellschaft". Wie historische Analysen zeigen, ist die Besorgnis, dass Jungen männliche Bezugspersonen und Vorbilder fehlen, ein historisch wiederkehrendes Phänomen (vgl. Krämer & Stieglitz in diesem Band).

Umso bemerkenswerter erscheint deshalb, dass es differenzierte Analysen des realen Beitrages von Männern zur Erziehung von Kindern lange Zeit kaum gab. Wie Aigner (2001) zeigt, gilt das weitgehend auch für die Psychoanalyse, in der die Bedeutung des realen Vaters lange Zeit erstaunlich wenig differenziert betrachtet wurde. Erst in den 1980er Jahren entwickelte sich eine kontinuierliche wissenschaftliche Väterforschung (Fthenakis 1985). Inzwischen ist die große Bedeutung des Vaters für die Entwicklung und Erziehung von Kindern wissenschaftlich vielfältig belegt und gesellschaftlich weithin anerkannt (vgl. z. B. Walter 2002). Dies gilt zunehmend auch für die ersten Lebensjahre. Zu verweisen ist hier einerseits z. B. auf Forschungen zur Bedeutung des Vaters in der frühen Kindheit (Bürgin 1998; Steinhardt et al. 2002), andererseits auf staatliche Initiativen in verschiedenen Ländern, die durch die sogenannten „Vätermonate" eine Beteiligung von Vätern an der Erziehung kleiner Kinder ausdrücklich fördern.

Die Ergebnisse der Väterforschung belegen, dass es einen eigenständigen Beitrag von Vätern zur Erziehung von Kindern gibt. Im Kontext der Bindungsforschung werden Väter als „sensitive Herausforderer" im Gegensatz zur „einfühlsamen Mutter" beschrieben. Väter seien „interessanter" als Mütter, weil sie „andere und oft aufregendere Dinge" mit dem Kind machen (Grossmann/Grossmann 2004, 223). Vor allem mit Jungen spielen sie rauer und körperbetonter, was sich verschiedenen Untersuchungen zufolge positiv auf die Fähigkeit zum Umgang mit Aggressionen auswirkt (Dornes 2006, 294). Brandes (2010) weist jedoch darauf hin, dass solche Unterschiede nicht als „geschlechtsspezifisches Wesensmerkmal" verstanden werden sollten. „Vielmehr gibt es gute Gründe für die Annahme, dass die Qualität und Effekte väterlichen Erziehungsverhaltens in hohem Maße Produkte des Geschlechterarrangements beider Eltern, das heißt ihrer gemeinsamen Interpretation von Mann- und Frausein und der Qualität ihrer Paarbeziehung sind" (ebd., 492).

Gänzlich offen bleibt dabei die Frage, inwieweit sich Erkenntnisse der Väterforschung auf die pädagogische Arbeit von Männern mit Kindern übertragen lassen. Eine besondere Bedeutung von männlichen Pädagogen für *Jungen* ist bislang kaum empirisch erforscht – auch wenn aus der Praxis von Kitas und Grundschulen immer wieder berichtet wird, dass Jungen auf Männer begeistert reagieren.

2   Brauchen Jungen männliche Pädagogen?

Lange Zeit ging das steigende wissenschaftliche Interesse an der Bedeutung des Männlichen in der kindlichen Entwicklung an der institutionellen Betreuung von Kindern vorbei. Erste Überlegungen, Männer in die pädagogische Arbeit mit kleinen Kindern einzubeziehen, sorgten bestenfalls für Irritation. So fragte Elena Belotti in ihrem Klassiker zur Mädchensozialisation *Was geschieht mit kleinen Mädchen* (1973; dt. 1975/2004, 113): „Warum sollte man also nicht auch dem Mann vorschlagen, als Erzieher zu arbeiten?" Sie stellt fest, „daß es Männer mit den besten Qualitäten, die ein Erzieher braucht, sehr wohl gibt", und wandte sich ausdrücklich gegen „gesellschaftliche Vorurteile", die Männern die Fähigkeit absprechen, den Erzieherberuf auszuüben. Die radikalfeministischen deutschen Herausgeberinnen, denen es in erster Linie um weibliche Selbstverwirklichung und den „Kampf gegen männliche Herrschaft" ging, äußerten sich dagegen kritisch zu Belottis Vorschlag.

Erst mit dem Beginn der öffentlichen Diskussion über Jungen in den 1990er Jahren wurde die Dominanz von Frauen in den Institutionen der vorschulischen und schulischen Bildung zunehmend als Problem benannt (Schnack/Neutzling 1990). Insbesondere Fachkräfte der sozialpädagogischen Arbeit mit Jungen begannen die These zu propagieren, dass „Jungen Männer brauchen" – nicht zuletzt als Pendant zur Mädchenarbeit, in der feministische Frauen Angebote für Mädchen machten. In den folgenden Jahren wurde diese These allmählich popularisiert und mit den Argumentationen aus der Väterforschung verbunden. Dass die Väterforschung die große Bedeutung des Vaters vielfach für *Kinder* und damit auch für Mädchen belegt, geriet dabei etwas aus dem Blick.

Wirksame öffentliche Aufmerksamkeit erhielt der Ruf nach männlichen Pädagogen allerdings erst im Zuge der sogenannten „Bildungsmisere" der Jungen. Seit den 1990er Jahren sind international bemerkenswerte Verschiebungen der Geschlechterverhältnisse in Bildungsinstitutionen zu beobachten. In vielen Ländern haben die Mädchen die Jungen überholt. Sie stellen die Mehrheit an Gymnasien, haben die besseren Schulabschlüsse und schneiden in internationalen Schulleistungsstudien wie PISA und DESI besser ab. Gleichzeitig erregt der teils dramatische Rückgang des Männeranteils an den Lehrkräften von Primarschulen in vielen westlichen Ländern international Aufmerksamkeit.

Im Auftrag des österreichischen Ministeriums für Bildung, Wissenschaft und Kultur haben Schneider/Tanzberger (2005) eine umfassende Datenanalyse zu Männern an Grundschulen im europäischen Vergleich erstellt, Print- und Onlinemedien ausgewertet und die aktuelle erziehungswissenschaftliche Diskussion zu Männern an Grundschulen zusammengefasst. Sie stellen fest: „Männer in der Grundschule sind ein Thema" (27), wobei die „Feminisierung" der Schule bzw. das Fehlen von Lehrern in erster Linie als eine der Begründungen für die problematische Situation von Jungen in der Schule angesehen wird.

Insbesondere in Großbritannien, aber zunehmend auch in Deutschland wird die These diskutiert, dass die aufgrund der Dominanz von Frauen „weiblich geprägte" Lernkultur der Grundschule die Leistungsmotivation von Mädchen mehr anspreche als die von Jungen. Diese Sichtweise findet auch bei den Lehrkräften selbst Anklang. Daraus wird die Annahme abgeleitet, dass männliche Lehrkräfte die schulische Einstellung von Jungen mehr fördern und mehr männliche Lehrkräfte daher zu besseren Leistungen von Jungen führen würden.

Derartige Annahmen haben zur Folge, dass die Forderung nach mehr männlichen Pädagogen inzwischen auch von Politikern erhoben wird, die sich bislang nicht für Geschlechterfragen interessierten. Berichte über schulische Probleme von Jungen führen regelhaft zum Ruf nach mehr männlichen Lehrern und sogar einer „Männerquote" für Grundschulen.

In diesem Zuge wird oft auch der Kindergarten mit genannt, obwohl es hier nicht zu einem nennenswerten Rückgang des männlichen Personals gekommen ist, im Gegenteil. Zum einen gab es in der Kinderbetreuung niemals viele Männer. Zum anderen ist in vielen Ländern ein allmählicher Anstieg der Zahl männlicher Pädagogen zu beobachten, der allerdings oft wenig augenfällig ist, weil sich durch den Ausbau der Betreuungseinrichtungen die Gesamtzahl der Beschäftigten insgesamt erheblich erhöht hat (Rohrmann 2008).

3 Wissenschaftliche Belege fehlen

Bislang gibt es für die Aussage, dass Jungen männliche Pädagogen brauchen, kaum wissenschaftliche Belege. Die Wirkung männlicher Pädagogen auf Kinder ist kaum erforscht. Die wenigen vorliegenden Untersuchungen beziehen sich auf den Bereich Schule und scheinen die Annahme, dass männliche Pädagogen sich positiv auf Kinder auswirken, eher nicht zu unterstützen (Rohrmann 2008, 170 ff.; Faulstich-Wieland 2010a; 2010b).

In einer viel beachteten Studie zu Bildungsabschlüssen im Vergleich der deutschen Bundesländer hatten Diefenbach/Klein (2002) eine Korrelation zwischen dem Männeranteil an Grundschulen und schlechteren Schulabschlüssen von Jungen einige Jahre später festgestellt. Daraus einen Kausalzusammenhang abzuleiten, erscheint allerdings höchst fragwürdig. Von den Autorinnen wird eine entsprechende Vermutung denn auch nur vorsichtig formuliert und in neueren Veröffentlichungen nicht mehr in dieser Form dargestellt (Diefenbach 2008).

Eine umfangreiche britische Studie kam zu dem Schluss, dass das Geschlecht der Lehrkräfte sich *nicht* signifikant auf die Leistung von Jungen bzw. Mädchen auswirkt. Carrington et al. (2005) werteten dazu Leistungsdaten von 8978 zehn- bis elfjährigen Grundschülern in mehreren Fächern aus. Außerdem erhoben sie mit Fragebögen Einstellungen von Schülern zum Curriculum und zur Schule im Allgemeinen. Sie fanden keine Belege auf Zusammenhänge zwischen Leistung und Geschlecht; nichts deutete darauf hin, dass männliche Lehrkräfte die Leistungen von Jungen verbessern bzw. weibliche Lehrkräfte die von Mädchen.

Statistisch signifikant war jedoch ein anderes Ergebnis: Von weiblichen Lehrkräften unterrichtete Schüler *beiderlei Geschlechts* hatten deutlich positivere Einstellungen zur Schule. Pointiert fassen die Forscher/innen zusammen, dass weibliche Lehrkräfte „das Beste in beiden Geschlechtern hervorbringen" (Carrington et al. 2005, 11). Sie stellen daher aktuelle Begründungen zur Erhöhung des Männeranteils an Grundschulen provokativ infrage: „Vergesst Gender! Ob eine Lehrkraft männlich oder weiblich ist, spielt keine Rolle" (Carrington et al. 2005).

Auch Helbig stellt auf der Grundlage zweier aktueller deutscher Untersuchungen fest, dass sich männliche Lehrkräfte nicht positiv auf den Bildungserfolg von Jungen auswirken. Vielmehr meint er, dass sich der pauschale Ruf nach mehr männlichen Lehrkräften sogar negativ auf die Kompetenzentwicklung von Mädchen und Jungen auswirken kann (2010a, 5; vgl. Helbig 2010b; Neugebauer et al. 2010).

Widersprüchlich sind Aussagen zur Vorbildwirkung von Lehrkräften. Eine an englischen und walisischen Primarschulen durchgeführte Studie zu weiblichen und männlichen Lehrkräften als Rollenmodellen stellte fest, dass zwar die Hälfte der befragten Schülerinnen und Schüler angaben, so wie ihre Lehrerin bzw. ihr Lehrer sein zu wollen (Skelton et al. 2006, 6; vgl. Hutchings et al. 2007). Diese Angaben bezogen sich aber nicht nur auf gleichgeschlechtliche Lehrkräfte (60 %), sondern oft auch auf Lehrkräfte des anderen Geschlechts (47 %, Mehrfachnennungen waren möglich). Demzufolge bieten sich also Lehrkräfte beiderlei Geschlechts für Kinder als Rollenmodelle an, auch wenn generell eine Orientierung an gleichgeschlechtlichen Modellen überwiegt.

Faulstich-Wieland kommt vor dem Hintergrund internationaler Studien zu dem Schluss, „dass Leistung nicht mit dem Geschlecht der Lehrkräfte zusammenhängt" und durch männliche Lehrkräfte an Grundschulen „keineswegs ein Mehr an Geschlechtergerechtigkeit erreicht wird" (2010b, 497). Vielmehr sieht sie wie auch andere Erziehungswissenschaftler/innen die Gefahr, dass die Betonung der Männlichkeit von Grundschullehrern stereotypes Verhalten von Lehrkräften verfestigen und zur hegemonialen männlichen Sozialisation von Jungen beitragen könne. Vor diesem Hintergrund wird aus genderkritischer Perspektive gefordert, Annahmen über Geschlecht und Grundschularbeit zu „dekonstruieren" und eine „professionelle Geschlechtsneutralität" zu entwickeln (Faulstich-Wieland 2010b).

Etwas vorsichtiger formulieren Quenzel und Hurrelmann in einem Grundlagenartikel: „Der empirische Zusammenhang von Schulerfolg und dem Geschlecht der Lehrkräfte kann also nach der momentanen Datenlage weder eindeutig be- noch widerlegt werden" (2010, 69). In ihrem eigenen Modell zur Erklärung des schlechteren Bildungserfolgs von Jungen konzentrieren sie sich stattdessen auf die Bedeutung verschiedener Entwicklungsaufgaben des Jugendalters, mit deren Bewältigung Jungen vielfach mehr Probleme haben als Mädchen. „Fehlende männliche Lehrer als Rollenmodelle" werden lediglich als weiterer Faktor aufgeführt, der den Schulerfolg negativ beeinflussen kann. Eine Forderung nach mehr männlichen Pädagogen wird daraus nicht abgeleitet. Vielmehr wird als Aufgabe für die weitere Forschung formuliert, den „Fokus von einer dualen Lehrer-Schüler-Beziehung hin zu einer Untersuchung der verschiedenen geschlechtsspezifischen Dynamiken innerhalb der Unterrichtssituation und ihrer Auswirkungen auf das Lernverhalten von Schülerinnen und Schülern" zu verschieben (ebd.).

Dass zwischen dem Mangel an männlichen Pädagogen und den schulischen Problemen von Jungen empirisch bislang kaum ein Zusammenhang festgestellt werden kann, könnte allerdings auch an einer verkürzten theoretischen Perspektive liegen. Möglicherweise ist die Annahme fehlerhaft, dass die Bedeutung männlicher Rollenmodelle in erster Linie in der direkten Interaktion zwischen Männern und Schülern nachweisbar sein müsse. Nachfolgend wird dargelegt, dass die Frage des Einflusses männlicher Pädagogen stattdessen im Kontext von Erziehungsvorstellungen, Männlichkeitsbildern und *Peergruppen* von Jungen betrachtet werden sollte. Entscheidende Bedeutung kommt dabei Wechselwirkungen zwischen dem Fortbestehen stereotyper Vorstellungen vom „typischen Jungen" einerseits, Veränderungen in den Eltern-Kind-Beziehungen und in den Geschlechterverhältnissen andererseits zu.

4 Fortbestehen traditioneller Stereotype vom „typischen Jungen"

Es steht außer Frage, dass traditionelle Stereotype von typischem Jungenverhalten bei Eltern und Pädagog/innen nach wie vor weithin anzutreffen sind. Seit Jahrzehnten belegen Studien, dass Eltern Jungen und Mädchen unterschiedlich behandeln und unterschiedliche Erwartungen an sie richten. Obwohl Uneinigkeit darüber besteht, wie groß der Einfluss der Eltern im Rahmen der geschlechtstypischen Sozialisation ist, besteht weitgehend Übereinstimmung darin, dass Eltern und insbesondere Väter geschlechtstypisches Verhalten eher bestärken (vgl. im Überblick Fagot et al. 2000; Maccoby 2000).

Insbesondere haben Erwachsene unterschiedliche Annahmen über das Bewegungsbedürfnis und über „wildes" und übergriffiges Verhalten von Jungen. Bereits 1987 fasste Schmauch in ihrer Untersuchung in Krabbelstuben zusammen: „Für manche Eltern, nach meinem Eindruck häufiger für Mütter, muss der kleine Junge immer in Bewegung sein. Er muss Fortschritte machen [...]. Der Junge ist unablässig gedrängt, sein Funktionieren zu ihrer Vergewisserung unter Beweis zu stellen" (1987, 112).

Annahmen eines „natürlichen Bewegungsdranges" von Jungen sowie einer „angeborenen" stärkeren Tendenz zu Aggression sind weit verbreitet, sowohl unter Eltern als auch unter Pädagog/innen. Biologische Erklärungsansätze geschlechtstypischen Verhaltens, die solche Annahmen unterstützen, sind auch in Fachkreisen zunehmend populär.

Auf der anderen Seite sprechen Mütter und Väter anders mit ihren Söhnen als mit ihren Töchtern. Peterson/Roberts (2003) weisen darauf hin, dass dies gerade für das Sprechen über Gefühle entscheidend sein kann, was Konsequenzen sowohl für sprachliche Fähigkeiten als auch für die Entwicklung von Empathie hat. Mädchen erlernen diese Fähigkeiten in der Familie vermutlich besser als Jungen.

Dies setzt sich in den Bildungsinstitutionen fort. Regelverstöße, geringere Gesprächsfähigkeiten und mangelnde Empathie von (manchen) Jungen werden zwar immer wieder beklagt, aber oft auch als „normal" angesehen. Nicht selten werden sie von Erwachsenen augenzwinkernd hingenommen oder sogar positiv bewertet, da Jungen (wie Männer) „direkter" seien als Mädchen (und Frauen) und Konflikte darum „schneller klären" würden.

Im Gegensatz zu den 1980er Jahren, in denen in der Pädagogik ein Erziehungsstil propagiert wurde, der von einer zumindest potenziellen „Gleichheit" der Geschlechter ausging bzw. diese anstrebte, ist heute eher eine Akzeptanz von (vermeintlich „natürlichen") Geschlechterunterschieden weitverbreitet. „Jungen sind nun einmal so" – dies wird heute in etwas elaborierterer Form auch von manchen Erziehungswissenschaftler/innen und Pädagog/innen vertreten (vgl. z. B. Guggenbühl 2006; Strobel-Eisele/Noack 2006).

Unübersehbar ist das Fortbestehen geschlechtstypischer Orientierungen beispielsweise am Tag der Einschulung. Während bei den Mädchen rosa Schultüten mit Prinzessinnen und Feen, Blumen und Glitzer dominieren, sind bei den Jungen Piraten und Dinos noch die harmloseren Gestalten. Spiderman, Actionman und natürlich die beliebten „Wilden Kerle" sind auch dabei. Wen wundert es, wenn viele Jungen dann auch im Unterricht wilde Kerle sind – das Programm stand doch schon auf der Schultüte!

5   Veränderte Erziehungsvorstellungen

Während es also weithin nach wie vor als normal betrachtet wird, dass Jungen „wilder" sind und mehr Regelverstöße begehen als Mädchen, haben sich an anderer Stelle Erziehungsideale von Eltern und Pädagog/innen erheblich und in nicht mehr rückgängig zu machender Weise verändert. Noch vor einer Generation war Gehorsam ein selbstverständliches Erziehungsziel, das notfalls mit körperlicher Gewalt durchgesetzt wurde. Heute wird ein autoritärer Erziehungsstil von der Mehrheit der Eltern und Pädagog/innen abgelehnt. Stattdessen sollen Kinder sich möglichst „frei entfalten können". Kinder werden nach ihren Wünschen und Bedürfnissen gefragt. Bei Konflikten wird auf Verständnis und auf verbale Aushandlungen gesetzt.

Zwar stellt sich heraus, dass das Ziel einer „Gleichwürdigkeit" in den Beziehungen zwischen Erwachsenen und Kindern (Juul, 2006) für viele Eltern eine große Herausforderung darstellt. Populäre Ratgeber problematisieren, dass Kinder zu „Tyrannen" werden, weil Eltern ihnen nicht genügend Grenzen setzen (Winterhoff 2008), oder formulieren sogar ein „Lob der Disziplin" (Bueb 2008). Die starke öffentliche Resonanz auf diese Veröffentlichungen kann als Sehnsucht danach verstanden werden, ein traditionelles Eltern-Kind-Verhältnis wieder herzustellen, das auf eine klare Unterordnung von Kindern unter die erzieherischen Vorgaben von Erwachsenen setzt, auch wenn die Autoren selbst dies nicht unbedingt so formulieren.

Dies kann jedoch nicht darüber hinwegtäuschen, dass die Veränderungen in den Beziehungen zwischen Erwachsenen und Kindern unumkehrbar sind. Für eine Rückkehr zu traditionellen Erziehungsvorstellungen fehlt Eltern und Pädagog/innen nicht nur die moralische, sondern auch die juristische Autorität. So ist das Schlagen von Kindern seit Langem in pädagogischen Einrichtungen und seit einigen Jahren auch in der Familie gesetzlich verboten. Empathie und die Fähigkeit zum verbalen Aushandeln von Konflikten werden als grundlegende Kompetenzen angesehen, die in Familien und Bildungseinrichtungen entwickelt werden müssen. Aktive Partizipation – die Beteiligung von Kindern – wird in Bildungseinrichtungen zunehmend selbstverständlich und ist in vielen Bildungsplänen und pädagogischen Leitlinien von Kindergarten, Schule und Jugendarbeit an zentraler Stelle verankert (BMFSFJ 2001).

Was bedeutet dies nun insbesondere für Jungen? Der traditionelle autoritäre Erziehungsstil regulierte wildes und grenzüberschreitendes Verhalten von Jungen. Dieses wurde zwar immer schon als Problem angesehen – entsprechende Klagen lassen sich in historischen Quellen zuhauf nachlesen –, aber durch Strafen und teils rigide Grenzsetzungen „im Zaum gehalten". „Hausarrest" oder „eine Tracht Prügel" markierten noch vor einer Generation unmissverständlich die Grenzen unangemessenen Verhaltens. Besondere verbale Fähigkeiten waren dabei nicht gefragt – weder aufseiten der Eltern noch aufseiten der Jungen.

Negative Folgen autoritärer Erziehung sind inzwischen hinreichend belegt: geringeres Selbstwertgefühl, weniger Sozialkompetenz, schlechtere schulische Integration und die „Weitergabe" erlittener Gewalt an Schwächere sowie später an die eigenen Kinder. Der Verzicht auf autoritäre Erziehungsmaßnahmen stellt allerdings erhebliche Anforderungen an alle Beteiligten. Je weniger das Verhalten von Kindern durch Erwachsene reguliert wird, desto höhere Anforderungen stellt dies an die Selbstregulationsfähigkeit der Kinder. Und je mehr Konflikte verbal ausgehandelt werden sollen, umso mehr braucht es dazu entsprechende sprachliche Fähigkeiten.

Insbesondere geraten Jungen in ein Dilemma, deren grenzüberschreitendes Verhalten als jungentypisch „normal" angesehen und zudem weniger autoritär bestraft wird als früher – andererseits massiv indirekt sanktioniert wird, wenn es z. B. zu schlechteren Noten in der Schule führt. Weil ihre Fähigkeiten zur Selbstregulation und ihre sprachlichen Kompetenzen weniger entwickelt sind als die vieler Mädchen, haben sie in einem Erziehungssystem, für das diese Fähigkeiten zentral sind, schlechtere Chancen.

Budde (2010) spricht von „kulturellen Passungsproblemen", in die Jungen geraten, deren milieugebundener männlicher Habitus nicht mit der genderbezogenen Kultur an ihrer Schule übereinstimmt. Zwar formuliert er dies vorsichtig nur für das konkrete Beispiel einer fünften Gymnasialklasse und meint, dass an anderen Schulen ein männlicher Habitus durchaus erfolgversprechend sein könne. Gerade für Kindertagesstätten und Grundschulen kann aber durchweg von solchen Passungsproblemen ausgegangen werden. Dabei sind die offenen und versteckten Botschaften, die von den Erwachsenen ausgehen, durchaus widersprüchlich. Obwohl die „offizielle" Institutionskultur ein harmonisches soziales Miteinander in den Vordergrund stellt und insbesondere körperliche Auseinandersetzungen oft sanktioniert, wird unangepasstes und aggressives Verhalten von Jungen von vielen Pädagoginnen als „normal" hingenommen oder sogar als „direkteres" Konfliktverhalten positiv bewertet.

Könnten mehr männliche Pädagogen dieses Problem lösen? Dies ist fraglich. Heutige männliche Pädagogen unterscheiden sich in ihrem Erziehungsstil nicht unbedingt erheblich von ihren weiblichen Kolleginnen. Auch viele männliche Pädagogen wollen nicht autoritär sein und bevorzugen verbale Konfliktlösungen. Bereits eine ältere US-Studie von Kinderbetreuern ergab, dass sowohl Männer als auch Frauen dazu neigten, bei Kindern eher typisch „weibliche" Verhaltensweisen zu verstärken (Robinson 1979; vgl. Becker 2001). Umgekehrt ergab eine neuere Untersuchung von Grundschullehrkräften, dass ein eher Männern zugeschriebener „disziplinierender" Unterrichtsstil auch bei Lehrerinnen weit verbreitet ist (Read 2008).

Aktuelle Studien belegen zwar geschlechtstypische Erwartungen und Verhaltensweisen von Erzieher/innen, aber auch viele Übereinstimmungen in Einstellungen und Verhalten von Frauen und Männern (Cremers et al. 2010; Aigner/Rohrmann in Vorb.). Im Ergebnis sind sich männliche und weibliche Pädagog/innen im Verhalten weit ähnlicher als erwartet. Dies gilt auch und gerade für den Umgang mit Konflikten, der männlichen Fachkräften durchaus nicht immer so leicht fällt, wie ihre Kolleginnen vielleicht hoffen. So gab mehr als die Hälfte der von Kreß (BVZ 2006) befragten Erzieher an, dass es sie „besonders nervt", wenn Kinder „andere Kinder bedrohen".

Zudem ist ein deutlich autoritärer Erziehungsstil gesellschaftlich inzwischen derart in Verruf geraten, dass er von Kolleginnen und Kindern in der Praxis nicht mehr ohne Weiteres akzeptiert werden würde. Es mag sein, dass sich hinter dem öffentlichen Ruf nach „mehr Männern" der heimliche Wunsch versteckt, Männer mögen wieder „das Ruder in die Hand nehmen" und den Jungen „ihre Grenzen zeigen" – Chancen auf Verwirklichung hat dieser Wunsch aber kaum.

6 Veränderte Erwartungen von Frauen

Dass für die Erziehung von Kindern in erster Linie Frauen verantwortlich sind, ist historisch keineswegs neu. Warum wird es heute zum Problem? Wenn Jungen in ihrem Alltag kaum Männer erleben, bedeutet dies, dass Jungen innere Bilder von und Erwartungen an Männlichkeit in erster Linie von Frauen vermittelt bekommen, also quasi „aus zweiter Hand". Dies gilt in besonderem Maße für Söhne von alleinerziehenden Müttern, aber auch für den Alltag in pädagogischen Institutionen, in denen Jungen überwiegend oder nur von Frauen umgeben sind.

Dies war auch nach dem zweiten Weltkrieg der Fall, als viele Frauen ihre Kinder allein erziehen mussten, weil die Väter im Krieg geblieben oder in Gefangenschaft waren. Dass es negative Folgen für Kinder hat, vaterlos aufzuwachsen, ist inzwischen empirisch belegt (z. B. Franz et al. 1999; Petri 1999; Radebold 2001). Dies hat – und das gilt auch für heutige Kinder von Alleinerziehenden – nicht zuletzt damit zu tun, dass sie materiell in der Regel deutlich schlechter gestellt sind als Kinder aus „vollständigen" Familien.

In den 1960er Jahren bestand allerdings mehr Einigkeit darüber, wie Jungen und Mädchen, Frauen und Männer „zu sein hatten". Stereotype Bilder vom „richtigen" Jungen wurden kaum infrage gestellt und wurden auch in Abwesenheit des Vaters vom gesamten Umfeld vermittelt. Dies hat sich mit der Frauenbewegung geändert. Auch wenn geschlechtstypische Orientierungen weiterhin fortbestehen, haben sich die Erwartungen von Frauen an Männer und damit auch Ziele der Erziehung von Jungen erheblich verändert. So erschienen in den Neunzigerjahren Erziehungsratgeber mit Titeln wie *Mein Sohn soll kein Macho werden* (Kaiser 1999).

Zwischen Männern und Frauen besteht heute keineswegs Einigkeit darüber, wie das Miteinander der Geschlechter gestaltet werden soll – eine Flut von Ratgebern und hohe Scheidungszahlen bestätigen dies. Viele Frauen wünschen sich mehr oder weniger ausdrücklich, dass Jungen anders werden als die Generation ihrer Väter und Großväter: einfühlsamer, gesprächsbereiter und partnerschaftlicher. Dies gilt nicht nur für Mütter, sondern auch für weibliche Fachkräfte in pädagogischen Institutionen, die nicht selten von Jungen ein Verhalten erwarten, das sie von ihren eigenen Partnern nicht erwarten (können).

Für Jungen wird das zum Problem, wenn die von den Frauen vermittelten Erwartungen an (ihre) Männlichkeit in Widerspruch zu anderen Vorstellungen von Männlichkeit treten, die ihren Alltag prägen, z. B. den Erwartungen ihrer Väter, verbreiteten Medienbildern oder den Männlichkeitskonstruktionen, die Jungen in ihren *Peergruppen* entwickeln.

Nicht die Vermittlung von „Männlichkeit" durch Frauen an sich ist das Problem. Diese ist ein selbstverständlicher Aspekt der Entwicklung. Identität bildet sich immer in der Auseinandersetzung mit der Umwelt, und geschlechtsbezogene Wünsche, Bilder und Erwartungen von Angehörigen des anderen Geschlechts sind notwendiger Teil davon. Schwierig (aber nicht einfach auflösbar) ist vielmehr die Uneindeutigkeit, Widersprüchlichkeit und zum Teil Unvereinbarkeit solcher Bilder und Erwartungen, die heute an Jungen gerichtet werden.

Dies gilt nicht nur dann, wenn es keine Männer in den Lebenswelten von Kindern gibt, sondern auch, wenn es einzelne männliche Pädagogen gibt. Wie sich die An- oder Abwesenheit von Männern auf Jungen (und Mädchen) auswirkt, hängt nicht zuletzt davon ab, wie das Miteinander von Männern und Frauen funktioniert. Sind diese sich darüber einig, wie mit Jungen umzugehen ist? Übernehmen Männer die Rolle der „strafenden Instanz"? Vermitteln männliche Pädagogen ihren Kolleginnen, wie sie Jungen besser verstehen können? Oder ziehen sie sich zurück und vermeiden solche Auseinandersetzungen? Nur wenn Männer eine konstruktive Rolle im Geschlechtersystem einer pädagogischen Institution einnehmen, können auch Jungen davon profitieren.

7 Die Bedeutung der Peergruppen von Jungen

Die Dominanz von Frauen in den Lebenswelten von Kindern hat noch eine weitere wichtige Auswirkung auf die Entwicklung männlicher Identität: Geschlechtshomogene *Peergruppen* gewinnen für Jungen eine größere Bedeutung als für Mädchen. Jungengruppen stellen in den „Frauenwelten" Kindergarten, Primarschule und Hort einen wichtigen Rückzugsraum dar, in dem Jungen ihre Vorstellungen vom „Junge-Sein" und von „Männlichkeit" gemeinsam entwickeln (Rohrmann 2008).

Forschungen zu *Peergruppen* von Jungen belegen, dass Jungengruppen sich wesentlich durch Abgrenzung von Mädchen, Frauen und „Weiblichkeit" definieren. So beschreibt Maccoby, dass sich auf der Grundlage der gleichgeschlechtlichen Gruppeninteraktionen eine „spezifische Gruppenidentität, ein Gruppengeist (entwickelt), der für Mädchen- und Jungengruppen charakteristisch ist" (2000, 364). Jungen wie Mädchen entwickeln eine „kollektive Gruppenidentität", die nicht zuletzt durch die Abgrenzung vom anderen Geschlecht konstituiert wird. Kyratzis beschreibt, wie die Entwicklung „maskuliner" emotionaler Qualitäten wie die Abwehr von Angst oder grobe Sprache (*„rough talk"*) als Grundlage für die Ausbildung von Gruppenidentität dient. Dies ist jedoch in starkem Ausmaß alters- und kontextabhängig. „Männlichkeit scheint eine Art konzeptueller Leim zu sein, der die Gruppe zusammenhält und ihr Identität gibt, aber sie besteht nicht in der essentiellen Natur der einzelnen Jungen, aus denen sich die Gruppe zusammensetzt" (2002, 68).

Pädagogische Fachkräfte haben allerdings oft Probleme mit den Gruppen der Jungen. Die in den vorangegangenen Abschnitten diskutierten Veränderungen werden in diesem Kontext besonders deutlich. Aktuelle Untersuchungen weisen darauf hin, dass Mädchen bessere Bindungen an Erzieherinnen entwickeln als Jungen (Ahnert et al. 2006). Die Autor/innen stellen fest, dass geschlechtsstereotype Tendenzen von Erzieherinnen besonders bei ihrem Umgang mit Gruppen zur Geltung kommen. Da die Arbeit in Kindertageseinrichtungen zum großen Teil Gruppenarbeit ist, müssen sich Erzieherinnen mit den unterschiedlichen Interaktionsformen und „Kulturen" von Mädchen und Jungen auseinandersetzen, was ihnen bei Jungen oft schwerfällt. „Beobachtungen in Kitas lassen manchmal Erzieherinnen erkennen, die Jungengruppen hilflos gegenüberstehen – vor allem, wenn sie aggressiv entgleiten, dies jedoch aufgrund der sozialen Subkultur der Gruppe positiv verstärkt wird" (Ahnert 2004, 273).

Unbeaufsichtigte Jungengruppen entwickeln eher eigene Regeln für angemessenes Verhalten. Fabes et al. (2003) stellen fest, dass das Spiel in Jungengruppen im Extrem dazu führen kann, dass manche Jungen Verhaltensprobleme und Interaktionsstile entwickeln, die sich nachteilig auf Lernen und Anpassung in der Schule auswirken. Sie bringen dies vor allem mit der Tendenz von Jungen zu wilderem, aktiveren und dominanteren Spielverhalten zusammen. Jungen, die solche Spiele mögen, finden sich leichter zu Gruppen zusammen und entwickeln dort Verhaltensweisen, die später dazu führen, dass sie von Lehrkräften als weniger sozial kompetent und angepasst wahrgenommen werden.

Dies setzt sich in der Schule fort. Hickey und Keddie (2004) weisen darauf hin, dass in der traditionellen Pädagogik Lehrkräften vermittelt wird, dass sie die Einflüsse kindlicher Peers kontrollieren oder neutralisieren müssten, um „effektive" pädagogische Beziehungen zu Schüler/innen aufzubauen. Weibliche Lehrkräfte und Jungengruppen geraten daher immer wieder miteinander in Konflikt. Die von den Pädagoginnen bevorzugten Formen der Konfliktlösung und die in den Jungengruppen üblichen Kommunikationsstrukturen passen aber oft nicht zusammen, was eine Lösung solcher Konflikte erschwert. Die „kulturellen Passungsprobleme", die Budde (2010) benennt, bestehen also nicht (nur) zwischen der Institutionskultur und dem männlichen Habitus einzelner Jungen, sondern insbesondere zwischen Frauen und Jungen*gruppen*.

8   Zusammenfassung

Welche Schlussfolgerungen lassen sich nun aus den dargestellten Ergebnissen ziehen? Probleme von Jungen lassen sich nicht mit einfachen Ursache-Wirkungs-Modellen erklären. Die vorliegenden Forschungsergebnisse lassen aber durchaus den Schluss zu, dass Auffälligkeiten und Defizite von Jungen *auch* mit dem Geschlecht ihrer pädagogischen Bezugspersonen zu tun haben. Allerdings ist nicht unbedingt zu erwarten, dass einzelne männliche Pädagogen an den geschilderten komplexen Zusammenhängen viel ändern. Noch weniger ist anzunehmen, dass die bloße Anwesenheit eines (!) männlichen Lehrers einen direkten messbaren Effekt auf die durchschnittliche Schulleistung von Jungen hat.

Im Vordergrund steht vielmehr zunächst, dass die Männlichkeitskonstruktionen, die manche Jungen in ihren *Peergruppen* entwickeln, mit den (widersprüchlichen) Erwartungen von Pädagoginnen teils erheblich in Konflikt geraten. Diese Konflikte verschärfen sich, wenn keine Männer zur Auseinandersetzung zur Verfügung stehen – die Aushandlungsprozesse um „Männlichkeit" werden dann quasi stellvertretend von den Frauen und Jungen geführt.

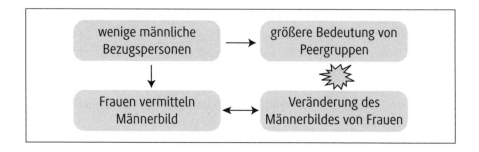

Männliche Pädagogen können diese Dynamik nur verändern, wenn sie sowohl den Jungen als auch ihren Kolleginnen für solche Aushandlungsprozesse zur Verfügung stehen. Wie Untersuchungen zeigen, haben Lehrerinnen und Erzieherinnen hohe und teils widersprüchliche Erwartungen an Männer. Sie sollen sowohl durchsetzungsfähig als auch einfühlsam sein – „The right kind of man" (Jones 2003; Aigner/Rohrmann in Vorb.). Eher traditionell auftretende Männer werden bevorzugt, vor allem wenn sie bei Jungen gut ankommen, gleichzeitig aber als „Chauvies" kritisiert. Eher „weiche" Männer werden dagegen abgelehnt, weil sie sich nicht durchsetzen könnten (Kunert-Zier 2005).

Aber auch Jungen sind nicht von jedem Mann begeistert. Oft fordern sie männliche Pädagogen heraus und suchen ihre körperliche Nähe. Damit können manche Männer nicht sicher und selbstverständlich umgehen, weil sie das Damoklesschwert des Missbrauchsverdachts über sich fürchten, wenn sie die Jungen zu dicht an sich heranlassen. Gleichzeitig konfrontieren Jungen Männer mit ihren Männlichkeitsvorstellungen, denen diese etwas entgegenhalten müssen. So meinte ein siebenjähriger Junge in einem Kindertagesheim, in dem heftige körperliche Auseinandersetzungen an der Tagesordnung waren, auf die Frage, ob seine Erzieher in Konflikte eingreifen sollten: „Das ist Männersache, keine Erziehersache ... Erzieher sind Waschlappen" (van Dieken et al. 2004, 44)!

Vor diesem Hintergrund ist es nicht überraschend, dass männliche Pädagogen manchmal wenig Interesse an Geschlechterfragen zeigen und nicht unbedingt in besonderer Weise für Jungen verantwortlich sein wollen: Sie begeben sich auf heikles Terrain, wenn sie diese Herausforderungen annehmen. Sich als männlicher Pädagoge auf eine bewusste Auseinandersetzung mit Jungen und Frauen einzulassen, ist manchmal eine Gratwanderung und stellt erhebliche Anforderungen an ihre Genderkompetenz und Dialogfähigkeit.

Für die Forschung ist daraus die Konsequenz zu ziehen, dass Fragen nach der Bedeutung männlicher Pädagogen für Jungen nicht als erledigt abgetan werden sollten, nur weil sich nicht beweisen lässt, dass von Männern unterrichtete Jungen besser in der Schule sind. Und für die Praxis bedeutet es, dass männliche Pädagogen Reflexionsmöglichkeiten und Unterstützung benötigen, damit sie die hohen Erwartungen zumindest ansatzweise erfüllen können, die heute an sie gerichtet werden.

Literatur

Ahnert, Lieselotte et al. (2006): Security of Children's Relationships with Non-Parental Care Providers: A Meta-Analysis. Child Development, 77 (3), 664–679.

Ahnert, Lieselotte (2004): Bindungsbeziehungen außerhalb der Familie: Tagesbetreuung und Erzieherinnen-Kind-Bindung. In: Ahnert, Lieselotte (Hrsg.): Frühe Bindung. Entstehung und Entwicklung. München, 256–277.

Aigner, Josef Christian/Rohrmann, Tim (Hrsg.) (in Vorbereitung): elementar – Männer in der pädagogischen Arbeit mit Kindern. Abschlussbericht des Forschungsprojekts. Innsbruck.

Belotti, Elena (1975/2004): Was geschieht mit keleinen Mädchen? Gießen (italienische Originalausg. 1973).

Brandes, Holger (2010): Ersatzmuttis oder tolle Spielkameraden: Was bringen Männer in die Erziehung ein? In: Erziehung & Unterricht. Österreichische Pädagogische Zeitschrift, 160, H. 5–6, 484–496.

Budde, Jürgen (2010): „Der Valentin ist ein Sorgenkind …". Bildungsungleichheiten als kulturelle Passungsprobleme zwischen Habitus und Schulkultur? In: Erziehung & Unterricht, Österreichische Pädagogische Zeitschrift, 160, H. 5–6, 505–512.

Bueb, Bernhard (2008): Lob der Disziplin: eine Streitschrift. Berlin.

Bürgin, Dieter (Hrsg.) (1998): Triangulierung. Der Übergang zur Elternschaft. Stuttgart.

Bundesministerium für Familie, Senioren, Frauen und Jugend (BMFSFJ) (Hrsg.) (2001): Partizipation – ein Kinderspiel? Beteiligungsmodelle in Kindertagesstätten, Schulen, Kommunen und Verbänden. Berlin.

BVZ Frankfurt (Hrsg.)/Kreß, Brigitta (2006): Mehr Männer in die pädagogische Arbeit – ein Projekt des BVZ. Ergebnisse der Befragung. Online-Ressource: http://www.bvz-frankfurt.org (30.8.2006).

Carrington, Bruce et al. (2005): Role models, school improvement and the ‚gender gap': Do men bring out the best in boys and women the best in girls? Paper presented to the EARLI 2005 Conference, University of Nicosia.

Cremers, Michael et al./Bundesministerium für Familie, Senioren, Frauen und Jugend (Hrsg.) (2010): Männliche Fachkräfte in Kindertagesstätten. Eine Studie zur Situation von Männern in Kindertagesstätten und in der Ausbildung zum Erzieher. Berlin.

Diefenbach, Heike (2008): Jungen und schulische Bildung. In: Matzner, Michael/Tischner, Wolfgang (Hrsg.): Handbuch Jungen-Pädagogik. Weinheim, 92–108.

Diefenbach, Heike/Klein, Michael (2002): „Bringing Boys Back In". Soziale Ungleichheit zwischen den Geschlechtern im Bildungssystem zuungunsten von Jungen am Beispiel der Sekundarschulabschlüsse. In: Zeitschrift für Pädagogik, 48 (6), 938–958.

Dornes, Martin (2006): Die Seele des Kindes. Frankfurt am Main.

Fabes, Richard A. et al. (2003): Young children's play qualities in same-, other-, and mixed-sex peer groups. In: Child Development, 74 (3), 921–932.

Fagot, Beverly I. et al. (2000): Theories of Gender Socialisation. In: Eckes, Thomas/Trautner, Hanns M. (Hrsg.): The developmental social psychology of gender. Mahwah, NJ, 65–89.

Faludi, Susan (1993): Die Männer schlagen zurück. Wie die Siege des Feminismus sich in Niederlagen verwandeln und was Frauen dagegen tun können. Reinbek.

Faulstich-Wieland, Hannelore (2010a): Männer als Vorbilder im geschlechtsbezogenen Sozialisationsprozess: Forschungsforum auf dem DGFE-Kongress am 17. Februar 2010. In: Erziehung & Unterricht. Österreichische Pädagogische Zeitschrift, 160, H. 5–6, 480–483.

Faulstich-Wieland, Hannelore (2010b): Mehr Männer in die Grundschule: Welche Männer? In: Erziehung & Unterricht. Österreichische Pädagogische Zeitschrift, 160, H. 5–6, 497–504.

Franz, Matthias et al. (1999): Wenn der Vater fehlt. Epidemiologische Befunde zur Bedeutung früher Abwesenheit des Vaters für die psychische Gesundheit im späteren Leben. In: Zeitschrift für psychosomatische Medizin, 45, 260–278.

Fthenakis, Wassilios E. (1985): Väter. 2 Bände. München.

Grossmann, Karin/Grossmann, Klaus (2004): Bindungen – das Gefüge psychischer Sicherheit. Stuttgart.

Guggenbühl, Allan (2006): Kleine Machos in der Krise. Wie Eltern und Lehrer Jungen besser verstehen. Freiburg.

Helbig, Marc (2010a): Lehrerinnen trifft keine Schuld an der Schulkrise der Jungen. In: WZBrief Bildung, 11, 1–6. Online-Ressource: http://bibliothek.wzb.eu/wzbrief-bildung/WZBriefBildung112010_helbig.pdf (2. 9. 2010).

Helbig, Marc (2010b): Sind Lehrerinnen für den geringeren Schulerfolg von Jungen verantwortlich? In: Kölner Zeitschrift für Soziologie und Sozialpsychologie, 62, 93–111.

Hickey, Christopher/Keddie, Amanda (2004): Peer Groups, Power and Pedagogy: The Limits of an Educational Paradigm of Separation. In: The Australian Educational Researcher, 31 (1), 57–78.

Jones, Deborah (2003): The ‚Right Kind of Man': the ambiguities of regendering the early years school environment – the case of England and Wales. In: Early Child Development and Care, 173 (6), 565–575.

Juul, Jesper (2006): Was Familien trägt. Werte in Erziehung und Partnerschaft. München.

Kaiser, Astrid (1999): Mein Sohn soll kein Macho werden. München.

Kleinau, Elke (2000): Zur Geschichte des Lehrerinnenberufs. Die Grundschule, H. 4.

Kunert-Zier, Margitta (2005): Erziehung der Geschlechter. Entwicklungen, Konzepte und Genderkompetenz in den sozialpädagogischen Feldern. Wiesbaden.

Kyratzis, Amy (2002): Constituting the emotions: A longitudinal study of emotion talk in a preschool friendship group of boys. In: Baron, Bettina/Kotthoff, Helga (Hrsg.): Gender in Interaction. Perspectives on Femininity and Masculinity in Ethnography and Discourse. Amsterdam, 51–75.

Maccoby, Eleanor (2000): Psychologie der Geschlechter. Sexuelle Identität in den verschiedenen Lebensphasen. Stuttgart.

Mitscherlich, Alexander (1963): Auf dem Weg zur vaterlosen Gesellschaft. Ideen zur Sozialpsychologie. Weinheim (Neuaufl. 2003).

Neugebauer, Martin et al. (2010): A Teacher Like Me: Can Teacher's Gender Explain the ‚Boy Crisis' in Educational Attainment? In: MZES-Working Paper, Nr. 133. Mannheim.

Peterson, Carole/Roberts, Christy (2003): Like Mother, Like Daughter: Similarities in Narrative Style. Developmental Psychology, 39 (3), 551–562.

Petri, Horst (1999): Das Drama der Vaterentbehrung; Chaos der Gefühle – Kräfte der Heilung. Freiburg.

Quenzel, Gudrun/Hurrelmann, Klaus (2010): Geschlecht und Schulerfolg: Ein soziales Stratifikationsmuster kehrt sich um. In: Kölner Zeitschrift für Soziologie und Sozialpsychologie, 62, 61–91.

Rabe-Kleberg, Ursula (2003): Gender Mainstreaming und Kindergarten. Reihe Gender Mainstreaming in der Kinder- und Jugendhilfe. Weinheim.

Radebold, Hartmut (2001): Abwesende Väter. Folgen der Kriegskindheit in Psychoanalysen. Göttingen.

Read, Barbara (2008): „The world must stop when I'm talking": gender and power relations in primary teachers' classroom talk. In: British Journal of Sociology of Education, 29, 6, 609–621.

Rohrmann, Tim (2008): Zwei Welten? Geschlechtertrennung in der Kindheit: Forschung und Praxis im Dialog. Opladen.

Robinson, Bryan E. (1979): Men Caring for the Young: An Androgynous Perspective. The Family Coordinator, 28, 553–560.

Sachße, Christoph (2003): Mütterlichkeit als Beruf: Sozialarbeit, Sozialreform und Frauenbewegung 1871–1929 (3. Aufl.). Weinheim.

Schmauch, Ulrike (1987): Anatomie und Schicksal. Zur Psychoanalyse der frühen Geschlechtersozialisation. Frankfurt am Main.

Schnack, Dieter/Neutzling, Rainer (1990): Kleine Helden in Not. Jungen auf der Suche nach Männlichkeit. Reinbek.

Schneider, Claudia/Tanzberger, Renate (2005): Männer als Volksschullehrer. Statistische Darstellung und Einblick in die erziehungswissenschaftliche Diskussion. Wien.

Skelton, Christine et al. (2006): Investigating Gender as a Factor in Primary Pupil-Teacher Relations & Receptions. End of Award Report. Online-Ressource: http://www.londonmet.ac.uk/researchunits/ipse/publications/database.cfm?project=P44&type=pub&status =major. (30. 8. 2010).

Steinhardt, Kornelia et al. (Hrsg.) (2002): Die Bedeutung des Vaters in der frühen Kindheit. Gießen.

Strobel-Eisele, Gabriele/Noack, Marlene (2006): Jungen und Regeln – Anomie als jungenspezifische Thematik in der Geschlechterdiskussion. In: Schultheis, Klaudia et al. (Hrsg.): Kinder: Geschlecht männlich. Pädagogische Jungenforschung. Stuttgart, 99–128.

van Dieken, Christel et al. (2004): Richtig streiten lernen. Neue Wege in der Konfliktbewältigung unter Kindern. Freiburg.

Walter, Heinz (2002): Männer als Väter. Sozialwissenschaftliche Theorie und Empirie. Gießen.

Winterhoff, Michael (2008): Warum unsere Kinder Tyrannen werden oder: die Abschaffung der Kindheit. Gütersloh.

Michael May

Riskante Praktiken von Jungen

1 Zur Definition und Differenzierung des Begriffs Risikoverhalten

Es wird kaum verwundern, dass sich in der sozialwissenschaftlichen Literatur auch bezüglich der Definition von „Risikoverhalten" – bzw. der zentralen Elemente, die dieses Konstrukt umfasst – kein Konsens findet. Die höchste Übereinstimmung besteht wohl dahingehend, dass dieser Begriff auf ein Verhalten mit unvorhersehbaren Konsequenzen zielt, das mit möglichen Schädigungen und Verlusten Hand in Hand geht. Entwicklungspsychologisch werden häufig biografische Übergänge – allen voran die der Adoleszenz – und damit verbundene Entwicklungsaufgaben als nicht nur zeitlich, sondern zum Teil auch ursächlich einem Risikoverhalten vorangehend thematisiert. Entsprechend wird Risikoverhalten dann betrachtet „as a tool to solve contextual needs and problems in the developmental process" (Richter 2010, 27). Dabei kommt Risikoverhalten jedoch nicht nur als ein der Entwicklung adäquates Experimentieren (z.B. mit Alkohol und anderen Drogen) von Heranwachsenden in den Blick, sondern auch als „Pseudo-Lösung" (vgl. Richter 2010, 33). Oft wird es ätiologisch sogar als Ausdruck von Problemen bei der Bewältigung solcher Entwicklungsaufgaben und -übergänge, dadurch entstehendem Stress und inadäquaten Coping-Strategien gesehen: So auch bei Hurrelmann (2001, 115), der im Risikohandeln ein „Signal für eine objektiv problematische Ausgangskonstellation bei der Bewältigung von Entwicklungsaufgaben, ein Anzeichen für Schwierigkeiten in der normalen Entwicklung im Jugendalter" entdecken zu können glaubt.

2 Zu den geschlechtsspezifischen Unterschieden von Risikoverhalten

In diesem Diskurs wird häufig zwischen „externalisierenden" und „internalisierenden" Varianten von Risikoverhalten unterschieden. Zum Teil wird darüber hinaus eine „evasive" Variante thematisiert, gewissermaßen als Kombination beider, wie z. B. beim exzessiven Drogenkonsum. Allein schon bei einer rein statistischen Betrachtung verweisen diese Unterscheidungen auf geschlechtsspezifische Dimensionen: Bei Mädchen und „jungen Frauen überwiegen sogenannte internalisierende Handlungen" (King 2010, 97) und sie reagieren auch direkter „in the form of health-related psychosocial impairments" (Richter 2010, 36). Jungen und junge Männer hingegen tendieren „eher zu Externalisierung im Sinne von aggressivem, gewalttätigem oder abweichendem Verhalten und zu riskantem Handeln in Alltag, Sport und Straßenverkehr" (King 2010, 97), was sie zudem häufig in Gruppen- und jugendkulturellen Kontexten praktizieren. Für ein externalisierendes, überwiegend von Männern praktiziertes Risikohandeln scheint es geradezu typisch zu sein, „dass es in der Regel nicht in individueller Abgeschiedenheit stattfindet, sondern in einem kollektiven Rahmen" (Meuser 2006, 166), bis dahin, dass bestimmte Formen als sogenannte Risiko- oder auch Kampfsportarten sogar einen institutionalisierten Ausdruck gefunden haben. Zwar zeigen sich Tendenzen, dass Mädchen und junge Frauen sich dieses Feld zu erobern beginnen. Auch scheinen sich bei gewissen „evasiven" Formen von Risikoverhalten, wie z. B. Nikotin- und Alkohol-Konsum, die geschlechtlichen Unterschiede zu verringern. So rauchen die Mädchen in einigen westeuropäischen Ländern mittlerweile sogar mehr als die Jungen (vgl. Richter 2010, 96). Jedoch gilt weiterhin: „As for ‚harder' behavioural patterns, boys still show higher prevalences, especially among older adolescents" (ebd., 37). Und trotz beträchtlicher Unterschiede in den länderspezifischen Ausprägungen bestimmter Formen von Risikoverhalten – wobei in Deutschland besonders der exzessive Alkoholkonsum und „bullying" (ebd., 96) hervorstechen – tragen sich diese geschlechtlichen Unterschiede quer über die nationalen und international vergleichenden Studien ähnlich durch (vgl. ebd., Kap. 2.3.1, 5.1). Solche großen – zumeist um Repräsentativität bemühten – quantitativen Studien untersuchen Risiko-Verhalten, im Sinne von Aktivitäten, Vorgängen und körperlichen Reaktionen, die sich beobachten und messen lassen, und nicht ein mit Sinn belegtes, bewusstes, willkürliches, subjektives Risiko-Handeln. Sie tun dies selbst dann, wenn die Forschenden in ihren Modellen Heranwachsende durchaus als subjektive Akteure thematisieren und Entwicklung als Handlung im Kontext zu theoretisieren versuchen. Unabhängig davon, dass sich mit gleichem Risiko-Verhalten durchaus ein sehr unterschiedlicher subjektiver Sinn verbinden mag, kann es schon bezüglich der Art und Weise wie ein bestimmtes Risiko-Verhalten praktiziert wird, bedeutsame Unterschiede auf der Ebene von Geschlecht und Kultur geben, die in diesen Studien ebenfalls nicht mit berücksichtig werden. So sagen z. B. die verschiedenen Arten und Weisen, wie und wo Alkohol von männlichen und weiblichen Adoleszenten konsumiert wird, auch mehr über ein *Doing Gender* aus (vgl. May 1991) als quantitative Unterschiede in der Trinkfrequenz und -menge. Eine solche Berücksichtigung unterschiedlicher kultureller Praxen des gleichen Risiko-Verhaltens würde aber die geschlechtsspezifischen Unterschiede, die jene großen quantitativen Studien länderübergreifend aufgewiesen haben, eher noch verstärken als relativieren. Und von daher drängt sich die Frage nach einer theoretischen Erklärung dieses anscheinend „universelle[n] Phänomen[s]" (Richter 2010, 96) geradezu auf.

3 Zu biologischen Erklärungsversuchen geschlechtsspezifischer Unterschiede im Risikoverhalten

Vor allem Untersuchungen zum Einfluss männlicher Geschlechtshormone auf den Aggressivitätspegel waren es, die selbst eingefleischte feministische Lerntheoretikerinnen wie Maccoby/Jacklin (1974, 242 ff.) zu der von ihnen später jedoch (1980) relativierten Auffassung führten, verstärkte Aggressivität – und somit auch ein damit in Verbindung stehendes externalisierendes Risikoverhalten – von Jungen und Männern sei biologisch verursacht. Diese These stützten sie darauf, dass selbst Mädchen, die prä- oder postnatal einem für ihr Geschlecht abnorm hohen Androgen-Spiegel ausgesetzt sind, mehr Droh- und Angriffsverhalten zeigten und öfter an ‚wilden' Spielen teilnähmen als ihre Geschlechtsgenossinnen. Aus diesem Zusammenhang auf eine biologische Bedingtheit männlichen Risikoverhaltens zu schließen, erscheint allerdings problematisch, gibt es doch erwiesenermaßen eine

Wechselwirkung zwischen Verhalten und Hormonen. Und wenn bei Frauen, die ins Management einsteigen, der Androgen-Spiegel nachweislich steigt, könnte dies doch auch bei Mädchen so sein, die sich verstärkt in kompetitiven externalisierenden Risikoverhalten zu engagieren beginnen. Zudem ist ja an vielen riskanten Praktiken unter anderem gerade die Ausschüttung bestimmter Hormone, wie z. B. Adrenalin oder von Endorphinen im Zusammenhang mit Ausdauerpraktiken, ein zumindest zusätzlich reizvoller körpererfahrungsbezogener Faktor. Allerdings zeigen Experimente mit der Verabreichung von Adrenalin, dass selbst dieses auf den Körper so starke Wirkung ausübende Hormon ganz unterschiedlich erfahren wird, wenn die Betreffenden nicht wissen, dass es sich um Adrenalin handelt (eine ausführliche Zusammenfassung und Kritik der zudem keineswegs immer eindeutigen Untersuchungsergebnisse zum Einfluss von Geschlechtshormonen auf Verhalten und Empfinden findet sich bei Doyle 1983). Zwar sind Hormone nicht gleichzusetzen mit dem psychoanalytischen Triebbegriff. Dennoch geht auch dieser von körperlichen „Quellen" aus, die nach einer Beseitigung der Erregungsspannung drängen. Und so halten sich bis heute in der Psychoanalyse auch noch Theorien, die das besonders in der Adoleszenz von Jungen – unter anderem in externalisierendem Risikoverhalten – freigesetzte erhebliche Maß an Aggressivität einem zunächst „unverbundene[n] (unbesetzte[n]) Triebhaften" (Ladame 2004, 319) geschuldet sehen, das zu „entsprechend ‚wilder' Entladung" (ebd.) dränge. Allerdings wusste schon Freud, dass die Psychoanalyse nicht wirklich etwas über Triebe aussagen kann, sondern nur über das Schicksal, das sie erlitten haben. Ein weiterer aus dem Kontext der Psychoanalyse heraus entwickelter Erklärungsansatz, dass Jungen eher ein externalisierendes, Mädchen hingegen ein internalisierendes Risikoverhalten zeigen, geht auf die „umfassendere Deutung" des psychophysiologischen Parallelismus von Erikson – im Vergleich zu Freud – zurück, „der zufolge im Erlebnis des Grundplanes des menschlichen Körpers ein tiefer Unterschied zwischen den Geschlechtern besteht" (Erikson 1998, 286). Entsprechend ließe sich seiner Theorie zufolge das externalisierende Risikoverhalten von Jungen ausgehend vom phallischen Motiv und dem mit ihm verbundenen Moment des explorativen Hinausgehens deuten, während das internalisierende der Mädchen aus der weiblichen Erfahrung potenzieller Gebärfähigkeit heraus zu erklären sei. Obwohl Erikson in seinem Modell von acht Krisenstadien der Ich-Entwicklung zumindest implizit gesellschaftliche Sozialisationsanforderungen mit anspricht und so das psychologische Konzept von Entwicklungsaufgaben maßgeblich mit beeinflusst hat, folgt seine Erklärung von Geschlechtsspezifik somit völlig der These, Anatomie sei Schicksal. Konkrete gesellschaftliche Lebens- und Problemlagen, die bezüglich der spezifischen Ausformung von Subjektivität und Geschlechtlichkeit – nicht zuletzt im Zusammenhang mit einem entsprechenden Risikoverhalten – ebenso von Bedeutung sein könnten, kommen somit überhaupt nicht erst in den Blick.

4 Zu beziehungs- und psychodynamischen Erklärungsversuchen geschlechtsspezifischer Unterschiede im Risikoverhalten

‚Männliche' Externalisierung und ‚weibliche' Internalisierung wird psychoanalytisch häufig noch im Kontext des ödipalen Paradigmas bzw. der vorödipalen Differenzierungstheorie zu erklären versucht. Diesbezüglich hat Jessica Benjamin (vgl. 1982) jedoch überzeugend gezeigt, wie erst durch die Aufspaltung in Objekt- und Aktivitätsstreben sich die beiden Tendenzen von Autonomie und Gegenseitigkeit zu jener Polarität verdichten, wonach das Männliche dann mehr für die Selbstorientierung und Externalisierung steht, das Weibliche hingegen mehr für die vom Mann in vielerlei Hinsicht dominierte Gemeinschaftlichkeit sowie Internalisierung. Letztlich sei es also die geschlechtsspezifische Arbeitsteilung, welche die Grundantriebe in dieser Weise in Aspekte geschlechtlicher Identität spalte.

Dennoch wird auch in vielen aktuellen metapsychologischen Erklärungen eines externalisierenden Risikoverhaltens von Jungen auf entsprechende Konflikte im Zusammenhang mit Differenzierung und (familialer) Loslösung sowie der dazu gerade im Zusammenhang mit der Adoleszenz notwendigen Auseinandersetzung mit dem Vater verwiesen, ohne dass die kulturellen und gesellschaftlichen Überformungen dieser Konstellationen in den Blick genommen würden. Dabei soll nicht bestritten werden, dass im Rahmen der ontogenetischen Entwicklung Heranwachsende nahezu zwangsläufig in bestimmte Konflikte hineingeraten und dass in deren Verarbeitung von Beginn an geschlechtsspezifische Aspekte wirksam werden (vgl. May 2004, Kap. 6.), die eventuell auch ein bestimmtes späteres Risikoverhalten prädisponieren:

- Angefangen von der von Michael Balint (1960) als „philobatisch" bezeichneten Variante eines Risikoverhaltens, in dem (junge) Männer unter extremen körperlichen Anstrengungen und ebenso großen emotionalen Anspannungen die Auseinandersetzung mit einem lebensfeindlichen Element (sei es z. B. beim Extrembergsteigen oder beim Tieftauchen ohne Sauerstoffgerät) suchen, um im Zustand der völligen Erschöpfung dann ein geradezu narzisstisches Glücksgefühl zu erfahren, im Eins-Werden mit einem „frühen, noch nicht personalen, grenzenlos großen" (ebd., 171) und somit eher „medialen Objekt" (ebd.).

- Demgegenüber steht der „oft anzutreffende archaisch-männliche Habitus" (Ahrbeck 2010, 30), der „nur aus gänzlich unlegierten ‚männlichen' Identifizierungen zu bestehen scheint" (ebd., 31) und deshalb über (gewaltförmiges) externalisierendes männliches Risikoverhalten den „Ängste[n] vor Überwältigung, Verschlungenwerden und Auflösung" (ebd., 30) zu begegnen sucht, wie sie mit seinen Verschmelzungswünschen „mit einem idealisierten primären Objekt" (ebd.) unlösbar verbunden sind.
- Weiterhin lässt sich in Anlehnung an Britton (2004) ein „dünnhäutiger" Typus unterscheiden, der nicht aufgrund einer eigenen bewussten Entscheidung, sondern „in Verbindung mit bedrohlichen, beängstigenden Auslösern, die zumeist mit verzerrten Wahrnehmungen einhergehen" (Streeck-Fischer 2010, 68) – sogenannten „äußere[n] Triggern – in verschiedene Zustände (‚*states*')" (ebd.) hineingerät, die mit „intrusiven Erfahrungen" im Kontext früherer Traumatisierungen zusammenhängen, und dann geradezu „reflexhaft" einer bestimmten Form von Risikoverhalten verfällt. Häufig stellt dieses „eine traumatische Reinszenierung" (ebd., 69) dar. Und von daher lässt sich ein solches Risikoverhalten auch als eine Art Botschaft über eine erlittene Traumatisierung lesen.
- Männliches Risikoverhalten – gerade in der Adoleszenz – kann jedoch auch dazu dienen, ein grandioses Selbstkonzept, als „Verschmelzung von Idealselbst, Idealobjekt und Realselbst, das ein als minderwertig erlebtes und daher von Scham besetztes Selbst verbirgt" (ebd., 70), zu stützen; dies vor allem dann, wenn die Jungen im Prozess ihrer Verselbstständigung starken Beschämungen ausgesetzt waren/sind. Mit Blick auf Brittons (2004) Konzept der Beziehungsgestaltung sieht Streeck-Fischer (2010, 70) diesbezüglich Verbindungen zum „dickfelligen Typ, der ganz gut funktioniert, solange seine ‚Glasblase' ihn schützt".
- Schließlich entpuppt sich manches externalisierende männliche Risikoverhalten bei genauerem Hinsehen auch als äußerst zweckgerichtet und instrumentell, wobei das „physiologische Erregungsniveau" (ebd., 71) der Akteure üblicherweise ebenso niedrig bleibt wie deren Pulsfrequenz.

Pädagogisch bedeutsam scheinen mir solche Unterscheidungen vor allem deshalb, weil sie darauf hinweisen, dass sich hinter einem äußerlich gleich erscheinenden Risiko*verhalten* ganz unterschiedliche Psycho- sowie Beziehungsdynamiken verbergen können. Es ist jedoch ein gewaltiger Unterschied, ob ein Adoleszenter sich auf eine körperliche Auseinandersetzung einlässt oder mit seinem Motorrad bzw. Auto ein Risiko eingeht, weil er in einer Situation höchster Erregung „ausrastet" und „durchdreht", ob er damit eine Beschämung wettzumachen versucht oder ob er solche Risikohandlungen mit „kühlem Kopf" und einem klaren Ziel vor Augen praktiziert. Leider werden solche Aspekte z. B. bei gewaltpräventiven Maßnahmen überhaupt nicht berücksichtigt. Mag vielleicht der ‚Heiße Stuhl' im Rahmen eines Anti-Aggressions-Trainings (AAT) einem Jungen, der in Beschämungssituationen zu Gewalt greift, helfen, mit Beleidigungen anders umzugehen, wird jemand, der Gewalt instrumentell einsetzt, diese Übung ohne irgendeinen Effekt auf ihn bestehen. Demgegenüber kann die ebenfalls im AAT zum Einsatz kommende Simulierung der Opferperspektive für einen ‚dünnhäutigen' Typus, der selbst schon Opfer von Gewalt war, schlicht eine Re-Traumatisierung bedeuten. Den in diesem Abschnitt diskutierten Erklärungsansätzen ist gemeinsam, dass sie Risiko*verhalten* von Jungen und jungen Männern vor allem als geschlechtsspezifische Bewältigung bestimmter, bisher von diesen nicht gelöster Entwicklungskonflikte deuten. Demgegenüber finden sich besonders im soziologischen Kontext Ansätze, die gerade umgekehrt Risiko*handeln* als ein Feld thematisieren, in dem Männlichkeit zu erwerben und zu bekräftigen versucht wird.

5 Zu Bourdieus und Meusers Lesart von Risikohandeln als Einsozialisierung in den männlichen Habitus

Bourdieu (1997, 203) hat die These vertreten, dass der männliche Habitus in einem „den Männern vorbehaltenen Raum [konstruiert und vollendet werde], in dem sich, unter Männern, die ernsten Spiele des Wettbewerbs abspielen". Er spricht in diesem Zusammenhang von einer „libido dominandi" als einem Bestreben, „die anderen Männer zu dominieren, und sekundär, als Instrument des symbolischen Kampfes, die Frauen" (ebd.), die sich so als Grundlage bzw. generierendes Prinzip des männlichen Habitus ausbilde. Bourdieu verbindet mit seinem aus der Psychoanalyse übernommenen Begriff der „libido" somit alles andere als ein triebtheoretisches Verständnis. Vielmehr zielt sein Begriff der „libido dominandi" explizit darauf, dass „Männer dazu erzogen werden, die gesellschaftlichen Spiele anzuerkennen, deren Einsatz irgendeine Form von Herrschaft ist" (Bourdieu 2005, 133). Bourdieu (1997, 203) spricht in diesem Zusammenhang von „Strukturübungen", die jede Gesellschaft vorsähe, „mit denen diese oder jene Form praktischer Meisterschaft übertragen werden dürfte". Bourdieus Ausführungen zu den „ernsten Spielen des Wettbewerbs" sind allerdings eher spärlich, und noch unklarer bleibt sein Begriff der „Strukturübung". Michael Meuser hat nun diese Leerstelle in Bourdieus Argumentation zu füllen versucht, indem er vorschlägt, den Begriff der „Strukturübung" am Beispiel männlichen Risikohandelns zu konkretisieren, das sich so „als eine entwicklungsphasentypische Steigerung der Strukturlogik des männlichen Geschlechtshabitus begreifen" (Meuser 2006, 172) ließe. Demzufolge geht er davon aus, dass „dem als Strukturübung begriffenen Risikohandeln männlicher Jugendlicher [...] ein primärer [von Meuser allerdings nicht näher betrachteter, d. Verf.] Sozialisationsprozess vorgelagert ist, in dem der Möglichkeitsraum von Praktiken bereits geschlechtstypisch sowohl konstituiert als auch eingegrenzt worden ist" (ebd., 165). Zu denken wäre hier etwa daran, dass Jungen schon im Krabbelalter von Erwachsenen ermutigt werden, Hindernisse zu überwinden und sich in Auseinandersetzungen mit Spielkameraden durchzusetzen, während Mädchen in beiden Fällen eher zurückgehalten werden (zu weiteren Beispielen und deren Theoretisierung vgl. May 2004, Kap. 6.5; 7.3; 7.4). Einerseits gesteht Meuser zu, dass das, „was [...] Männlichkeit ausmacht, [...] variiert – zwar nicht von Individuum zu Individuum, wohl aber von sozialem Milieu zu sozialem Milieu, auch von Generation zu Generation; und es hat ethnische Konnotationen" (2006, 175). Allerdings betont er im gleichen Atemzug die „Begrenzung der Verschiedenheit" (ebd.) dahingehend, „dass die jeweilige milieu-, generationen-, ethnisch spezifische Männlichkeit in – wiederum nach Milieu-, Generationen- und ethnischer Zugehörigkeit unterschiedlich ausfallenden – ernsten Spielen des Wettbewerbs erworben wird" (ebd.), welche jedoch nur einer einzigen generativen Logik folgten: besagter „libido dominandi". Damit läuft er auf jeden Fall Gefahr, die politischen Aspekte der Analyse von in bestimmten soziokulturellen Praktiken und Institutionen sich artikulierenden gesellschaftlichen Macht- und Interessenkonstellationen aus dem Blick zu verlieren, wie sie z. B. in den im Sport institutionalisierten Formen männlichen Risikohandelns besonders deutlich werden. So ermuntern diese nicht nur zum Kauf bestimmter Sportgeräte oder mit dem Sport assoziierter Waren, sondern erfüllen darüber hinaus auch weitere, über die Sozialisation zum Manne hinausgehende gesellschaftliche Funktionen. Vor allem ermöglichen sie auch, aggressive Impulse zu kanalisieren, wie sie aus den Zwangsverhältnissen der kapitalistischen Organisation von Produktion und Reproduktion sowie den sie absichernden staatlichen Regulierungen resultieren.

6 Zu den gesellschaftlichen Veränderungen von Risikosportarten als „Strukturübungen" zur Einsozialisation in durchaus verschiedene Männlichkeiten

Zwar sind *Mann*schaftssportarten im wörtlichen Sinne – auch viele Gruppenwettspiele von Jungen – häufig durch verletzungsanfällige Körperkontakte und Kampf gekennzeichnet. Zugleich wird in ihnen jedoch auch Bewegung als eine Form körperlicher Nähe unter Männern relevant, was Meuser durchaus mit im Blick hat. Schon nicht mehr gesehen wird von ihm, dass über Wettkampfspiele und -sport auch Normen des strengen Leistungsprinzips, der Regelbefolgung und des ‚gerechten' Tausches einsozialisiert werden (vgl. May 2004, Kap. 7.3; 7.4; 8.1). Darüber hinaus sind gerade in vielen Risikosportarten – z. B. Extrem-Bergsteigen oder Drachen- bzw. Gleitschirmfliegen – sportive Steigerungen vor allem an der erfolgreichen Meisterung noch größerer und damit auch gefahrvollerer Herausforderungen interessiert.

Um an diesen Formen leistungsbezogenen Risiko-Sportes teilhaben zu können, bedarf es bestimmter individueller Eigenschaften, die entweder als charakterliche Struktur schon vorgeprägt sein müssen oder im sportiven Handeln zu erarbeiten sind in Verbindung mit einer entsprechenden Modifizierung der Charakterstruktur, die dann auch als männliche codiert wird. *In, durch* und *zu* einem solchen *Doing Masculinity* – so ließe sich Meusers von Bourdieu übernommener Begriff von „Strukturübung" weiterführen – wird der Körper zeitlich strukturiert, aufgebaut, maschinisiert. Sonst ließen sich die mit dem entsprechenden Sport verbunden Risiken gar nicht erst bewältigen. Zudem setzen sie Affektkontrolle und Antizipationsfähigkeit voraus, weshalb Kampfsport oder die Erlebnispädagogik auch als Mittel der Gewaltprävention bei Jungen propagiert werden. Im Training – in Vorbereitung auf einen großen (Wett-)Kampf oder die neue, höhere Stufe des zu bewältigenden Risikos – geht es dabei besonders um die Fähigkeit, aktuelle Bedürfnisse zugunsten des zukünftig erwarteten Erfolgs aufschieben zu können. Und so setzt sich auch in diesen Formen riskanten ‚Männer'-Sports – wenngleich als bewegungs- und körperorientierte Variante – eine ‚männlich-externalisierende' Interpretation durch, welche „die Welt ausschließlich unter ökonomischen Gesichtspunkten deutet" (Becker 1990, 35). Im Zusammenhang mit den sich entwickelnden (postfordistischen) Produktions- und Konsumtionsformen des Kapitalismus hat sich aber in bestimmten Milieus aus den mittleren Soziallagen unserer Gesellschaft seit geraumer Zeit eine hedonistische Moral individueller Selbstverwirklichung und Lusterfüllung durchzusetzen begonnen, die auch im Bereich immer schneller aufeinanderfolgender risikobetonter Bewegungsmoden und Fun-Sportarten auf effektvolle Selbstinszenierung setzt. Dabei geht es vor allem darum, „Individualismus, Hedonismus und Konsum mit leibhaftigen Sensationen, mit Momenten des rauschhaften Aufgehens im Tun zu verbinden [...]. Die alternativen Sportstile sind zwar global verbreitet, die jeweiligen lokalen bzw. regionalen Szenen legen jedoch die Codes, Handlungsmuster, Symbole oder Geselligungsformen eigenwillig aus, was einen fortlaufenden Wettstreit um Stil und *wilde* Inszenierungen stimuliert" (Schwier/Danisch 2010, 124). Schwier und Danisch heben auch die Suche nach unverbrauchten Formen der Selbstdarstellung und Subjektivierung hervor, die dafür sorgten, dass immer wieder neue riskante Bewegungsformen von Jugendlichen entwickelt werden, die es dann auch vermögen, sich mit einer „Aura unverfälschter, gradliniger, letztlich authentischer Körperlichkeit" (ebd.) zu schmücken. Schwier und Danisch erläutern dies am Beispiel der „Parkour"-Bewegung, bei dem „die *Traceure* mit hohem Tempo und unter Überwindung sämtlicher vorgefundener Hindernisse [...] den direkten Weg vom Ausgangspunkt zum gewählten Ziel [...] nehmen, wobei spektakuläre Sprung-, Abroll- und Klettertechniken zum Einsatz kommen" (ebd., 125). Ein weiterer Aspekt, der von ihnen gerade an diesem Beispiel herausgearbeitet wird, sind die in und durch solche alternativen Bewegungsformen eröffneten „eigenwillige[n] Zugänge zur Welt" (ebd.). So werden nicht nur bei dieser neuen Bewegung von *Parkour*, sondern auch beim Skateboard- und beim BMX-Fahren, wie auch beim Fassadenklettern und beim Base-Jump (Abspringen mit einem Fallschirm von hohen Gebäuden) urbane Stadtlandschaften als Aktionsort umfunktionalisiert und damit kreativ angeeignet. Erst am Schluss ihres Beitrages weisen Schwier und Danisch darauf hin, dass „die eigenartige Strukturiertheit jugendlicher Trendsportszenen [...], in denen männliche Akteure (aus mittleren Soziallagen) dominieren" (2010, 130), darauf verweise, dass diese auch „– zumindest latent – ein lustvolles Experimentieren mit zeitgemäßen Männlichkeitsmustern" (ebd.) beinhalteten. So bilden sich bestimmte „Amalgams of Skills and Thrills" (Rinehart 2000, 506) heraus, die es allem Anschein nach Heranwachsenden eben auch erlauben, eine spezifische Form von Männlichkeit zu erwerben und zu validieren. Obwohl sich auch in diesen neuen Bewegungskulturen ein weitgehend professionalisierter Leistungsbereich weltweiten Spitzensports herausgebildet hat, der nicht weniger Trainingsaufwand und Arbeit an sich selbst, an seinem Körper wie auch dem mentalen Bereich erfordert als in den klassisch männlichen Kampf- und Risikosportarten, findet sich hier ein im Vergleich doch gänzlich anderer männlicher Habitus. So ist der männliche Habitus von Heroen der *X-Games* (so heißen die „Weltmeisterschaften" in diesen neuen riskanten Sportarten) zwar auch durch Mut, Risikobereitschaft, Härte und absolute Körperkontrolle gekennzeichnet, immer aber gekoppelt – und dies unterscheidet ihn von dem Athleten traditioneller Kampf- und Risikosportarten – mit viel Lässigkeit, Verspieltheit, Improvisationstalent und Spontaneität. „Mann" gibt sich noch kurz vor dem Start verspielt, *crazy* und zu Scherzen aufgelegt. Gleichwohl *stylish* ein absolutes Qualitätsmerkmal der präsentierten artistischen Höchstleistungen darstellt, ist ein *Run* in der Halfpipe oder dem *Streetparcour* niemals völlig durchgeplant. Immer bietet er Raum für Spontaneität und Improvisation, in die zum Teil auch die Konkurrenten mit einbezogen werden. Der Wettbewerb tritt so zurück hinter den *Event*, das Sich-Feiern als Szene und Sich-Feiern-Lassen von der Szene. Entsprechend feiern die *X-Games*-Protagonisten nicht nur anschließend mit Fun-Punk, Ska, Rap und Hip-Hop, exzessivem und expressivem Tanzen und auch dem Genuss weicher Drogen: Sie machen den Contest selbst zur Party. Die harte Arbeit des Trainings wird ebenso wie die extremen körperlichen Belastungen und Risiken beim Contest als Spaß verkörpert. Und wie die klassisch athletische Weise, Männlichkeit als Geräteturner, Bergsteiger, Kampfsportler leiblich riskant zu validieren, nicht nur mit dem Wertetableau des klassischen Kapitalismus, sondern auch einer rigiden Charakterstruktur korrespondiert, so scheint es auch eine Affinität des männlichen Habitus der *X-games*-Heroen mit dem modernen Konsumkapitalismus und einer stärker narzisstisch geprägten Charakterstruktur zu geben (vgl. May 2004, Kap. 6.8). Interessant ist, dass Meuser (2006, 172) bezüglich Formen externalisierenden Risikohandelns, wie sie im *Fight* der Hooligans oder in den *Battles* der Breakdancer zum Tragen kommen, neben der „libido dominandi" auch auf eine Theoretisierung dieser Praktiken mit dem aus Durkheims Religionssoziologie stammenden Begriff der „kollektiven Efferveszenz" rekurriert.

7   Zu männlichem Risikohandeln als Form kollektiver Efferveszenz

Der Durkheim'sche Begriff von Efferveszenz zielt auf die gemeinschaftsbildende Kraft kollektiver Rituale, wie sie z. B. in Gestalt rauschhafter Feste in fast allen Kulturen zu beobachten sind. Von Durkheim werden diese als „eine Art Elektrizität" beschrieben, welche die Beteiligten „rasch in einen Zustand außerordentlicher Erregung versetzt. Jedes ausgedrückte Gefühl hallt ohne Widerstand in dem Bewusstsein eines jeden wider, das den äußeren Eindrücken weit geöffnet ist. Jedes Bewusstsein findet sein Echo in den anderen. Der erste Anstoß vergrößert sich auf solche Weise immer mehr, wie eine Lawine anwächst, je weiter sie läuft" (Durkheim 2007, 297 f.). Für mich unverständlich ist, warum Meuser diese auch vielen kollektiven Formen männlichen Risikohandelns eigene Qualität sogleich wieder unter die von ihm vor aller Empirie getroffene Prämisse einer „libido dominandi" zu subsumieren bestrebt ist. Es erinnert mich an ein Interview, das ein Mitarbeiter des Magazins *Der Spiegel* mit Mitgliedern einer von mir forscherisch begleiteten *Streetgang* geführt hat, die sich im Anschluss an den damals sehr populären Film *Old*

Warriors nannten. Dabei führten alle seine auf das Vorbild der Film-*Warriors* bezogenen Suggestivfragen im Hinblick auf deren martialische Aufmachung und Brutalität sowie die Faszination von Waffen immer nur zur stereotypen Antwort, es sei „der Zusammenhalt" gewesen, der sie an den Film-*Warriors* so begeistert hätte. Auch nach meinen Beobachtungen scheinen die externalisierenden Risikopraktiken dieser Clique, besonders in Form von Randale und Schlägereien, für deren Mitglieder vor allem die Funktion erfüllt zu haben, über das Medium körperlich-sinnlich unmittelbar spürbaren Zusammenstehens und -kämpfens sich als Clique ihres sozialen Zusammenhangs, ihres kollektiven Identisch-Seins zu versichern. Dies scheint allgemein für Jungen typisch zu sein, die in noch durch den Erfahrungszusammenhang körperlicher Arbeit geprägten Milieus groß geworden sind (vgl. May 2003, Kap. 3). So wurde der fragile Zusammenhalt der Clique zunächst über imaginierte oder kolportierte Bedrohungsszenarien seitens anderer Cliquen zu festigen versucht. In der nächsten Stufe wurden als Gang sogenannte „neutrale Territorien", wie z. B. Rummelplätze oder große Discoveranstaltungen, besucht, bei denen es zumindest potenziell zu Konflikten mit anderen Gangs hätte kommen können. Und wenn selbst dies nicht reichte, wurde eine Randale-Aktion gestartet oder mit der Gang „fremdes Territorium" betreten und damit eine Schlägerei direkt provoziert. Auf den Einzelnen bezogen scheinen solche, die totale Präsenz verlangende Situationen einen in der Spannung geradezu rauschartigen Zustand zu erzeugen. Dies gilt nicht nur für solche cliquenbezogenen Formen körperlicher Auseinandersetzung, sondern auch für die sich zu artistischen Höchstleistungen hochschaukelnden *„Battles"* der Breakdancer oder Kapuera-Tänzer bzw. -Kämpfer. Ein nach meiner Interpretation nicht unbedeutender Aspekt könnte sein, dass auf diese Weise auch die für die betreffenden Jungen wahrscheinlich nicht verheißungsvolle Zukunft in der intensiv erlebten Gegenwart zum Verschwinden gebracht werden kann. Szabo (2010, 147) zufolge ermöglichen solche Momente ekstatischer Rauscherfahrungen sogar, „die eigene Endlichkeit für einen kurzen Moment zu vergessen, um so eine Form der Unsterblichkeit zu erfahren". Paradoxerweise scheint dieses efferveszente In-der-Situation-Aufgehen aber gerade mit einer ansonsten in dieser Intensität kaum zu erlebenden Erfahrung verbunden zu sein, sich ganz zu spüren und dadurch mit sich identisch zu sein. Etwas davon habe auch ich als Schlichter in solchen Konflikten erfahren dürfen. Denn während ich in meinem alltäglichen Leben häufig zumindest mit einem Teil meines Bewusstseins quasi neben mir stehe, um mich und die Situation, in der ich mich befinde, wie von außen beobachten und reflektieren zu können, habe ich in diesen Situationen – ähnlich wie zum Teil auch bei anderen, von mir selbst bevorzugten riskanten Praktiken wie

Klettern oder Mountainbike-Fahren – Körper und Geist in vollster Aktivität und Handlungseinheit erfahren.

8 Zu Flow, Lust, Angst und Größenfantasien und wie sie unterschiedlich mit männlichem Risikohandeln verbunden sind

In gewisser Weise zeigen sich so bezüglich des individuellen Erlebens von Efferveszenz auch Parallelen zu dem, was Mihaly Csikszentmihalyi (2008) *„Flow"* genannt hat: als Gefühl des völligen Aufgehens in einer Tätigkeit und Form der Konzentration, die nicht willentlich zu erzwingen ist. Nicht umsonst hat er seine *Flow*-Theorie ja zunächst an Risikosportarten entwickelt, ehe er sie auch auf rein geistige Aktivitäten ausdehnte. Der *Flow* entspricht einem Zustand optimaler Anpassung und Resonanz der inneren Anteile sowie an die und von der Umwelt. Und so fühle auch ich mich beim Klettern häufig als geradezu mimetisch mit dem Fels verbunden oder erlebe beim Mountainbiken meinen Körper, mein Rad und den Trail als geradezu eins. Ich spüre dabei, wie mein Herzschlag, meine Atmung und meine Bewegung im gleichen Rhythmus erfolgen. Gerade hierin scheint mir jedoch der Unterschied zur Efferveszenz zu liegen, bei der solch differenzierte Selbstwahrnehmungen durch die Vehemenz des kollektiven Rausches überlagert werden.

Zwar beschreiben Schwier und Danisch (2010, 130), wie die Praxis des *Parkours* die Position der *Traceure* immer wieder auf einem Kontinuum zwischen den Polen „Ausgelassenheit, Improvisation, Spontaneität" sowie „Meisterung, Ordnung und Regelhaftigkeit" (ebd.) verschiebt: „Mal geben sich die *Traceure* ausgelassen dem Rausch der Bewegung hin, mal trainieren sie diszipliniert einzelne Techniken und in manchen heben sie diese scheinbaren Gegensätze sogar in Aktion auf" (ebd.). Letzteres lässt sich dann wohl auch als *Flow* theoretisieren. Der Unterschied zum efferveszenten Rausch besteht aus meiner Sicht jedoch darin, dass Flow wesentlich stärker mit Kontrollaspekten verbunden ist.

Diese Kontrolle ist allerdings eine spezifische, was besonders bei den Risikosportarten deutlich wird, die anders als bei den *Traceuren* auf ein entsprechendes Sportgerät angewiesen sind. So wäre beispielsweise beim *Downhill*-Fahren mit dem Mountainbike ein Sturz vorprogrammiert, wenn der Fahrer beim Steuern seines Bikes nicht dessen Lenker ‚Spiel' geben würde, damit das Vorderrad seinen genauen Weg zwischen den Steinen und Wurzeln quasi selbst zu finden vermag. Hier kommt ein Begriff von Steuern zum Tragen, wie ihn Michel Foucault als *gouverner* – allerdings im Anschluss an die Steuerung eines Segelschiffes, welches ein ähnliches Eingehen auf Wasserströmungen und Windverhältnisse erfordert – dann mit dem Begriff der Denkweise (*„mentalité"*) zu seinem Regierungsbegriff von Gouvernementalität semantisch zusammengebunden hat. Verbunden sei diese mit einer modernen Machttechnologie, die Foucault bezeichnenderweise mit dem Begriff „Sicherheitsdispositiv" zu fassen versucht hat. Diese zielte darauf, „die Dinge im Bereich ihrer wirksamen Wirklichkeit in den Griff zu bekommen" (Foucault 1993, 9) mithilfe von „Gesetzen, Prinzipien und Mechanismen" (ebd.), die ihr selbst entnommen seien. Deshalb sieht er auch „die Freiheit in den Mutationen der Machtmechanismen eingeschlossen" (ebd.). Sie sei „der Bezugsrahmen des Einsatzes der Dispositive der Sicherheit" (ebd.), die auch nur so funktionieren könnten. Und so beleuchten diese Überlegungen Foucaults zu modernen Sicherheitsdispositiven eine weitere Facette entsprechenden jugendlichen Risikohandelns und der mit ihm verbundenen neuen Formen eines männlichen Habitus. Denn ging es im traditionellen männlichen Habitus, wie er in den klassischen Kampf- und Risikosportarten ausgebildet wurde, vor allem auch um eine ‚Bezwinger-Mentalität', richten sich die in den neuen risikobetonten Bewegungskulturen ausgebildeten Habitusformationen von Männlichkeit sehr viel stärker an einer Realität aus, die weder eindeutig noch jemals in den Griff zu bekommen ist. Deshalb ist dieser Realität adäquat nur mit dem Mittel der *„Regulierung"* im Stile von *gouverner* zu begegnen.

Sowohl in den alten Kampf- und Risikosportarten wie in den neuen *Thrill*-betonten Bewegungskulturen finden Größen- und Allmachtsfantasien gleichermaßen Raum und ebenso auch in den dabei jeweils ausgebildeten Habitusformationen von Männlichkeit. Denn, um mit Mario Erdheim (2010, 35 f.) zu sprechen, es geht dabei immer auch „um die Überschreitung der bisherigen Grenzen und um die Lustangst, die die Umsetzung der Größen- und Allmachtsfantasien fördert". Solche „Größen- und Allmachtsfantasien" werden von Erdheim jedoch keineswegs pathologisch konnotiert. Ganz im Gegenteil streicht er die Funktion der „zur Ordnung der Fantasie und der Gefühle" (ebd., 47) gehörenden Omnipotenz heraus, „das Verhältnis des Menschen zur Realität mitzugestalten, und zwar indem sie den Menschen ermutigt, sich der Realität entgegenzusetzen und sie zum Objekt zu machen. Das Omnipotenzgefühl ebenso wie die Omnipotenzfantasie bewirken, dass die Welt als durch den Menschen veränderbar erscheint" (ebd.). Und so habe auch ich an mir selbst feststellen müssen, dass ich besonders dann gerne zum Mountainbiken oder zum Klettern gehe, wenn ich gerade einmal wieder in irgendeiner Institution die Erfahrung sammeln musste, nichts bewegen zu können. Dies könnte auch ein Hinweis dafür sein, weshalb gerade heute externalisierendes Risikohandeln für Jungen so attraktiv geworden ist.

Zu Flow, Lust, Angst und Größenfantasien

Aus Erdheims Perspektive ist dies stets verbunden mit einer Aktivierung solcher Omnipotenzfantasien. Er hebt in diesem Kontext hervor, dass „auch der Rausch [...] die Größe und Allmacht des Individuums bestätigen soll" (ebd., 36). Erdheim weist dann weiter darauf hin, dass Angstlust „ein intensives Grenzgefühl [sei], das sich mit dem der Freiheit verbinde [...]" (ebd., 48). Weil die Suche nach ihr auch dazu antreibe, Verbotenes zu tun, gelte sie als gefährlich und werde „deshalb kulturell besonders bearbeitet" (ebd.). Traditionell wurden solche grenzüberschreitenden Zustände von Rausch, Ekstase und kollektiver Efferveszenz im Rahmen von Initiationen verankert (vgl. ebd.). Allerdings geht Erdheim von einem „Abbau der Traditionen" und einer „Entritualisierung des sozialen Lebens" aus. Der aus ethnopsychoanalytischer Sicht für die Adoleszenz charakteristische Prozess einer „Verknüpfung der Omnipotenz mit den Ich-Fähigkeiten [...], in dem es darum geht, die omnipotenten Wünsche in realisierbare zu verwandeln" (2010, 49), werde dadurch nicht einfacher. Und von daher eröffnet der ethnopsychoanalytische Zugang Erdheims auch eine durchaus historische Betrachtungsweise des externalisierenden Risikohandelns von Jungen. Allerdings scheint es so zu sein, dass Jungen, die sich Risikosportarten hingeben, nicht zuletzt aufgrund der körperlichen Blessuren, die sie bei Selbstüberschätzung erleiden, noch eher diese Verknüpfung von Omnipotenz und Ich-Fähigkeiten gelingt als risikobereiten Bankern und Börsianern, die stets eine Regierung im Hintergrund haben, die ihr Risiko über Steuergelder abzufedern bereit ist. Unzweifelhaft verlocken Größenfantasien zur Grenzüberschreitung, und dies gilt selbstverständlich auch für Risikosportarten oder andere gewagte Praktiken. Wenn Erdheim (ebd., 47) „die Verwandlung von Angst in Lust" als „physiologische Prämie" (ebd.) solcher Grenzüberschreitungen hervorhebt, muss jedoch ergänzt werden, dass dies ebenso wenig wie das *High*-Erlebnis durch eine Endorphinausschüttung bei Ausdauerleistungen als eine Art Naturgesetz in Risikosportarten garantiert ist. Möglich wird es jedoch, durch solches Risikohandeln diffuse Ängste, denen vonseiten psychiatrischer Medizin mit Sucht erzeugenden Psychopharmaka entgegenzusteuern versucht wird, durch konkrete Furcht zu ersetzen, der in Form entsprechender Vorbereitung und Planung durchaus handelnd zu begegnen ist. So zeigt z.B. Aufmuth (vgl. 1989) in seiner *Psychologie des Bergsteigens* an den Biografien von Extrembergsteigern, dass viele in ihrem Alltag von solchen Ängsten geradezu über*mann*t wurden/werden, während ihre Gipfelbesteigungen auf Leben und Tod sie davon erlös(t)en. Und so stellen sich auch die riskanten Praktiken meiner Jugendzeit für mich als aus heutiger Perspektive durchaus recht zweifelhafter Erfolg eines damals von mir freilich nicht bewusst so geplanten, eigenen Quasi-Desensibilisierungs-Programms meiner Kindheitsängste dar, von denen ich als Flüchtlingskind mit einer kriegstraumatisierten Mutter sehr heftig geplagt wurde.

Literatur

Ahrbeck, Bernd (2010): Adoleszente Gewalt. Innere Welt und kultureller Container. In: Ahrbeck, Bernd (Hrsg.): Von allen guten Geistern verlassen? Aggressivität in der Adoleszenz. Gießen, 21–41.

Aufmuth, Ulrich (1989): Zur Psychologie des Bergsteigens. Frankfurt am Main.

Balint, Michael (1960): Angstlust und Regression. Stuttgart.

Becker, Peter (1990): Die Zeit der Arbeit und die Zeit des Sports. In: Menzel, Hans-Joachim et al. (Hrsg.): Forschungsgegenstand Sport. Frankfurt am Main, 30–55.

Benjamin, Jessica (1982): Die Antinomien des patriarchalischen Denkens. Kritische Theorie und Psychoanalyse. In: Bonß, Wolfgang/Honneth, Axel (Hrsg.): Sozialforschung als Kritik. Zum sozialwissenschaftlichen Potential der Kritischen Theorie. Frankfurt am Main, 426–455.

Blos, Peter (2001): Adoleszenz. Eine psychoanalytische Interpretation. Stuttgart.

Bourdieu, Pierre (2005): Die männliche Herrschaft. Frankfurt am Main.

Bourdieu, Pierre (1997): Die männliche Herrschaft. In: Dölling, Irene/Krais, Beate (Hrsg.): Ein alltägliches Spiel. Geschlechterkonstruktion in der sozialen Praxis. Frankfurt am Main, 153–217.

Britton, Ronald (2004): Subjectivity, Objectivity and Triangular Space. In: Psychoanalytic Quarterly, 73, 47–61.

Csikszentmihalyi, Mihaly (2008): Flow. Das Geheimnis des Glücks. Stuttgart.

Doyle, James (1983): The Male Experience. Dubuque, IA.

Durkheim, Émile (2007): Die elementaren Formen des religiösen Lebens. Frankfurt am Main.

Erdheim, Mario (2010): Adoleszente Intensität der Erfahrungen und Realitätsveränderungen. Ethnopsychoanalytische Überlegungen. In: Niekrenz, Yvonne/Ganguin, Sonja (Hrsg.): Jugend und Rausch. Interdisziplinäre Zugänge zu jugendlichen Erfahrungswelten. Weinheim/München, 35–49.

Erikson, Erik (1998): Jugend und Krise. Die Psychodynamik im sozialen Wandel. Stuttgart.

Foucault, Michel (1993): Der Staub und die Wolke. Grafenau.

Hurrelmann, Klaus (2001): Einführung in den Themenschwerpunkt „Risikoverhalten". In: Zeitschrift für Soziologie der Erziehung und Sozialisation, 21, 115.

King, Vera (2010): Männliche Entwicklung, Aggression und Risikohandeln in der Adoleszenz. In: Ahrbeck, Bernd (Hrsg.): Von allen guten Geistern verlassen? Aggressivität in der Adoleszenz. Gießen, 97–119.

Ladame, Francois (2004): Adoleszenz und Selbstdestruktivität. Klinische Erfahrungen und theoretische Bemerkungen. In: Streeck-Fischer, Annette (Hrsg.): Adoleszenz – Bindung – Destruktivität. Stuttgart, 309–321.

Maccoby, Eleanor/Jacklin, Carol (1980): Sex differences in aggression. A rejoinder and reprise. In: Child Development, 51, 964–980.

Maccoby, Eleanor/Jacklin, Carol (1974): The Psychology of Sex Differences. Stanford.

May, Michael (2004): Selbstregulierung. Eine neue Sicht auf die Sozialisation. Gießen.

May, Michael (2003): Lebenslagenbezogene Bildung von Jugendlichen. In: Lindner, Werner (Hrsg.): Kinder- und Jugendarbeit als Bildungsprojekt. Opladen, 119–135.

May, Michael (1991): „Wir sind doch keine Alkis!". Männliche Trinkrituale in der Subkultur von Arbeiterjugendlichen. In: Richter, Horst-Eberhard (Hrsg.): Immer mehr? Die Verführung zur Sucht. München.

Meuser, Michael (2006): Riskante Praktiken. Zur Aneignung von Männlichkeit in den ernsten Spielen des Wettbewerbs. In: Bilden, Helga/Dausien, Bettina (Hrsg.): Sozialisation und Geschlecht. Theoretische und methodologische Aspekte. Opladen, 163–178.

Richter, Matthias (2010): Risk behaviour in adolescence. Patterns, determinants and consequences. Wiesbaden.

Rinehart, Bob (2000): Emerging Arriving Sport. Alternatives to Formal Sports. In: Coakley, Jay J./Dunning, Eric (Hrsg.): Handbook of sports studies. London, 504–519.

Schwier, Jürgen/Danisch, Marco (2010): Im Rausch des Parkours. Jugendliche Körper und alternative Sportpraktiken. In: Niekrenz, Yvonne/Ganguin, Sonja (Hrsg.): Jugend und Rausch. Interdisziplinäre Zugänge zu jugendlichen Erfahrungswelten. Weinheim/München, 123–132.

Streeck-Fischer, Annette (2010): Wenn der Dialog entgleist. Zum Verständnis von destruktivem Verhalten Jugendlicher aus psychodynamischer Sicht. In: Ahrbeck, Bernd (Hrsg.): Von allen guten Geistern verlassen? Aggressivität in der Adoleszenz. Gießen, 63–79.

Szabo, Sacha-Roger (2010): „Thrillslider". Rutschen, Rausch und Rituale auf Spielplätzen, Festplätzen und in Aqua-Parks. In: Niekrenz, Yvonne/Ganguin, Sonja (Hrsg.): Jugend und Rausch. Interdisziplinäre Zugänge zu jugendlichen Erfahrungswelten. Weinheim/München, 143–153.

3

Beiträge zu einer kritischen Pädagogik der Geschlechter

Carrie Paechter

Polyphonie? Ausblicke auf einen anderen Geschlechterdiskurs in der Pädagogik*

Dieser Beitrag beschäftigt sich mit der Frage, wie sich die Diskurse zu Geschlecht, Bildungsplänen und Pädagogik in den vergangenen siebzig Jahren zwischen „monophonen" und „polyphonen" Unterrichtsformen bewegt haben und wie dies die Erziehung und Bildung sowohl von Jungen und als auch von Mädchen beeinflusst hat. Ich argumentiere dabei, dass der derzeitige *Boy Turn* in den Erziehungswissenschaften, also die Hinwendung zu einer verstärkten Jungenförderung, einen Schritt von der monophonen Unterrichtsform zur Polyphonie darstellt, dass dies jedoch aus verschiedenen Gründen problematisch ist. Nachdem ich diese Gründe erläutert habe, werde ich abschließend für Heterophonie plädieren – eine Unterrichtsform, die es uns ermöglichen würde, von Geschlechtertrennung und einer auf Stereotypen basierenden Herangehensweise an die Erziehung und Bildung von Heranwachsenden abzusehen.

---

* *Aus dem Englischen übersetzt von Daniela Babilon.*

Die musikalischen Metaphern von Monophonie und Polyphonie erweisen sich als nützliche Hilfsmittel bei der Frage, in welchem Verhältnis die Diskurse um Lehrplangestaltung und Pädagogik stehen und wie sie sich in bestimmten politischen und sozialen Rahmenbedingungen entwickeln. Polyphonie bezeichnet das Nebeneinander verschiedener Melodien, die alle gleichwertig sind. Ihr entscheidendes Merkmal ist, dass jeder der verschiedenen Parts voll entwickelt ist: „Full development of the separate parts – the investing of several parts with the character of a main voice and the raising of accompanying voices to the status of counter-voices – has been regarded as a defining feature of polyphony" (Cooke 2001b).

Ich möchte nun die These aufstellen, dass die dominanten Diskurse zu Geschlecht und Schulbildung in England und Wales während des Großteils der zweiten Hälfte des 20. Jahrhunderts eben dieser Prämisse der Polyphonie folgten, dass aber nichtsdestoweniger die Praxis zum Teil anders aussah. Die Bestimmungen der 1970er Jahre zur Förderung von Chancengleichheit, in Verbindung mit dem Ausbau des Gesamtschulwesens, gaben den Debatten eine eher monophone Ausrichtung. Monophone Musik hat lediglich eine Stimme bzw. einen Part, und der erziehungs- und bildungspolitische Ansatz, der zu dieser Zeit in England und Wales vorherrschte, reflektiert dies: Für alle Kinder und Jugendlichen galt, zumindest offiziell, das gleiche Curriculum. Dennoch wurde in der Praxis nach Geschlechtern differenziert. Feministische Bestrebungen, die darauf abzielten, den Mädchenanteil in den Naturwissenschaften oder in Technik zu erhöhen, waren beispielsweise während der 1980er Jahre noch immer diesem monophonen Diskurs verschrieben, in dem Mädchen dazu ermuntert wurden, sich der weitgehend maskulinen Lehrplangestaltung und Pädagogik anzupassen (vgl. Paechter 1998), während der neuerliche *Boy Turn* die Idee einführt, dass wir mehrere gleichwertige Unterrichtsangebote schaffen müssen, die dem Grundsatz des *different but equal* folgen sollten. Dieser polyphone Ansatz geht davon aus, dass Individuen verschieden sind und unterschiedlich lernen und dass es deshalb unterschiedliche Lehrplanangebote geben sollte. Allerdings sollen alle Parallelangebote gleichwertig sein. Im Folgenden werde ich die Effekte dieser unterschiedlichen Bewegungen der Mono- und Polyphonie detailliert betrachten, bevor ich mit meiner Forderung nach heterophonen Diskursen und Praktiken ende. Ich werde mich hauptsächlich auf curriculare Veränderungen in England und Wales beziehen, da ich mich hier am besten auskenne; zusätzlich werde ich allerdings an gegebener Stelle auch Beispiele von anderen Schulsystemen anführen. Ich bin mir dessen bewusst, dass sich die Situation in Deutschland etwas anders dargestellt hat und werde es deshalb den Leser/innen überlassen müssen zu entscheiden, ob die musikalischen Metaphern für ihr Curriculum und ihre pädagogische Geschichte ebenso zutreffen wie für meine. Außerdem werde ich neben der Kategorie ‚Geschlecht' auch die des sozialen Status und der Leistung diskutieren, denn diese drei Ebenen sind untereinander stark verwoben. Meine Intention ist es allerdings zu zeigen, wie sich unterschiedliche Diskurse darauf auswirken, welche geschlechtsspezifischen Möglichkeiten bestimmten Gruppen von Kindern und Jugendlichen geboten werden. Darüber hinaus möchte ich erklären, warum wir einen alternativen curricularen und pädagogischen Diskurs sowie eine alternative Schulpraxis brauchen, um Schülerinnen und Schülern eine größere Bandbreite an möglichen Lebensweisen zu vermitteln.

1 Historischer Überblick: Monophone und polyphone Diskurse über Lehrpläne und Pädagogik

Von den 1940er bis 1960er Jahren wurde den polyphonen Formen in erziehungswissenschaftlichen Diskursen in England und Wales enorme Bedeutung beigemessen. Kurz vor Ende des Zweiten Weltkrieges wurde im Jahr 1944 der *Education Act* verabschiedet – ein bildungspolitischer Beschluss, der allen Schülerinnen und Schülern eine weiterführende Schulausbildung ermöglichte. Diese erfolgte jedoch über drei verschiedene Bildungswege, die die Schülerinnen und Schüler an verschiedenen Schulen einschlagen konnten. Dieses dreigliedrige Schulsystem differenzierte zwischen drei ‚Typen' von Lernenden: den ‚akademischen' Schülerinnen und Schülern, die eine traditionelle liberale Bildung an einer *Grammar School* (einem Gymnasium vergleichbar) erhielten, dann den Lernenden, die als naturwissenschaftlich und technisch begabt galten und speziell technisch ausgerichtete Schulen besuchten sowie all jenen ‚Übrigen', die man für talentierter im Umgang mit Gegenständen als mit abstrakten Ideen hielt (vgl. Thom 1987) und die die *Secondary Modern Schools* besuchten. Die *Secondary Modern Schools* – den deutschen Hauptschulen vergleichbar – waren neben den Grundschulen aus den ehemaligen Volksschulen hervorgegangen (vgl. Penfold 1988). Die Einteilung in die drei verschiedenen Schulformen erfolgte mittels argumentativer Sprachtests. Da jedoch nur eine geringe Zahl an technischen Schulen wirklich eröffnet wurde, teilte sich der Großteil der Schülerinnen und Schüler beim Übergang auf die weiterführenden Schulen in zwei Lager: eine weitestgehend aus der Mittelschicht stammende gymnasiale Elite (zwischen 10% und 30% der Kinder, in Abhängigkeit von ihrem Wohnsitz) und der überwiegende Rest, der hauptsächlich der Arbeiterschicht angehörte.

Diese Teilung bezog sich sowohl auf die Gruppe der Mädchen als auch auf die der Jungen. Da allerdings bekannt war, dass Mädchen im Alter von 11 Jahren in argumentativen Sprachtests tendenziell besser abschnitten als Jungen, mussten sie in der Praxis bessere Noten als Jungen erbringen, um in eine *Grammar School* eingeschult zu werden. Es galt die Devise des *different but equal*, bei der die Unterschiedlichkeit von Schülerinnen und Schülern hervorgehoben, gleichzeitig aber Chancengleichheit für alle gefordert wurde. In der schulischen Realität wurden jedoch nur vergleichsweise wenige Kinder der Arbeiterschicht an den *Grammar Schools* zugelassen und nur ein kleiner Teil der Schülerinnen und Schüler der *Secondary Modern Schools* erhielt bis Mitte der 1960er Jahre überhaupt die Möglichkeit, an öffentlichen Vergleichsprüfungen teilzunehmen. In den *Grammar Schools* war das Curriculum sogar in geschlechtergetrennten Schulen für Jungen und Mädchen im Wesentlichen gleich. Es basierte auf einem Bildungsverständnis, das der Tradition nach für männliche Kinder und Jugendliche der Mittelschicht gedacht war und legte seine Schwerpunkte auf Englisch, Mathematik, Naturwissenschaften, moderne und klassische Sprachen sowie Geisteswissenschaften. Zwar wurden handwerklich-technische Fächer (für Jungen), Hauswirtschaft (für Mädchen) und Sport (nach Geschlechtern getrennt) unterrichtet, doch fanden sie nur am Rande des Lehrplans Berücksichtigung (vgl. Penfold 1988; Sparkes/Templin et al. 1990). Das Hauptaugenmerk lag auf akademischer Wissensvermittlung. Obwohl einige Aspekte dieser Unterrichtsweise für Mädchen Probleme mit sich brachten (und es noch immer tun), da Mädchen es oft schwierig finden, Erfolge in einem im Wesentlichen maskulin ausgerichteten Curriculum zu akzeptieren (vgl. Paechter 1998; Mendick 2006), bedeutete dies, dass die Diskurse um die Curricula für Jungen und Mädchen höherer Bildungswege im Grunde genommen monophon waren. Die Aspekte des Lehrangebots, in denen nach Geschlechtern getrennt wurde, wurden als nicht sonderlich wichtig erachtet und oftmals nach dem 14. Lebensjahr nicht mehr unterrichtet.

Dem gegenüber bestand für Schülerinnen und Schüler der *Secondary Modern Schools* eine klare Differenzierung zwischen dem, was für Jungen und was für Mädchen angemessen erschien. In dieser Schulform war der Lehrplan sehr viel praktischer ausgerichtet. Allerdings wurden die praktischen Fächer nach Geschlechtern getrennt unterrichtet. Während Hauswirtschaft und andere häusliche Fächer als essenzieller Bestandteil der Hauptschulbildung für Mädchen angesehen wurden (vgl. Attar 1990), war ein zentrales Element des Lehrplans ihrer männlichen Mitschüler die Werkstattausbildung in handwerklichen Bereichen (vgl. Penfold 1988). Indem sie einen beachtlichen Anteil ihrer letzten zwei Schuljahre auf diese Weise verbrachten, wurden diese Schülerinnen und Schüler – so war man überzeugt – für handwerkliche Be-

Historischer Überblick: Monophone und polyphone Diskurse über Lehrpläne und Pädagogik

rufe und häusliche Verpflichtungen des Erwachsenenlebens vorbereitet. Dieses Erwachsenenleben wurde dabei selbst als höchst ‚gegendert' aufgefasst. So plädierte beispielsweise der *Crowther Report* des Bildungsministeriums von 1959 für ein unterschiedliches Curriculum für Jungen und Mädchen, obwohl als gemeinsames Ziel genannt wurde, die Heranwachsenden auf das Erwachsenenleben vorzubereiten. In Bezug auf leistungsschwächere Mädchen vermerkte der *Report*: „[T]heir needs are much more sharply differentiated from those of boys of the same age than is true of the academically abler groups" (Thom 1987, 133). Als Resultat daraus sollten Mädchen folgende Fächer belegen: „Subjects based on direct interest in their personal appearance and problems of human relations; the greater psychological and social maturity of girls makes such subjects acceptable – and socially necessary" (ebd.).

Jungen hingegen wurden sehr unterschiedlich davon charakterisiert, was für sie eine deutliche Hinwendung zu handwerklichem Training nach sich zog: „The boy with whom we are concerned is one who has pride in his skill of hand and a desire to use that skill to discover how things work, to make them work and to make them work better. The tradition to which he aspires to belong is the modern one of the mechanical man whose fingers are the questioning instruments of thought and exploration" (Penfold 1988, 116).

Somit war das englische und walisische Bildungssystem von 1944 an bis in die frühen 1970er Jahre sowohl bezüglich des sozialen Status als auch des Geschlechts geschlechtergetrennt polyphon (bzw. genauer gesagt biphon) und folgte dem Grundsatz des *separate but equal*. In Bezug auf die Kategorie Geschlecht erhielten leistungsstärkere Kinder und Jugendliche der Mittelschicht dagegen eine im Kern monophone Bildung.

Diese Situation änderte sich langsam in der Zeit der späten 1960er bis frühen 1970er Jahre, als die Gesamtschulbewegung einsetzte. Diese Bewegung war aus Diskussionen um soziale Gerechtigkeit hervorgegangen, in denen die Einstufungstests, mit denen die Kinder differenziert wurden, als sozial ungerecht kritisiert wurden. Ziel der Gesamtschulbewegung war es, alle Kinder und Jugendlichen zusammen in gemeinschaftlichen weiterführenden Schulen zu unterrichten. Vertreterinnen und Vertreter der Bewegung waren der Meinung, dass das mittlerweile zweigliedrige System den verschiedenen Schülergruppen keine gleichwertigen Curricula und pädagogischen Mittel anbot. Zwar wurden die Schülerinnen und Schüler in der Anfangsphase der *Comprehensive Schools* (Gesamtschulen) noch gemäß ihrer Fähigkeiten in Leistungsgruppen unterteilt, was dazu führte, dass die *Grammar School*- und die *Secondary Modern*-Bildung faktisch unter einem Dach angeboten wurden, doch von 1965 an war man mehr und mehr bemüht, überall, wo es möglich war, angemessene und zentral regulierte Vergleichstests für fast alle 16-jährigen Jugendlichen anzubieten, die sich noch in Schulausbildung befanden; damit wollte man die Zahl der Heranwachsenden in den höheren Bildungsgängen erhöhen. Obwohl sich in der Praxis Jugendliche der Arbeiter- und Mittelschicht tendenziell noch immer für verschiedene Wahlfächer entschieden, war die Bildung zu dieser Zeit doch weitaus monophoner, insbesondere seit dem 1975 verabschiedeten *Sex Discrimination Act*. Dieses Anti-Diskriminierungsgesetz verbot es koedukativen Schulen, Lernende aufgrund ihres Geschlechts an der Wahl bestimmter Fächer zu hindern. Die pädagogische Debatte um das Lehrangebot verlagerte sich im Hinblick auf die Kategorie Geschlecht während der 1970er Jahre also von einer polyphonen zu einer streng monophonen Form. Trotzdem blieb es in der Praxis dabei, dass sozial benachteiligte und leistungsschwächere Jungen und Mädchen (insbesondere nach dem 15. Lebensjahr) hauptsächlich praktische Fächer belegten, die monoedukativ unterrichtet wurden (vgl. Penfold 1988; Attar 1990), wohingegen ihre Mitschülerinnen und Mitschüler der Mittelschicht eine elitärere Bildung in stärker gemischten Klassen genossen. Dies bedeutete, dass an den *Comprehensive Schools* das höherklassige, maskulin geprägte Curriculum in gemischten Klassen nur den Leistungsstarken sowie den Jugendlichen der Mittelschicht angeboten wurde, während die übrigen Schülerinnen und Schüler mit höherer Wahrscheinlichkeit einen weitaus größeren Teil ihrer Schulausbildung in geschlechtergetrennten Klassen und praktischen Fächern verbrachten. Zwar waren hauswirtschaftliche und handwerklich-technische Fächer in der Regel für alle Schülerinnen und Schüler bis zu ihrem 15. Lebensjahr verpflichtend, jedoch wurde den leistungsstärkeren Mädchen und Jungen davon abgeraten, diese Angebote weiterhin zu belegen (vgl. Riddell 1992). Diejenigen Lernenden hingegen, die als weniger begabt oder lernunwillig galten, insbesondere Jungen, wurden dazu motiviert, so viel Zeit wie möglich in den Schulküchen und Werkräumen zu verbringen (vgl. Penfold 1988; Paechter 1998).

An Lernorten, wo ein informelleres Klima herrschte und Disziplin einfacher durchgesetzt werden konnte, beschäftigte man Lernende, die sonst erfahrungsgemäß Probleme bereiteten, indem man sie handwerklich tätig werden ließ. Dabei war man davon überzeugt, dass die Fähigkeiten, die die Schülerinnen und Schüler dort lernten, ihnen für ihr späteres Leben von Nutzen sein würden (vgl. Penfold 1988; Paechter 2000). Penfold beschreibt die Situation so, dass die Bedeutung der praktischen Fachbereiche im Allgemeinen zwar immer wieder unterstrichen wurde, die Lehrkräfte dieser Fächer jedoch fast zu ‚Polizisten' und ‚Aufpassern' degradiert wurden: „[Teachers of these subjects] were reduced frequently to overalled equivalents of the community policeman, especially in our more robust schools. The workshop was the one area of the school where disciplinary problems receded and the air hummed with purposeful activity" (Penfold 1988, 20).

Als Fazit ist hier also festzuhalten, dass die theoretischen Diskurse über die Unterrichtsweisen zwar monophon geworden waren, die Praxis dies jedoch nicht widerspiegelte, am wenigsten für die Jugendlichen, die hauptsächlich in den praktischen Fachgebieten vertreten waren, wo das Curriculum für Jungen und Mädchen weiterhin streng geschlechtergetrennt war.

Während der 1980er Jahre wurde immer deutlicher, dass ein gleiches Lehrangebot für Jungen und Mädchen nicht unbedingt zu gleichwertigen Ergebnissen führte. Hierbei waren zwei Faktoren von zentraler Bedeutung: Der erste Aspekt war, wie oben beschrieben, dass ein monophones Bildungsangebot nicht zwangsläufig dazu führt, dass Fächer auch unabhängig vom Geschlecht gewählt werden. Während leistungsstärkere Jungen und Mädchen fast die gleichen Fächer belegten (mit wenigen Ausnahmen, die vor allem auf die Abneigung der Mädchen gegenüber naturwissenschaftlichen Fächern zurückzuführen waren), waren die weniger erfolgreichen Schülerinnen und Schüler sowie diejenigen, die als unterrichtsstörend galten, nach ihrem 15. Lebensjahr weiterhin dem biphonen, praktisch ausgerichteten Curriculum ausgesetzt, das traditionell in den ehemaligen *Secondary Modern Schools* vorgeherrscht hatte. Bildungspolitikerinnen und -politiker wurden mit der Zeit zunehmend besorgter, dass die Bildung dieser Heranwachsenden in beträchtlichem Maße verarmte, und forderten deshalb, dass alle Lernenden bis zu einem Alter von 16 Jahren Zugang zu den höheren Bildungsgängen erhalten sollten. Der zweite zentrale Faktor für die weiterhin bestehenden Ungleichheiten war, dass weibliche Lernende selbst innerhalb des höheren Bildungsganges in den Vergleichstests in Mathematik und den Naturwissenschaften nicht so gute Noten erzielten wie ihre männlichen Mitschüler. So war beispielsweise der Anteil der Mädchen, die die Abschlussprüfungen für das angesehene ‚O'-Level[1] in Mathematik bestanden, nicht weniger als 6,5 Prozentpunkte niedriger als der der Jungen und im Fach Biologie 6,2 Prozentpunkte niedriger (vgl. Stobart/Elwood et al. 1992, 273). Obwohl Mädchen in Englisch und Französisch bessere Ergebnisse erzielten als Jungen (hier waren sie um 3,7 bzw. 2,5 Prozentpunkte besser; vgl. ebd.), lag der Fokus der Aufmerksamkeit in den 1980er Jahren auf den Misserfolgen der Mädchen in den prestigeträchtigen Fächern Mathematik, Naturwissenschaften und Technik. Die Situation verschlimmerte sich hinsichtlich der Fächerbelegung nach dem 15. Lebensjahr: So lag beispielsweise der Anteil der Mädchen, die im Jahr 1990 an den Schulabschlussprüfungen im Fach

---

1 *GCE Ordinary Level*, mit der deutschen Mittleren Reife vergleichbar.

Physik teilnahmen, nur bei 29,2 Prozent (vgl. ebd.). Um dieser Entwicklung entgegenzuwirken, wurde eine Reihe von Initiativen ins Leben gerufen, die Mädchen dazu ermutigen sollten, Mathematik und Naturwissenschaften zu belegen und mehr wertzuschätzen. Zu diesen Initiativen zählten *Mathematics and Your Future*-Tage, die von der *Gender and MatheMatics Association* (GAMMA) organisiert wurden, eine Reihe von Curriculum-Initiativen der Projektgruppe *Girls into Science and Technology* (GIST), Unterrichtsexperimente mit reinen Mädchengruppen in den Fächern Mathematik und Naturwissenschaften sowie Versuche, einen ‚mädchenfreundlichen' Mathematikunterricht einzuführen (vgl. Burton/Townsend 1986). Das Hauptaugenmerk lag dabei sehr stark darauf, die Mädchen den Jungen anzugleichen und sie dabei zu unterstützen, mit einer monophonen Unterrichtsform zurechtzukommen, in der naturwissenschaftliche und technische Fächer weitaus höher angesehen waren als die musischen und geisteswissenschaftlichen Fachbereiche und in denen eine maskuline, formale, logische Lehrweise dominierte.

Diese stark monophone Methode erreichte ihren Höhepunkt mit dem *Educational Reform Act* von 1988. Dieser Beschluss basierte auf der lauter werdenden ‚Berechtigungs'-Debatte, im Rahmen derer gefordert wurde, dass alle Schülerinnen und Schüler ungeachtet ihres Geschlechts, ihrer sozialen Herkunft oder ihrer ‚Begabungen' und ‚Fähigkeiten' Zugangsmöglichkeiten zu dem gleichen unterrichtlichen Angebot erhalten sollten. Mit der Verordnung wurden erstmals ein nationaler Lehrplan sowie ein übergreifendes und allgemeingültiges Bewertungssystem für alle Lernenden im Alter von fünf bis 16 Jahren eingeführt. Diese Lehrplanvorgaben waren erneut an einem stark maskulinen, elitären Bildungsverständnis ausgerichtet und räumten Mathematik, den Naturwissenschaften und Technik einen noch größeren Stellenwert ein. Naturwissenschaften und Technik wurden für alle Schülerinnen und Schüler im schulpflichtigen Alter verpflichtend, während der Stellenwert der Geisteswissenschaften und modernen Fremdsprachen nach und nach untergraben wurde. Die Auswirkungen auf die Leistungen der Mädchen und Jungen waren enorm. Seit Mädchen dazu gezwungen waren, naturwissenschaftliche Fächer zu belegen, begannen sich ihre Leistungen darin zu verbessern, und im Jahr 1999 zogen sie mit den Leistungen der Jungen in Mathematik und Naturwissenschaften gleich oder übertrafen sie sogar. Ihre Überlegenheit in Englisch und den modernen Fremdsprachen konnten die Mädchen dabei erhalten. Beispielsweise lagen die Mathematikergebnisse der weiblichen Jugendlichen 1999 in den Schulabschlussprüfungen zwei Prozentpunkte und in den Naturwissenschaften drei Punkte über denen der Jungen, wobei die Mädchen in Englisch und den modernen Fremdsprachen um 16 Prozentpunkte besser waren als ihre männlichen Mitschüler (Department for Children, Schools and Families 2000). Obwohl der Erfolg der Mädchen nicht auf Kosten der Jungen ging, löste er bei einigen Bildungspolitikern und -forschern Bestürzung aus, was zu dem *Boy Turn* des frühen 21. Jahrhunderts führte. Diesen *Boy Turn* werde ich im Folgenden genauer betrachten.

2 Die Rückkehr zur Polyphonie: Herangehensweisen und Probleme

Ein herausragendes Merkmal des derzeitigen *Boy Turns* ist die wiederholte Forderung, insbesondere der Medien, spezielle Bildungsangebote für Jungen zu schaffen, die ihren Bedürfnissen gerecht werden. Es wird argumentiert, dass die schulische Erziehung und Bildung feminisiert sei und dass diesem Problem begegnet werden müsse, um die Entstehung einer verlorenen Generation ungebildeter junger Männer zu verhindern. Obwohl diese Ansicht sich nicht mit der Tatsache deckt, dass die Mehrheit der Jungen weiterhin erfolgreich in der Schule ist, wurde sie doch sowohl von Bildungspolitikerinnen und -politikern als auch von Praktikerinnen und Praktikern übernommen und führte dazu, dass eine Reihe von Initiativen gestartet wurde. Drei solcher Initiativen möchte ich hier genauer beleuchten: die Wiedereinführung berufsbildender Curricula ab einem Alter von 15 Jahren, geschlechtergetrennten Unterricht innerhalb koedukativer Schulen sowie die Schwerpunktlegung auf *„cool, tough things"* (Martino/Meyenn 2002), um Jungen zur Mitarbeit zu motivieren. Ich vertrete die These, dass alle drei Verfahren sowohl für die Jungenbildung als auch für die Geschlechtergerechtigkeit hoch problematisch sind.

Die Wiedereinführung berufsvorbereitender Bildungsgänge

Als Reaktion auf die Probleme des eingangs von mir beschriebenen offiziellen monophonen Curriculums hat es in England und Wales zunehmend Bestrebungen gegeben, für Schülerinnen und Schüler ab einem Alter von 15 Jahren wieder berufsvorbereitende Bildungsgänge einzuführen. Dies spiegelt auch die Situation in vielen anderen Ländern wider. Die Debatten zu diesem Thema waren denen auffallend ähnlich, die um das nach dem Zweiten Weltkrieg eingeführte dreigliedrige Schulsystem aufgekommen waren, denn beide Male war davon die Rede, ‚geeignete' Lehrplanvorgaben für spezielle Gruppen von Lernenden zu entwickeln. Zwar richten sich diese Bildungsgänge an beide Geschlechter, doch sind sie nach Meinung der Initiatoren besonders für Jungen der Arbeiterschicht geeignet, die oft von der eher akademischen Ausrichtung des landesweiten Curriculums frustriert zu sein scheinen. Eine solche Praxis ist allerdings problematisch, weil sie stereotype Berufswahlen und damit stereotype Vorstellungen von Männlichkeit und Weiblichkeit verschärft.

Obwohl Koedukation weitverbreitet ist und 35 Jahre seit dem *Sex Discrimination Act* vergangen sind, bleiben berufsbildende Fächer stark von Geschlechtertrennung gekennzeichnet. Dies ist ein internationales Problem. Mjelde (vgl. 2004) stellt heraus, dass selbst in den nordischen Ländern, wo Geschlechtergerechtigkeit so fest etabliert ist, dass sie als selbstverständlich und unumstößlich gilt, die berufsvorbereitenden Fächer weiterhin in hohem Maße geschlechtersegregiert bleiben. Den Mädchen werden dabei verkürzte Bildungsgänge in Hauswirtschaftslehre, in Bereichen des Gesundheits- und Sozialwesens sowie in ästhetischen und handwerklich-künstlerischen Fächern ermöglicht, Jungen in Handwerksberufen sowie in Bereichen der Elektrik und des Bauwesens. Dies erweist sich als Vorteil für Jungen, denn in den traditionellen Männerbereichen stehen Ausbildungsplätze zur Verfügung, und die Aussichten auf Facharbeiterbriefe und somit auf lukrativere Jobs sind gut. Kraus und Carter (vgl. 2004) sind der Ansicht, dass sich in Deutschland seit der Wiedervereinigung die Geschlechtertrennung bei der Berufswahl noch verschlimmert hat: Junge Frauen aus dem Osten orientierten sich von größtenteils geschlechterneutralen Karrierewünschen hin zu stereotyp weiblicheren Bereichen, was zur Folge hatte, dass traditionell männlichen Sparten erneut hauptsächlich von Männern besetzt wurden. In den USA ist die Geschlechtertrennung in berufsbildenden Fächern an den High Schools weitverbreitet: Das *National Women's Law Center* fand beispielsweise in einer in 13 Bundesstaaten durchgeführten Studie unter Schülerinnen und Schülern der berufsbildenden Programme heraus, dass „male students comprised 94% of the student body in training programs for plumbers and electricians, 93% of the students studying to be welders or carpenters, and 92% of those studying automotive technologies" (National Women's Law Center 2002, 4).

Während dies den Jungen zugute kommen kann, da es ihnen bessere Karrierechancen bringt, schränkt es sie auf andere Weise auch ein, insbesondere in ihrer Persönlichkeitsentwicklung. Für manche Schüler mag es zwar besser sein, einem Lehrplan zu folgen, von dem sie der Meinung sind, dass er für ihr späteres Leben relevanter ist, doch für die Konstruktion von flexiblen Männlichkeits- und Weiblichkeitsvorstellungen ist es nicht förderlich, in so stark geschlechtergetrennten Gruppen zu lernen. Es liegt nahe, dass dieses Problem in Berufsschulen und berufsbildenden Kursen durch die Männlichkeitsbilder verstärkt wird, die im Bereich des Handwerks und des Bauwesens verkörpert werden. Außerdem trägt dies dazu bei, dass diese Lernorte dazu genutzt werden, die Arbeiterschicht und unzufriedene oder verhaltensauffällige junge Männer in ihrer Benachteiligung ‚einzusperren' bzw. verharren zu lassen. Lakes (vgl. 2004) beschreibt z. B., dass in der Kfz-Klasse, die er untersucht hat, ein weißes, von der Arbeiterschicht geprägtes Männlichkeitsbild konstruiert wurde, in dem weiße Männlichkeit als Verkörperung moralischer und kultureller Überlegenheit gegenüber den Frauen gesehen wurde. Frauen galten hier als Besitztümer, die daran gehindert werden mussten, interethnische Beziehungen einzugehen.

Aus diesem Grund ist es wahrscheinlich, dass die Wiedereinführung der berufsvorbereitenden Bildungsgänge in England und Wales all die vorherigen Probleme wieder aufwerfen wird, die mit polyphonen Lehrplanangeboten verbunden sind, obwohl das Ziel Chancengleichheit für all die verschiedenen Lerntypen ist. Es zeigt sich bereits deutlich, dass die berufsorientierten Bildungsgänge hauptsächlich von Schülerinnen und Schülern der unteren sozialen Schicht aufgenommen werden. Für die Betroffenen hat dies zur Folge, dass sie eine stark geschlechtergetrennte Bildung erfahren. Ihre Mitschülerinnen und Mitschüler der Mittelschicht hingegen werden in gemischten Klassen unterrichtet, was ihnen nicht nur angesehenere Bildungsabschlüsse verschafft – trotz anhaltender Bemühungen der Regierung, dies zu ändern, sind berufsvorbereitende Bildungsgänge nur sehr wenig angesehen –, sondern ihnen auch eine größere Bandbreite an Männlichkeits- und Weiblichkeitsmodellen liefert.

Geschlechtergetrennter Unterricht in koedukativen Schulen

In den USA und Australien hat es eine Reihe von Experimenten gegeben, bei denen Klassen in koedukativen Schulen nach Geschlechtern getrennt unterrichtet wurden. Diese Versuche wurden aus verschiedenen Gründen unternommen, unter anderem aufgrund der Ansicht, dass dieses Verfahren ein Mittel gegen Unterrichtsstörungen und Verhaltensauffälligkeiten sein könnte (vgl. Kenway et al. 1998). Allerdings hatten diese Experimente auch eine Reihe von unerwünschten Effekten, von denen ein Großteil sowohl für Jungen als auch für Mädchen sehr von Nachteil ist.

Das Verständnis mancher Lehrerinnen und Lehrer von *Gender*, das dem geschlechtergetrennten Unterricht in bestimmten Fächern zugrunde liegt, kann zu signifikanten Einschränkungen der Möglichkeiten führen, die beiden Geschlechtern geboten werden. In einer Schule, die mit geschlechterdifferenziertem Unterricht im Fach Englisch experimentierte, so berichten Ivinson und Murphy (vgl. 2003), wurde den Schülern der reinen Jungengruppen nur eine begrenzte Anzahl an Textsorten angeboten, mit denen sie sich beschäftigen konnten. Insbesondere wurde den männlichen Schülern überhaupt nicht zur Wahl gestellt, sich mit der Gattung der romantischen Liebesgeschichte auseinanderzusetzen. Dieses Genre wurde von den Lehrpersonen als so unmännlich erachtet, dass sie nicht einmal in Erwägung zogen, dass manche Schüler damit experimentieren wollen würden. Hinzu kam, dass den Jungen aus koedukativen Klassen, die durch ihre weiblichen Mitschülerinnen mit romantischen Texten in Berührung gekommen waren und sich damit beschäftigen wollten, von den Lehrpersonen unterstellt wurde, sie suchten lediglich nach einer Möglichkeit, pornografische Texte zu schreiben und den Unterricht zu stören. Während es einem leistungsstarken Mädchen erlaubt war, einen selbstverfassten romantischen Text bei der Lehrperson einzureichen, hatten Jungen diese Möglichkeit nicht. Zwar betraf diese Einschränkung sowohl die geschlechtergetrennten als auch die gemischtgeschlechtlichen Klassen, doch die Jungen der gemischten Gruppen hatten zumindest zu einem gewissen Grad die Möglichkeit, von ihren Mitschülerinnen etwas über das Genre der romantischen Liebesgeschichte zu lernen.

Eine solche Verbannung der romantischen Liebesgeschichten aus den reinen Jungenklassen verstärkt das vorherrschende Konzept von Männlichkeit und macht es jungen Männern schwerer, alternative Modelle sowohl ihres Englischunterrichts als auch ihrer Identität zu konstruieren. Wenn schon die Lehrperson keine Texte über Liebe im Unterricht einführt und dort legitimiert, wird es für die Jungen unmöglich, dies zu tun. Denn ohne diese Legitimation würde die Beschäftigung mit solchen Texten für einen männlichen Jugendlichen in den Augen seiner Mitschülerinnen und Mitschüler den Verlust seiner Männlichkeit bedeuten. Sofern die Gruppendynamiken der geschlechtergetrennten Klassen nicht explizit von der Lehrperson infrage gestellt werden, bewirken sie, dass emotionale Themen aus dem Unterrichtsgeschehen ausgeschlossen werden und das Lehrangebot verarmt.

Geschlechterdifferenzierter Unterricht an weiterführenden Schulen kann also zu einer erheblichen Reduktion der Breite des Bildungsangebots führen. Einerseits ist dies auf die Vorstellungen der Lehrpersonen davon zurückzuführen, wie Jungen auf bestimmte Themen reagieren werden, andererseits schränken sich die Jungen mit Blick auf dominante Männlichkeitsbilder in diesen Schulklassen auch selbst ein. Daher scheint geschlechtergetrennter Unterricht als eine pädagogische Form der Polyphonie eine problematische Strategie zu sein, um auf die schulischen Bedürfnisse der Jungen einzugehen. Diese Art der Gruppeneinteilung nimmt ihnen eine Reihe von Möglichkeiten in Bezug auf die Konstruktion ihrer eigenen Männlichkeit sowie hinsichtlich des Lehrangebots in bestimmten Fächern.

Cool, tough things

Dies führt uns zu einem weiteren Problem mit geschlechtergetrenntem Unterricht – einem Problem, mit dem ich mich gesondert beschäftigen möchte. Dabei handelt es sich um die Tendenz solcher Unterrichtsformen, sowohl bei den Lehrpersonen als auch bei den Schülerinnen und Schülern bestimmte Männlichkeitsbilder und sogar sexistisches Verhalten zu verstärken. Die Ursache dafür scheint eine Kombination dreier Aspekte zu sein: Erstens lässt das geschlechtergetrennte Setting den Jungen keine andere Möglichkeit, als sich den hegemonialen Männlichkeitsbildern innerhalb der Klasse anzupassen. Sie können diesen Stereotypen nicht entkommen oder von den Mädchen Unterstützung für alternative Lebensweisen erhalten. Der zweite Grund ist, so scheint es, dass männliche Lehrer, die mit reinen Jungengruppen arbeiten, selber sehr viel wahrscheinlicher dominante Vorstellungen von Männlichkeit vorleben. Und drittens werden geschlechterstereotype Ideen durch die Ansichten der Lehrpersonen dazu, was Jungen zum Lernen motiviert, eher verstärkt als infrage gestellt, unabhängig davon, ob diese Vorstellungen nun explizit ausgesprochen oder indirekt durch die pädagogische Haltung vermittelt werden.

Kenway et al. (vgl. 1998) berichten, dass in einer Schule, an der eine rein männliche Sozialkundeklasse eingerichtet worden war, um Unterrichtsstörungen einer kleinen Gruppe von Jungen zu vermeiden, sowohl die Schüler als auch die Lehrer die Abwesenheit der Mädchen als Erlaubnis ansahen, sich sexistisch zu verhalten und Bemerkungen über Mädchen zu machen, die an dem Klassenraum vorbeigingen. Die Autoren schreiben, dass die ursprünglichen ‚Störenfriede' mit größerer Handlungsfreiheit praktisch belohnt wurden.

Obwohl die leistungsstarken Schüler der reinen Jungengruppe in der Studie von Ivinson und Murphy nicht zu sexistischem Verhalten motiviert wurden, scheint das geschlechtergetrennte Setting die Konstruktion sowie das Ausleben einer bestimmten Form von Männlichkeit ermutigt zu haben. Alternativen wurden nicht ermöglicht:

> „There was a general recognition that one had to appear as independent and autonomous, and if possible to have good ideas. The boys considered that their male peers judged ideas as a measure of masculinity. Male peer group culture maintained and amplified hegemonic masculinity through the ways boys policed other boys' behaviour, practices and texts" (Ivinson/Murphy 2003, 98).

Sowohl Kenway et al. (vgl. 1998) als auch Martino und Meyenn (vgl. 2002) stellen heraus, dass reine Jungenklassen Männlichkeit durchwegs als heterosexuell konzipieren und jede Grundhaltung oder Verhaltensweise, die dies infrage stellen oder untergraben könnte, ins Abseits gedrängt wird. Einige Lehrpersonen argumentieren zwar, dass eine Geschlechtertrennung den Jungen ermögliche, über Themen zu diskutieren, bei denen sie im Beisein der Mädchen Hemmungen haben würden, aber Martino und Mayenn zufolge beruht diese Meinung auf einem problematischen Pädagogikverständnis und auf heterosexistischen Einstellungen:

> „[This] essentialising pedagogy [is] grounded in heterosexist assumptions about boys [...] [and] ignores the reality that homophobia, for the most part, is perpetrated by other boys against certain types of boys and not by girls [...] This raises the whole question about certain boys feeling more comfortable in a single-sex class" (Martino/Meyenn 2002, 320).

Martino und Meyenn untersuchen die Erwartungen von Lehrpersonen zu den Leistungen der Jungen und Mädchen und dazu, was sie zum Lernen motiviert. Zusätzlich erforschen sie, wie diese Einstellungen die Ansichten der Lehrpersonen darüber beeinflussen, wie die unterschiedlichen Geschlechter unterrichtet werden sollten. Eine Lehrperson berichtete: „We looked at war and guns and things like that ... actually cool, tough things" (Martino/Meyenn 2002, 318). Die Annahme, es sei nötig, den Unterrichtsstoff auf stereotypen männlichen Interessen aufzubauen, um Jungen zu motivieren, dient eher dazu, Geschlechterstereotype zu verfestigen als sie zu hinterfragen. Die Lehrerinnen und Lehrer in der Studie von Martino und Meyenn änderten sowohl ihre Themen als auch ihren pädagogischen Stil, um den angeblichen Bedürfnissen der Jungengruppen gerecht zu werden. Beispielsweise legten sie nun, um sich literarischen Themen zu nähern, einen Schwerpunkt auf praktisches Arbeiten wie Modellbau, anstatt Texte schreiben zu lassen. Dies bedeutete nicht nur eine Einschränkung des Lehrangebots für beide Geschlechter, sondern vermittelte den betroffenen jungen Leuten auch einige extrem stereotype Ansichten über Geschlechterunterschiede:

> „Even in the face of reputable research which questions brain sex differences ... certain truths about the way boys and girls are or learn are perpetuated through the teacher knowledges that are applied in the execution of specific pedagogies in the single-sex classroom. This is not to say that the single-sex classroom necessarily lends itself to the kinds of pedagogies outlined above. Rather, it is the teacher knowledge and normalising assumptions about boys

that drive the pedagogy, irrespective of structural reform" (Martino/Meyenn 2002, 318).

Wenn unterschiedliche pädagogische Strategien für Jungen und Mädchen angewendet werden und den Schülerinnen und Schülern dies auch explizit oder implizit gesagt wird, vermitteln Lehrpersonen aktiv, dass Männer und Frauen grundlegend verschieden sind, anstatt normative Annahmen über Männlichkeit und Weiblichkeit zu hinterfragen oder mit den Lernenden zu erarbeiten, wie unterschiedliche Männlichkeiten und Weiblichkeiten konstruiert werden.

3 Heterophonie: eine neue Möglichkeit

Ich denke, es ist mittlerweile klar geworden, dass ich der Meinung bin, dass polyphone Herangehensweisen an die Jungenbildung nicht besonders erfolgreich gewesen sind. Vor allem ist problematisch, dass sie in der Regel Geschlechterstereotype verstärken und den Jungen nur ein beschränktes Lehrangebot sowie ein reduziertes Spektrum pädagogischen Handelns bieten. Abschließend möchte ich deshalb vorschlagen, sowohl zum Wohl der Jungen als auch der Mädchen zu einem Diskurs der Heterophonie überzugehen.

Heterophonie ist ein musikalischer Begriff, der die gleichzeitige Variation einer einzigen Melodie beschreibt (vgl. Cooke 2001a). Mir scheint dieser Ansatz für die Pädagogik fruchtbarer zu sein als die vorherigen monophonen und polyphonen Vorgehensweisen. Ein heterophoner Diskurs geht von der Grundannahme aus, dass alle Kinder, also Mädchen und Jungen, einen allgemeingültigen gemeinsamen Lehrplan und eine ebensolche Pädagogik erfahren sollten, jedoch lässt das heterophone Verfahren verschiedene Variationen davon zu. Es unterstreicht, dass Menschen verschieden sind und auf verschiedene Weisen lernen, distanziert sich jedoch davon, dies auf stereotype Konstruktionen von Geschlecht und sozialer Schicht zurückzuführen. Stattdessen geht es darum, den einzelnen Menschen und seine individuellen Fähigkeiten im Rahmen eines gemeinsamen Lehrangebots in den Blick zu nehmen.

Bei dem Versuch, Lehrplanvorgaben und die Pädagogik in einer heterophonen Perspektive zu betrachten, können wir von Mädchen lernen, die im Rahmen meiner eigenen Studie zu *Tomboys* interviewt worden sind[2]. Ein *Tomboy* ist, frei definiert, ein Mädchen, das gerne Dinge tut, die stereo-

---

[2] „Tomboy Identities: The Construction and Maintenance of Active Girlhoods." ESRC-Nummer RES-00-22-1032, 2005–6, Goldsmiths, University of London. Projektleitung Carrie Paechter, Feldforschung Sheryl Clark.

typerweise als männlich angesehen werden, wie z. B. Fußball zu spielen, zu kämpfen oder sich richtig dreckig zu machen. Wir fanden allerdings heraus, dass die Mädchen, die sich in irgendeiner Weise als jungenhaft identifizierten, sich alle als „ein wenig jungenhaft" bezeichneten (*„a bit tomboy"*). Sie lehnten die ‚Entweder-oder-Identitäten' des *Tomboys* oder *Girly-girls* ab und präsentierten sich stattdessen als Individuen, die ihre Positionen und Rollen je nach den jeweiligen Umständen variierten. Dabei spielten sie flexibel mit Geschlechterstereotypen innerhalb eines heterophonen Diskurses über multiple Identitäten, die alle von einem einzigen Individuum angenommen werden können.

Wir müssen Erziehung und Bildung in ähnlicher Weise angehen, indem wir Stereotype ablehnen und stattdessen einen Diskurs einläuten, der es dem Curriculum und der Pädagogik erlaubt, sich zu jeder Zeit danach zu richten, wie ein Individuum leben und lernen möchte. Ein solcher Diskurs wird fruchtbar und bereichernd sein, er wird Geschlechternormen infrage stellen und eine Fülle möglicher Lebens- und Lernweisen sowohl für Jungen als auch für Mädchen ermöglichen. Die Abschaffung des polyphonen Grundsatzes des *separate but equal* und die Erarbeitung eines flexiblen, gemeinsamen Curriculums und einer ebensolchen heterophonen Pädagogik werden allen unseren Kindern und Jugendlichen die Möglichkeit geben, im Rahmen einer gemeinsamen, inklusiven Erziehung und Bildung verschiedene Lebens- und Lernweisen auszutesten.

Literatur

Attar, Dena (1990): Wasting Girls' Time. The History and Politics of Home Economics. London.

Burton, Leona/Townsend, Ruth (1986): Girl-friendly Mathematics. In: Burton, Leona (Hrsg.): Girls into Maths Can Go. London, 187–195.

Cooke, Peter (2001a): Heterophony. In: Sadie, Stanley (Hrsg.): The New Grove Dictionary of Music and Musicians. Oxford: Oxford Music Online [2010].

Cooke, Peter (2001b): Polyphony. In: Sadie, Stanley (Hrsg.): The New Grove Dictionary of Music and Musicians. Oxford: Oxford Music Online [2010].

Crozier, Jo/Anstiss, Judith (1995): Out of the Spotlight. Girls' Experience of Disruption. In: Lloyd-Smith, Mel/Dwyfor Davies, John (Hrsg.): On the Margins. The Educational Experience of ‚Problem' Pupils. Stoke-on-Trent, 30–47.

Department for Children, Schools and Families (2000): GCSE/GNVQ and GCE A/AS Level and Advanced GNVQ Examination Results 1998/99 – England Statistical Bulletin Number 04/2000. London.

Ivinson, Gabrielle/Murphy, Patricia (2003): Boys Don't Write Romance. The Construction of Knowledge and Social Gender Identities in English Classrooms. In: Pedagogy, Culture and Society, Ausg. 11, Heft 1/2003, 89–111.

Kenway, Jane et al. (1998): Answering Back. Girls, Boys and Feminism in Schools. London.

Kraus, Katrin/Carter, Patricia A. (2004): Disincentives to Employment. Family and Educational Policies in Unified Germany. In: Lakes, Richard D./Carter, Patricia A. (Hrsg.): Globalizing Education for Work. Comparative Perspectives on Gender and the New Economy. Mahwah, NJ, 169–187.

Lakes, Richard D. (2004): Working-class Masculinities and Femininities. New Considerations for Vocational Education. In: Lakes, Richard D./Carter, Patricia A. (Hrsg.): Globalizing Education for Work. Comparative Perspectives on Gender and the New Economy. Mahwah, NJ, 43–57.

Martino, Wayne/Meyenn, Bob (2002): ‚War, Guns and Cool, Tough Things'. Interrogating Single-sex Classes as a Strategy for Engaging Boys in English. In: Cambridge Journal of Education, Ausg. 32, Heft 3/2002, 303–324.

Mendick, Heather (2006): Masculinities in Mathematics. Buckingham.

Mjelde, Liv (2004): Changing Work, Changing Households. New Challenges to Masculinity and Femininity in Norwegian Vocational Education. In: Lakes, Richard D./Carter, Patricia A. (Hrsg.): Globalizing Education for Work. Comparative Perspectives on Gender and the New Economy. Mahwah, NJ, 111–129.

National Women's Law Center (2002): Title IX and Equal Opportunity in Vocational and Technical Education. A Promise Still Owed to the Nation's Young Women. Washington DC.

Paechter, Carrie (2000): Changing School Subjects. Power, Gender and Curriculum. Buckingham.

Paechter, Carrie (1998): Educating the Other. Gender, Power and Schooling. London.

Penfold, John (1988): Craft, Design and Technology. Past, Present and Future. Stoke on Trent.

Riddell, Sheila (1992): Gender and the Politics of the Curriculum. London.

Sparkes, Andrew C./Templin, Thomas J. et al. (1990): The Problematic Nature of a Career in a Marginal Subject. Some Implications for Teacher Education. In: Journal of Education for Teaching, Ausg. 16, Heft 1/1990, 3–28.

Stobart, Gordon/Elwood, Jannette et al. (1992): Gender Bias in Examinations. How Equal are the Opportunities? In: British Educational Research Journal, Ausg. 18, Heft 3/1992, 261–276.

Thom, Deborah (1987): Better a Teacher than a Hairdresser? A Mad Passion for Equality, Or, Keeping Molly and Betty Down. In: Hunt, Felicity (Hrsg.): Lessons for Life. Oxford, 124–145.

Miguel Diaz

Neue Wege für Jungs: Geschlechtsbezogene Unterstützung bei der Berufs- und Lebensplanung

1 Ausgangslage

Durch gleichstellungspolitische Bemühungen und wissenschaftliche Erkenntnisse der letzten Jahre (z. B. aus der Jugend-, Schul- und Devianzforschung) ist das männliche Geschlecht zunehmend in das Blickfeld der (Fach-) Öffentlichkeit geraten. Jenseits der vielfach dabei in den Medien anzutreffenden dramatisierenden und zum Teil auch antifeministischen Tendenzen, die häufig weder den vielfältigen und unterschiedlichen männlichen noch den weiblichen Lebenslagen gerecht werden, wurde in der Debatte ein deutlicher Förder- und Unterstützungsbedarf von Jungen und männlichen Heranwachsenden festgestellt, und politische und pädagogische Handlungsstrategien wurden angemahnt. Die Forderung nach einer geschlechtssensiblen Jungenförderung ist allerdings nicht neu, denn schon in den ersten Konzepten der Mädchenförderung haben Frauen auch auf den Unterstützungsbedarf von

Jungen hingewiesen. Im Gegensatz zu der Förderung von Mädchen hat die von Jungen aber nur spärliche Verbreitung gefunden. Während Mädchen sich zu einem überwiegenden Teil von traditionellen Geschlechterrollen gelöst haben und kaum noch die Hausfrau- und Mutterrolle anstreben, scheint das männliche Geschlecht größere Schwierigkeiten zu haben, sich von der klassischen Männerrolle zu verabschieden (vgl. Hurrelmann et al. 2006; Sinus-Milieustudie 2007, 12 ff.). Durch gesellschaftliche Transformationsprozesse verlieren aber tradierte Männlichkeitsvorstellungen an Relevanz, und Männlichkeit scheint sich von einer Vorgabe zu einer Bewältigungsaufgabe gewandelt zu haben.

2 Arbeitsmarkt und Berufswahlverhalten männlicher Jugendlicher

Gesellschaftliche und wirtschaftliche Veränderungen stellen an die Zukunftsplanung von Jungen und jungen Männern neue Anforderungen, die mit traditionellen Männlichkeitsmustern immer weniger korrespondieren. Der Wandel von einer Industriegesellschaft hin zu einer wissensbasierten Dienstleistungsgesellschaft führt zu einem deutlichen Abbau von Arbeitsplätzen im traditionell stärker von Männern dominierten produzierenden Gewerbe und in Teilbereichen des Handwerks. Gleichzeitig ist eine Zunahme von Arbeitsplätzen im klassisch weiblich besetzten Dienstleistungsbereich zu verzeichnen. Während der Dienstleistungsbereich – eine klassische Frauendomäne – von 1995 bis 2008 einen Zuwachs an Beschäftigten von ca. 20,5 % verzeichnet hat, verliert das produzierende Gewerbe im gleichen Zeitraum 16,5 % der Beschäftigten, der Bereich Land- und Forstwirtschaft, Fischerei sogar 20,67 % der Beschäftigten – in beiden Bereichen sind traditionell überwiegend Männer beschäftigt (Statistisches Bundesamt 2010). Bisher hat die Verlagerung der Beschäftigtenzahlen zwischen den Wirtschaftssektoren auf das Berufswahlverhalten männlicher Jugendlicher kaum Einfluss genommen, und die duale, vollzeitschulische und akademische Ausbildung weist nach wie vor deutliche geschlechtsstereotype Präferenzen bei Jungen und jungen Männern auf. Jugendliche treffen bei ihrer Berufswahl auf einen Ausbildungs- und Arbeitsmarkt mit stark ausgeprägten Feldern geschlechtlicher Segregation. So sind rund 64 % aller Ausbildungsberufe männlich dominiert (der Männeranteil liegt zwischen 80 % und 100 %) oder überwiegend männlich besetzt (der Männeranteil liegt zwischen 60 % und 80 %), demgegenüber sind lediglich 24 % weiblich dominiert oder überwiegend weiblich besetzt und nur 12 % weisen ein ausgewogenes Geschlechterverhältnis auf (vgl. Pimminger 2010, 10). Bei der Berufswahl folgen Jugendliche meist diesen Arbeitsmarktstrukturen und entscheiden sich für Berufe, die den traditionellen Rollenbildern entsprechen. Sie wählen aus einem engen Spektrum nur diejenigen Berufe aus, die mit der eigenen Geschlechtszugehörigkeit zu korrespondieren scheinen. So sind junge Frauen überproportional häufig in Verwaltungs- und Büroberufen, in Körperpflege-, Haushalts- und Reinigungsberufen, in Waren- und Dienstleistungsberufen, in Gesundheitsberufen und in Textilbekleidungsberufen tätig, junge Männer hingegen dominieren in Metall- und Elektroberufen, in Bauberufen sowie in Verkehrsberufen (vgl. Cremers 2007, 24). Trotz einer Auswahl von 349 anerkannten, dualen Ausbildungsberufen in Deutschland konzentrierten sich ca. 73 % der weiblichen, aber auch knapp 54 % der männlichen Ausbildungsanfänger 2009 auf lediglich 20 Berufe. Bei den männlichen Ausbildungsanfängern ist nach wie vor der Kfz-Mechatroniker (mit 17 597 Neuabschlüssen, das sind 5,4 % aller männlichen Ausbildungsanfänger) ungebrochener ‚Spitzenreiter', gefolgt vom Einzelhandelskaufmann (13 524), dem Industriemechaniker (13 136) und dem Koch (11 724). Auf Platz eins steht bei den weiblichen Auszubildenden die Einzelhandelskauffrau (mit 17 733 Neuabschlüssen, das sind 7,3 % aller weiblichen Ausbildungsanfängerinnen), gefolgt von der Verkäuferin (16 989), der Bürokauffrau (15 345) und der medizinischen Fachangestellten (14 121). Während beim Einzelhandelskaufmann bzw. bei der Einzelhandelskauffrau ein ausgeglichenes Geschlechterverhältnis vorherrscht, sind beispielsweise hohe Geschlechterkonzentrationen bei den Kfz-Mechatronikern mit einem Männeranteil von ca. 98 % oder den medizinischen Fachangestellten mit einem Männeranteil von lediglich 0,8 % festzustellen. Quantitativ unterrepräsentiert sind Männer in Dienstleistungsberufen, insbesondere im Erziehungs-, Pflege-, und Gesundheitswesen sowie im Verwaltungsbereich (vgl. Berufsbildungsbericht 2010, 25 ff.).

3 Ursachen und Auswirkungen des traditionellen Berufswahlverhaltens

Die Ursachen für die eingeschränkte Berufs- und Studienfachwahl sind vielfältig und nicht ausschließlich auf das Lohngefälle zwischen männlich und weiblich dominierten Berufen oder auf die (regionalen) Angebote an Ausbildungsplätzen zurückzuführen. Auch wenn der Arbeitsmarkt in Bezug auf die Kategorie Geschlecht von einer horizontalen und einer vertikalen Hierarchisierung[1]

---

1 Horizontale Hierarchisierung bezeichnet strukturelle Ungleichheiten in den Einkommensstrukturen von männlich und weiblich geprägten Berufsfeldern, vertikale Hierarchisierung verweist hingegen auf strukturelle Ungleichheiten in der Verteilung von Erwerbseinkommen und beruflichen Positionen zwischen Frauen und Männern.

gekennzeichnet ist, liegen die Verdienstmöglichkeiten teilweise nicht so weit auseinander, dass damit die hohe Geschlechterkonzentration in vielen Berufen hinreichend erklärt werden könnte. So sind beispielsweise die Einkommenschancen in der Krankenpflege nicht zwangsläufig ungünstiger als in Berufen, die deutlich häufiger von männlichen Jugendlichen gewählt werden (vgl. Pingler 2008, 26; Cremers et al. 2010, 11).[2]

Auch ist die bundesweite Verteilung von Ausbildungsplatz- und Studienangeboten abgesehen von regionalen Besonderheiten ausgewogen. Dadurch kann die Einmündung vieler Jungen in „männertypische" Berufsfelder nicht erklärt werden. Entscheidender für die Wahl eines Ausbildungsberufes scheinen die Geschlechtszugehörigkeit, tradierte Vorstellungen von Männlichkeit (und Weiblichkeit), geschlechtliche Konnotation vieler Berufe als „Männer-" oder „Frauenberuf" und das Image von Berufen zu sein. Die traditionelle Orientierung männlicher (und weiblicher) Jugendlicher bei der Ausbildungsplatz- und Studienfachwahl reproduziert die geschlechtshierarchische Segregation des Arbeitsmarktes und führt zu einem geringen Männeranteil in weiblich konnotierten Arbeitsfeldern (im Erziehungs- und Pflegebereich oder den Sprach- und Kulturwissenschaften, in der Pädagogik u.v.m.). Der Männeranteil in frauendominanten Berufen hat sich in den letzten Jahren sehr unterschiedlich entwickelt. Im Grundschulbereich kann etwa von einer regelrechten ‚Männerflucht' gesprochen werden: Lag der Anteil männlicher Pädagogen im Primarbereich 1960 noch bei ca. 54%, ist er mittlerweile auf rund 12,0% abgesunken. Auch in der Logopädie ist er von knapp 23% auf unter 20% gefallen. In der Krankenpflege stagnierte er bei ca. 13% und in der Altenpflege bei unter 20%. In der Kinderkrankenpflege stieg er minimal um 1,57% auf 4,26% und in der Ergotherapie von 12,82% auf 13,31% (vgl. Statistisches Jahrbuch 2007; Statistisches Bundesamt 2010; IAB 2010). Auch im Hochschulbereich sind ähnliche Entwicklungen zu verzeichnen: Lag der Anteil männlicher Studienanfänger in der Germanistik im Sommersemester 1972 noch bei ca. 49%, ist er bis zum Wintersemester 2007/2008 auf unter 22% abgesunken. Im gleichen Zeitraum fiel auch die Männerquote in der Pädagogik von etwas über 48% auf ungefähr 22,5% (vgl. Statistisches Bundesamt 2010).

---

2 Die Ausbildungsvergütung ist in der Krankenpflege am höchsten und nach der Ausbildung liegt der Verdienst zwischen 1761 € und 1886 € und kann nur vom Kfz-Mechatroniker mit 1984 € übertroffen werden. Nach fünf Berufsjahren liegt das Gehalt in der Krankenpflege bei 2098 € bis 2395 € und nur noch der Koch kann ein höheres Einkommen erreichen (1738 bis 2556 €). Vergleichbar sind auch die Verdienstmöglichkeiten des Ingenieurs im öffentlichen Dienst mit denen von Lehrkräften in der Primarstufe.

Insgesamt liegt der Frauenanteil in männerdominanten Berufen bei 5,2%, der Männeranteil in frauendominanten Berufen aber lediglich bei 1,28%. Frauen scheinen demnach etwas weniger Berührungsängste mit klassischen „Männerberufen" zu haben als umgekehrt Männer mit traditionellen „Frauenberufen" (vgl. Pimminger 2010, 11 f.). Gerade für Jungen mit mittleren und niedrigen Bildungshintergründen senkt die geschlechtsstereotype Berufswahl zunehmend die Chancen auf dem Arbeitsmarkt. Die kritische Auseinandersetzung mit eindimensionalen Männlichkeitsbildern und eine Ausweitung des Berufswahlspektrums hin zu Berufsfeldern mit geringem Männeranteil scheinen deshalb dringend erforderlich zu sein (vgl. Institut der deutschen Wirtschaft Köln 2006, 57).

4 Erosion der Normalarbeitsverhältnisse

Die Orientierung an traditionellen Rollenbildern erschwert nicht nur den Blick auf gegengeschlechtlich konnotierte Berufe, sondern erweist sich auch bei weiteren wirtschaftlichen, aber auch gesellschaftlichen Veränderungen als problematisch. Die fortschreitende Erosion der Normalarbeitsverhältnisse, die bisher durch Vollzeitbeschäftigung, Arbeitsplatzkontinuität und soziale Sicherung geprägt waren, treffen Männer in besonderer Weise: Ihre Erwerbstätigenquote stagniert auf relativ hohem Niveau mit zwischenzeitlich stark abfallenden Tendenzen (1993: 75%, 2004: 70% und 2008: 75,9%), während gleichzeitig die der Frauen kontinuierlich ansteigt (1993: 55%, 2004: 58,4% und 2008: 65,4%; vgl. Statistisches Bundesamt 2010). Mit der Ausweitung weiblicher Erwerbstätigkeit und der Zunahme prekärer Beschäftigungsverhältnisse gleichen sich männliche und weibliche Erwerbsbiografien stärker an, wodurch die traditionell männliche Versorgerrolle – mit dem Mann als ‚Alleinernährer' der Familie und der Frau als Hausfrau und Mutter – quantitativ an Dominanz verliert. Als normatives Leitbild bleibt es aber häufig erhalten und entfaltet gerade bei Jungen weiterhin seine Wirkung. Mit der steigenden Erwerbsbeteiligung von Frauen, der Zunahme an Doppel-Verdiener-Paaren und Ein-Eltern-Familien, der Pluralisierung von Erwerbsformen und brüchigen Erwerbsverläufen ist die klassisch männliche Hauptnährerrolle aber obsolet geworden, und facettenreichere Männlichkeitsmuster zur Bewältigung der veränderten Anforderungen scheinen dringend erforderlich zu sein (vgl. Kreher 2007). Der wirtschaftliche Strukturwandel führt darüber hinaus aber auch zu Veränderungen in den beruflichen Qualifikationsanforderungen. Neben fachlichen Fähigkeiten gewinnen soziale Kompetenzen zunehmend an Bedeutung im Erwerbsleben (vgl. Lenkungsausschuss des Nationalen Pakts für Ausbildung und Fachkräftenachwuchs in Deutschland 2006, 9). Die soziale Unterforderung vieler Jungen in Phasen männlicher Sozialisation und die gesellschaftliche Interpretation sozialer Kompetenzen als eher weibliche Eigenschaften erschweren Jungen den Zugang zu eigenen sozialen Ressourcen. Dies kann sich sowohl in privaten Kontexten als auch für den Berufseinstieg und die Erwerbsbiografie als nachteilig erweisen. Für die Bewältigung dieser Anforderungen und zur Überwindung stereotyper Verhaltenszuschreibungen an beide Geschlechter sollten Jungen im Bereich des sozialen Lernens stärker ermutigt und gefördert werden (vgl. Bartjes 2008, 18 ff.).

5 Geschlechterrollen

Geschlechterrollen sind heute weniger starr und unbeweglich und durch Individualisierungs- und Pluralisierungsprozesse vielschichtig und vielseitig geworden. Neben diesen neuen Möglichkeiten und Herausforderungen bestehen traditionelle Rollenbilder – zwischen beiden Geschlechtern unterschiedlich stark ausgeprägt – weiterhin fort (vgl. Cornelißen/Gille 2005 und Cremers 2007). Während sich männliche Jugendliche stärker an klassischen Geschlechterkonzepten orientieren, weisen weibliche Jugendliche eine größere Flexibilität auf: 40 % der jungen Frauen orientierten sich an flexiblen Rollenbildern, weitere 40 % könnten sich einen Kompromiss vorstellen und lediglich 20 % verfolgen klassische Rollenbilder. Bei den Männern ist es hingegen genau umgekehrt, die große Mehrheit (70 % bis 80 %) hält an traditionellen Geschlechtsrollen fest (vgl. Hurrelmann et al. 2006, 36 ff.).

Neben dieser geschlechtsspezifischen Komponente hat auch der Bildungshintergrund einen großen Einfluss auf das Rollenverständnis. Die stärkste Ausrichtung auf das traditionelle Rollenbild ist im mittleren und niedrigen Bildungsniveau – hier besonders beim männlichen Geschlecht – anzutreffen, und moderne Rollenbilder finden sich vor allem im höheren Bildungsbereich und hier besonders beim weiblichen Geschlecht. Aber auch Männer aus höheren Bildungsschichten sind der Gleichberechtigung gegenüber aufgeschlossener und vertreten modernere Rollenbilder. Sie möchten sich von traditionellen Rollenvorstellungen lösen und sind auf der Suche nach flexibleren Rollenbildern. Häufig fehlen diesen Männern Ansatzpunkte und positive Vorbilder für die Ausgestaltung und Umsetzung einer veränderten männlichen Rolle. Während Mädchen und Frauen, besonders diejenigen mit höherem Bildungsniveau, von Maßnahmen zur Gleichberechtigung stärker als Jungen und Männer erreicht wurden und die Vielfalt an Möglichkeiten positiv bewerten, sind im Gegensatz dazu viele Jungen und Männer von den tendenziell veränderten weiblichen Lebenslagen verunsichert und in der Defensive (vgl. Sinus-Milieustudie 2007, 10). Während der klassisch weiblichen Geschlechtsrolle ein positives, erweitertes Rollenbild entgegengesetzt wurde, scheinen Alternativen für eine veränderte männliche Lebensgestaltung für Männer kaum in Sicht zu sein.

Sie werden häufig mit widersprüchlichen Anforderungen konfrontiert und sollen heute gleichzeitig ‚echte Kerle', aber auch ‚neue Männer' sein. Sie sollen Klischees annehmen und gleichzeitig überwinden; traditionelle Männlichkeitsvorstellungen sind veraltet, ein legitimes modernisiertes Mannsein aber nicht greifbar. Die Freisetzung aus alten Zwängen geht nicht einher mit greifbaren Anhaltspunkten für ein modernisiertes Männerleben. Individuell bedeutet dies Orientierungslosigkeit und Verunsicherung zwischen ‚nicht mehr' und ‚noch nicht'. Der Blick auf Männlichkeitsbilder ist verstellt durch die Tatsache, dass Junge-Sein im Vergleich zu Mädchen-Sein oft mit negativen Konnotationen einhergeht (vgl. Budde/Faulstich-Wieland/ Scholand 2007, 89 ff.).

Berufswahlorientierungsangeboten liegt vielfach noch die traditionell männliche Perspektive zugrunde, der zufolge lediglich die Berufswahl thematisiert wird und andere Bereiche ausgespart bleiben. So ist es z. B. bisher nicht gelungen, die Vorbereitung auf private Sorgearbeit im Fächerkanon allgemeinbildender Schulen für Mädchen und Jungen zu verankern. Zukunftsplanung wird als eingleisige Ausrichtung auf Erwerbsarbeit verstanden, und die Bereiche der Familien- und Hausarbeit werden kaum thematisiert. Die Motivierung und Qualifizierung für Familien- und Hausarbeit obliegt vielmehr der Familie. Dabei scheint es für Eltern (meist für die Mütter) noch immer nahezuliegen, Mädchen stärker als Jungen an der Hausarbeit zu beteiligen. Schon 10- bis 14-jährige Mädchen leisten täglich 20 Minuten mehr Familien- und Hausarbeit als ihre männlichen Altersgenossen und bei den 14- bis 18-jährigen sind es bereits 36 Minuten. Befinden sich Jungen und Mädchen in einem Ausbildungsverhältnis, beträgt die Differenz eine Stunde am Tag (vgl. Statistisches Bundesamt 2004).

Dieser Befund deckt sich mit dem deutlich stärkeren Engagement von Frauen in der Familien- und Hausarbeit: „Für Tätigkeiten der ‚gewöhnlichen Hausarbeit' verwenden Frauen im Durchschnitt doppelt so viel Zeit wie Männer, nämlich 33,7 Stunden pro Woche oder rund 20 % ihrer Zeit, während Männer lediglich 17,1 Stunden oder 10 % ihrer Zeit für Hausarbeit aufbringen. Zu den typischen Routinetätigkeiten im Haushalt zählen kochen, Geschirr spülen und abtrocknen, Wäsche waschen, bügeln und zusammenlegen, aufräumen, putzen und einkaufen" (Statistisches Landesamt

Baden Württemberg 2004). Klare Männerdomäne bei der Übernahme von Haushaltsaufgaben sind Autowaschen und Reparaturen im und am Haus.

Auf diese Weise werden traditionelle Zuständigkeiten reinszeniert, die der notwendigen Flexibilisierung der Rollenbilder entgegenwirken. Familien- und Sorgearbeit sind heute ebenso wie die Erwerbsarbeit Aufgaben, die von beiden Geschlechtern partnerschaftlich erledigt werden sollten (vgl. Wippermann/Calmbach/Wippermann 2009). Die Berufswahlorientierung sollte deshalb in ein Gesamtkonzept integriert werden, bei dem die Berufswahl als Teil der Lebensplanung thematisiert und nicht losgelöst davon betrachtet wird.

Allerdings kann eine geschlechtersensible Berufsorientierung und Lebensplanung für Jungen nicht einfach analog zu jener für Mädchen konzipiert werden, sondern muss eigenständig auf der Basis der Analyse ihrer Bedarfe und Geschlechterkonzepte entwickelt werden. So gilt es, die starke Erwerbszentriertheit vieler Jungen bei der Zukunftsplanung kritisch zu reflektieren und um Bereiche zu erweitern, die traditionell stärker von Frauen übernommen werden, wie beispielsweise die *Care*-Tätigkeiten. *Gender*-Grenzen zu überschreiten, hat allerdings für Jungen häufig andere Auswirkungen und deutlichere Abwertungen zur Folge als für Mädchen, denn: „Kein richtiger Mann zu sein entwertet die Person augenscheinlich mehr, als keine richtige Frau zu sein" (Meuser 2000, 72).

6 Jungenförderung in der Berufs- und Lebensplanung

Damit Jungen ihre beruflichen Möglichkeiten voll ausschöpfen und im Zuge gesellschaftlicher Veränderungen ihre persönlichen Handlungsoptionen auch auf Bereiche ausweiten, die bisher weiblich konnotiert sind, ist eine geschlechtsbezogene Unterstützung von Jungen dringend erforderlich. Die positiven Erfahrungen, die seit den 1970er Jahren in der Mädchenförderung zu verzeichnen sind, bieten dafür einen Ansatzpunkt. Allerdings können die Konzepte der Mädchenförderung – wie beispielsweise der *Girls' Day*, der Mädchen-Zukunftstag – nicht einfach auf die Jungen übertragen werden. Vielmehr erfordern die tendenziell unterschiedlichen Lebenslagen von Jungen und Mädchen und die zum Teil inkongruenten Vorstellungen über die konkrete Ausgestaltung des zukünftigen Lebens geschlechtssensible Angebote, die diese Differenzen berücksichtigen, ohne sie zu zementieren und ohne die Vielfalt innerhalb der Geschlechtergruppen zu vernachlässigen.[3]

---

3 Jungenförderung sollte sowohl die Binnendifferenz innerhalb der Jungengruppe als auch die Gemeinsamkeiten mit den Mädchen betonen und berücksichtigen.

Eine solche geschlechtsbezogene Berufs- und Lebensplanung unterstützt Jungen darin, sich kritisch mit Männlichkeitsmustern auseinanderzusetzen und durch *Cross-Gender*-Angebote mit Arbeitsbereichen, Tätigkeiten und Verhaltensweisen in Kontakt zu kommen, die traditionell eher dem weiblichen Geschlecht zugewiesen werden.

7 Neue Wege für Jungs

Die dargelegten gesellschaftlichen und wirtschaftlichen Entwicklungen bilden den theoretischen Hintergrund des bundesweiten Vernetzungsprojekts und Service-Büros *Neue Wege für Jungs*, das vom Bundesministerium für Familie, Senioren, Frauen und Jugend und aus Mitteln des Europäischen Sozialfonds gefördert wird.[4] Es richtet sich in erster Linie an Lehrkräfte, soziale Fachkräfte, Berufsberatende, Personal- und Ausbildungsverantwortliche sowie Eltern und regt lokale Initiativen zur geschlechtssensiblen Förderung von Jungen bei der Berufs- und Lebensplanung an, vernetzt diese Angebote und unterstützt Engagierte mit aktuellen Informationen, Beratung sowie kostenlosen Print- und Onlinematerialien. Zur Durchführung dieser Angebote bietet sich der an jedem 4. Donnerstag im April stattfindende *Girls' Day* – Mädchen-Zukunftstag – an. Viele Jungenangebote werden aber auch an einem anderen Tag im Jahr oder über mehrere Tage, z. B. als Projektwochen, durchgeführt.

Die thematischen Schwerpunkte der Jungenangebote sind dabei:
- die Erweiterung des Berufswahlspektrums und der Studienfachwahl (hin zu Berufen und Studienfächern mit einem geringen Männeranteil);
- Flexibilisierung von Männlichkeitsmustern und -bildern: kritische Reflexion des traditionellen Männerbildes, pluralisierte Männlichkeitsformen, Vermittlung von Haushaltsfertigkeiten und Familientätigkeiten usw.;
- Ausbau sozialer Kompetenzen: Empathie- und Konfliktfähigkeit sowie Kooperations- und Kommunikationsbereitschaft.

Das bundesweit aufgebaute Netzwerk *Neue Wege für Jungs* umfasst 165 verschiedene Institutionen, das sind Behörden, Bildungswerke, Fachhochschulen, Hochschulen, und Vereine (Stand: Juli 2010), die in ihren jeweiligen Regionen Praxisangebote für Jungen zur Berufs- und Lebensplanung durchführen oder bereitstellen. Bei diesen geschlechtssensiblen Angeboten lernen

---

[4] Informationen zum Projekt Neue Wege für Jungs sind zu finden unter: www.neue-wege-fuer-jungs.de.

Jungen bei einem Kurzzeitpraktikum oder einer Gruppenexkursion Berufe mit einem geringen Männeranteil kennen, bauen bei einer Haushaltsrallye ihre Haushaltskompetenzen aus, setzen sich in Workshops und Seminaren mit Männlichkeitsmustern und Rollenvorstellungen auseinander oder erlangen bei einem Babysitterkurs Kenntnisse im Umgang mit (Klein-)Kindern. Sie lernen Hausmänner und aktive Väter kennen oder werden bei erlebnisorientierten Übungen in ihren sozialen Kompetenzen gestärkt.

8 Positive Erfahrungen in der Jungenförderung

Im Rahmen der wissenschaftlichen Begleitung des Projekts *Neue Wege für Jungs* wurden 2006 und 2007 über 4.000 Jungen befragt, die an Angeboten zur Zukunftsplanung teilnahmen. Die Bandbreite der evaluierten Jungenangebote reichte vom Schnupperpraktikum in ‚geschlechtsuntypischen' Berufsfeldern über Workshopangebote zum Ausbau sozialer Kompetenzen und/oder der Flexibilisierung der männlichen Rolle bis zu Angeboten, in denen Jungen in ihren Haushalts- und Familienkompetenzen gestärkt wurden (Haushaltspass und -ralley, Babysitterkurs u.v.m.). Die Vielfalt der Angebote spiegelt sowohl eine positive Entwicklung in diesem Bereich als auch die thematische Eigenständigkeit solcher Angebote gegenüber der Mädchenförderung wider. Zentrale Befunde der Erhebungen von 2006 und 2007 sind: Die Erfahrungen der Jungen in den Schnupperpraktika und Projekten/Workshops wurden von einer deutlichen Mehrheit der Jungen als sehr positiv bewertet und hat das Interesse an entsprechenden Arbeiten bzw. Tätigkeiten gesteigert:

- 85% der Jungen, die an einem Projekt/Workshop teilnahmen, und 92%, die ein Schnupperpraktikum absolvierten, bewerteten die Teilnahme mit „sehr gut" oder „gut". Etwa 70% der Jungen gaben an, dass sie es gut finden, für Männer noch untypische Berufe in einem Schnupperpraktikum kennenlernen zu können.
- 70% der Jungen würden im nächsten Jahr wieder an einem Projekt/Workshop teilnehmen und bei 57,1% der Jungen, die an einem Praktikum teilgenommen haben, ist das Interesse an der entsprechenden Arbeit bzw. Tätigkeit gestiegen.
- Auch die befragten Organisationen gaben überwiegend eine sehr positive Rückmeldung: 2006 stuften nur ca. 3,2% der Befragten die Erfahrungen mit den Jungen als negativ ein, 2007 kein einziger.
- 2006 hinterließen 74,5% und 2007 sogar 80,1% der Jungen bei den Mitarbeiter/innen von Projekten/Workshops einen sehr motivierten und interessierten Eindruck.

Der geringe Anteil männlicher Beschäftigter in traditionell weiblich besetzten Berufen korrespondiert nicht notwendigerweise mit einem Desinteresse seitens der Jungen an diesen Berufen. So gaben 20 % der befragten Jungen an, sich gut vorstellen zu können, später in einem weiblich konnotierten Bereich zu arbeiten. Weitere 10 % der befragten Jungen waren noch unschlüssig. In Anbetracht des tatsächlichen Männeranteils in diesen Berufsfeldern und den kaum wahrnehmbaren Bemühungen, diesen zu erhöhen, erscheint diese Zahl sehr hoffnungsvoll (vgl. Cremers et al. 2008).

Diese positiven Befunde aus der Jungenförderung wurden in einer weiteren Erhebung der wissenschaftlichen Begleitung bestätigt: Die Mehrzahl der Jungen steht Angeboten der Jungenförderung offen gegenüber. Sie sehen in solchen Angeboten die Möglichkeit, sich mit Fragen der Lebensplanung, Berufsorientierung, aber auch Männlichkeitsvorstellungen etc. zu beschäftigen. Mit zunehmendem Alter findet eine Ausdifferenzierung bzw. Spezifizierung der Themen statt. Gerade in Schnupperpraktika machen Jungen neue, für sie selbst überraschende Erfahrungen. Unabhängig vom Einfluss auf die Berufswahlentscheidungen sind dies wichtige soziale Kompetenzerfahrungen.

Schnupperpraktika in untypischen Berufen sind ein gutes Format der Jungenförderung. Sicherlich muss aber stets vor Ort über das Verhältnis von Freiwilligkeit und Verpflichtung entschieden werden. Allerdings sprechen mehr Aspekte für ein verpflichtendes Angebot für alle Schüler (z. B. eines Jahrgangs).

Es ist sinnvoll, die Schnupperpraktika in eine Vor- und Nachbereitung einzubetten. Diese Einbettung sollte Informationen (zu den Berufsfeldern) vermitteln und vor allem mit den Erfahrungen der Schüler arbeiten (vgl. Budde et al. 2010).

Bezüglich des Projekts *Neue Wege für Jungs* kommt die wissenschaftliche Begleitung zu folgendem Ergebnis: *„Neue Wege für Jungs* wird von unseren Interviewpartnern insgesamt als sehr hilfreich empfunden: Die Materialien, die Beratung, die bundesweite diskursive Präsenz und die Netzwerkarbeit tragen erheblich zur Qualität geschlechterreflektierender Arbeit mit Jungen zum Thema Zukunft bei. Die Aktivitäten von *Neue Wege für Jungs* laufen Gefahr, beliebig zu werden, wenn es nicht gelingt, verbindliche Standards zu entwickeln. Es sollte in der Öffentlichkeit und in den Materialien auf eine qualifizierte Positionierung im Sinne einer geschlechterreflektierenden Jungenförderung Wert gelegt werden. Ansonsten besteht die Gefahr, dass ein richtiges Anliegen wie die Jungenförderung in einen Sog von Re-Maskulinisierungen gezogen wird und damit dem Anliegen einer auf Geschlechtergerechtigkeit ausgerichteten Arbeit entgegenläuft" (Budde et al. 2010).

Literatur

Aktionsrat Bildung (2009): Jahresgutachten 2009, Geschlechterdifferenzen im Bildungssystem. Wiesbaden.

Arbeitskreis EINSTIEG Hamburg (2004): Studie „Berufswahl in Hamburg". Online-Ressource: http://www.einstieg-hamburg.de/fileadmin/documents/pdf/studie2006.pdf.

Backes, Gertrud (2008): Gender in der Pflege: Herausforderungen für die Politik. Bonn.

Bartjes, Heinz (2008): Warum sind Männer in Erziehung und Pflege wichtig? In: Berufe in Erziehung, Bildung, Pflege – auch was für Jungs! Hamburg.

Beicht, Ursula (2009): Verbesserung der Ausbildungschancen oder sinnlose Warteschleife? Zur Bedeutung und Wirksamkeit von Bildungsgängen am Übergang Schule – Berufsausbildung. Online-Ressource: http://www.jobwegweiser-brandenburg.de.

Beicht, Ursula/Ulrich, Joachim Gerd (2008a): Ausbildungsverlauf und Übergang in Beschäftigung. TeilnehmerInnen an betrieblicher und schulischer Berufsausbildung im Vergleich. In: Berufsbildung in Wissenschaft und Praxis, 3/2008. Bielefeld.

Beicht, Ursula/Ulrich, Joachim Gerd (2008b): Welche Jugendlichen bleiben ohne Berufsausbildung? Online-Ressource: http://www.bibb.de/veroeffentlichungen/de/publication/show/id/2067.

Bildungsnetz Berlin (Hrsg.) (2004): Studie „Zur Situation von Männern in Frauenberufen der Pflege und Erziehung in Deutschland". Berlin.

BMBF (2005): Grund- und Strukturdaten. Bonn/Berlin.

Böhnisch, Lothar (2003): Die Entgrenzung der Männlichkeit. Verstörungen und Formierungen des Mannseins im gesellschaftlichen Übergang. Wiesbaden.

Bos, Wilfried et al. (Hrsg.) (2006): IGLU Lesekompetenzen von Grundschulkindern in Deutschland im internationalen Vergleich. Münster.

Budde, Jürgen/Faulstich-Wieland, Hannelore (2005): Jungen zwischen Männlichkeit und Schule. In: King, Vera/Flaake, Karin (Hrsg.): Männliche Adoleszenz. Sozialisation und Bildungsprozesse zwischen Kindheit und Erwachsensein. Frankfurt am Main/New York, 37–53.

Budde, Jürgen/Faulstich-Wieland, Hannelore/Scholand, Barbara (2007): Geschlechtergerechtigkeit in der Schule: Eine Studie zu Chancen, Blockaden und Perspektiven einer gender-sensiblen Schulkultur. Weinheim/München.

Budde, Jürgen/Mammes, Ingelore (Hrsg.) (2009): Jungenforschung empirisch. Zwischen Schule, männlichem habitus und Peerkultur. Wiesbaden.

Budde, Jürgen et al. (2010): Unveröffentlichter Zwischenbericht der wissenschaftlichen Begleitung des Projekts Neue Wege für Jungs. Bielefeld.

Bundesinstitut für Berufsbildung (2010): Berufsbildungsbericht. Bonn.

Bundesinstitut für Berufsbildung (2006): Datenbank Aus- und Weiterbildungsstatistik des Bundesinstituts für Berufsbildung auf Basis der Berufsbildungsstatistik des Statistischen Bundesamtes. Wiesbaden.

Bundesjugendkuratorium (2009): Schlaue Mädchen – Dumme Jungen? Gegen Verkürzungen im aktuellen Geschlechterdiskurs. München.

Bundesministerium für Bildung und Forschung (2002): Lebenslagen von Mädchen und Frauen im Zusammenhang mit Bildung, Wissenschaft, Arbeit und Einkommen. Bonn.

Cornelißen, Waltraud (Hrsg.) (2005): DJI Gender-Datenreport. Kommentierter Datenreport zur Gleichstellung von Frauen und Männern in der Bundesrepublik Deutschland, im Auftrag des Bundesministeriums für Familie, Senioren, Frauen und Jugend. München.

Cornelißen, Waltraud/Gille, Martina (2005): Lebenswünsche: Was ist Mädchen und jungen Frauen für ihre Zukunft wichtig? Online-Ressource: http://www.dji.de/bibs/5720_Internet_Lebenswuensche_Frankfurt.pdf.

Cornelißen, Waltraud/Tremel, Inken (2007): Jungen und junge Männer in Deutschland. Lebenssituationen – Problembereiche – Maßnahmen. München.

Cornelißen, Waltraud et al. (2002): Junge Frauen – junge Männer. Daten zu Lebensführung und Chancengleichheit. Eine sekundäranalytische Auswertung. Wiesbaden.

Cremers, Michael (2007): Neue Wege für Jungs?! Ein geschlechtsbezogener Blick auf die Situation von Jungen im Übergang von Schule – Beruf. Bielefeld.

Cremers, Michael et al. (2008): Abschlussbericht der wissenschaftlichen Begleitung des Pilotprojektes Neue Wege für Jungs. Online-Ressource: http://www.neue-wege-fuer-jungs.de/Neue-Wege-fuer-Jungs/Service-Download/Materialien-von-Neue-Wege-fuer-Jungs.

Cremers, Michael et al./Bundesministerium für Familie, Senioren, Frauen und Jugend (Hrsg.) (2010): Männliche Fachkräfte in Kindertagesstätten. Eine Studie zur Situation von Männern in Kindertagesstätten und in der Ausbildung zum Erzieher. Berlin.

DIHK (2004a): „Jungen aus dem Abseits holen". Berlin (unveröffentlichte Studie).

DIHK (2004b): „Lernen für das Leben – Vorbereitung auf den Beruf". Berlin.

Gerbert, Frank (2002): Arme Jungs! In: FOCUS, 32/2002. Online-Ressource: http://www.focus.de/panorama/boulevard/gesellschaft-arme-jungs_aid_204175.html.

Hammer, Eckart (2009): Männer – Alter – Pflege: Pflegen Männer ihre Angehörigen oder werden sie nur gepflegt? In: Sozialmagazin, 7/8. Weinheim, 22 ff.

Hammer, Eckart/Bartjes, Heinz (2005): Mehr Männer in den Altenpflegeberuf. Stuttgart.

Hurrelmann, Klaus et al. (2006): 15. Shell Jugendstudie: Jugend 2006. Eine pragmatische Generation unter Druck. Frankfurt am Main.

Institut der deutschen Wirtschaft Köln (2006): Trendstudie – Berufliche Perspektiven für Jungen und junge Männer mit geringer und mittlerer Qualifikation. Online-Ressource: http://www.neue-wege-fuer-jungs.de/Neue-Wege-fuer-Jungs/Forschung/Studien.

Institut für Arbeitsmarkt- und Berufsforschung (IAB) (2010): Berufe im Spiegel der Statistik Beschäftigung und Arbeitslosigkeit 1999–2009. Online-Ressource: http://bisds.infosys.iab.de/.

Literatur

Institut für Arbeitsmarkt- und Berufsforschung (IAB) (2009): Gleich und doch nicht gleich: Frauenbeschäftigung in deutschen Betrieben. Nürnberg.

Kahlert, Heike/Katajin, Claudia (2004): Entgrenzung, Beschleunigung, Vernetzung. Auf dem Weg ins Informationszeitalter. Frankfurt am Main/New York.

Koch-Priewe, Barbara (Hrsg.) (2009): Jungen – Sorgenkinder oder Sieger? Ergebnisse einer quantitativen Studie und ihre pädagogischen Implikationen. Wiesbaden.

Koch-Priewe, Barbara (Hrsg.) (2002): Schulprogramme zur Mädchen- und Jungenförderung – die geschlechterbewusste Schule. Weinheim/Basel.

Kreher, Thomas (2007): „Heutzutage muss man kämpfen". Bewältigungsformen jungen Männer angesichts entgrenzter Übergänge in Arbeit. Weinheim/München.

Lenkungsausschuss des Nationalen Pakts für Ausbildung und Fachkräftenachwuchs (2006). In: Deutschland, Kriterienkatalog zur Ausbildungsreife. Online-Ressource: http://www.berufsinfo.at.

Meuser, Michael (2000): Perspektiven einer Soziologie der Männlichkeit. In: Janshen, Doris (Hrsg.): Blickwechsel. Der neue Dialog zwischen Frauen- und Männerforschung. Frankfurt am Main.

Pimminger, Irene (2010): Junge Frauen und Männer im Übergang von der Schule in den Beruf. Berlin.

Pingler, Mechthild (2008): Zukunftsperspektiven in Erziehung, Bildung und Pflege. In: Berufe in Erziehung, Bildung, Pflege auch was für Jungs! Hamburg.

Rohrmann, Tim (2006): Männer in Kindertageseinrichtungen und Grundschulen. Bestandsaufnahme und Perspektiven. In: Krabel, Jens/Stuve, Olaf (Hrsg.): Männer in „Frauen-Berufen" der Pflege und Erziehung. Opladen.

Sinus-Milieustudie (2007): Rolle im Wandel – Strukturen im Aufbau. Berlin.

Sinus-Milieustudie (2007): 20-jährige Frauen und Männern heute – Lebensentwürfe, Rollenbilder, Einstellungen zur Gleichstellung. Berlin.

Statistisches Bundesamt (Hrsg.) (2007): Statistiken der Kinder- und Jugendhilfe. Kinder und tätige Personen in Tageseinrichtungen am 15.03 2006. Wiesbaden.

Statistisches Bundesamt (Hrsg.) (2004): Alltag in Deutschland – Analysen zur Zeitverwendung. Band 43 der Schriftenreihe Forum der Bundesstatistik. Wiesbaden, 194–215.

Statistisches Landesamt Baden Württemberg (2004): Familienbericht. Stuttgart, 147 ff.

Stürzer, Monika et al. (Hrsg.) (2003): Geschlechterverhältnisse in der Schule. Opladen.

Wippermann, Carsten/Calmbach, Marc/Wippermann, Katja (2009): Rolle vorwärts, Rolle rückwärts? Opladen.

Ahmet Toprak
Aladin El-Mafaalani

Konfrontative Pädagogik mit muslimischen Jugendlichen

Der Anteil der jugendlichen Gefangenen mit Migrationshintergrund ist fast dreimal so hoch wie ihr Bevölkerungsanteil. Diese Unverhältnismäßigkeit lässt sich zum großen Teil mit der sozialen und wirtschaftlichen Lage erklären, in der türkischstämmige Jugendliche aufwachsen, denn es handelt sich fast vollständig um Nachkommen der traditionellen Arbeitsmigranten, die schon innerhalb ihrer Herkunftsregion den bildungsbenachteiligten und konservativen Milieus angehörten.

Der überwiegende Anteil der inhaftierten türkischstämmigen Jugendlichen ist männlichen Geschlechts. Zudem fällt auf, dass sich ein hoher Anteil der Straftaten von Jungen auf Gewaltdelikte wie Körperverletzung, Raub, Raubüberfall oder Vandalismus erstreckt. Die Straftaten der Mädchen beschränken sich weitgehend auf den einfachen Diebstahl bzw. den Betrug und umfassen deutlich weniger auch Gewalttaten oder Drogendelikte. Ebenso kann gezeigt werden, dass Gewalttaten an Schulen häufiger von Schülern mit Migrationshintergrund ausgeführt werden (vgl. Fuchs et al. 2009).

Auf der einen Seite werden Türkischstämmige von der Polizei intensiver kontrolliert, schneller angezeigt und von der Justiz härter bestraft, auf der anderen Seite scheinen zudem Migrationsbedingungen zu existieren, die die soziale Benachteiligung insbesondere für Jungen weiter verschärfen. Im Anschluss an eine Klärung dieser Entstehensbedingungen werden Anknüpfungspunkte für die Arbeit mit türkischstämmigen Jugendlichen (insbesondere Jungen) skizziert (zu Besonderheiten in Bezug auf Mädchen und junge Frauen mit Migrationshintergrund siehe El-Mafaalani/Toprak 2010).

1 Zum Wechselspiel zwischen sozialer und kultureller Herkunft

Murat, ein heute 21-jähriger Berufsschüler, der in seiner frühen Jugendphase häufig auffällig geworden war, erzählt rückblickend über seine Orientierungsprobleme:

„Meine Familie lebte in ihrer eigenen Welt. Wenn man zu Hause nicht gemacht hat, was mein Vater gesagt hat, gabs richtig Ärger. Wir lebten wie in der Türkei. [...] Da wurde viel gebrüllt, da gabs immer Action. Aber da war ich eigentlich immer nur zum Essen und Schlafen. Sonst war ich in der Schule oder mit meinen Jungs unterwegs. [...] Mein Vater hat immer gefragt, ob alles in der Schule gut läuft, ich habe gesagt: Klar, läuft alles. Das wars. Meine Eltern fanden Schule wichtig, aber die hatten überhaupt keine Ahnung, was in der Schule los war. [...] In der Schule war das immer so komisch, ich wusste gar nicht, was die von mir wollten. [...] Wir haben eigentlich nie das gemacht, was wir sollten. Die Lehrer wussten auch nicht, was die mit uns machen sollten. Das war so, wir sind da einfach so hingegangen, zu den Deutschen, und nach der Schule waren wir in unserer Straße und haben nur Scheiße gemacht. [...] Und später, so mit 15 oder 16, waren wir 'ne richtige Gang. Wenn einer Probleme hatte, haben alle mitgemacht. Da hat man sich richtig stark gefühlt, keiner konnte einem was. Das war für uns das echte Leben, das hatte 'ne Bedeutung für uns. [...] Aber wir hatten zu oft Stress mit den Polizei [...]."

Alle Kinder und Jugendlichen wachsen im Wesentlichen in den vier Lebenswelten Familie, Schule, *Peergroup* und Medienlandschaft auf. Diese vier Bezugspunkte stellen allerdings Jugendliche mit Migrationshintergrund – insbesondere türkischer und arabischer Herkunft – vor besonders widersprüchliche Erwartungen und Handlungsoptionen. Das deutsche *Schulsystem* ist nachweislich kaum in der Lage, soziale Unterschiede auszugleichen. Die Nachkommen der ehemaligen Arbeitsmigranten sind dadurch benachteiligt: Sie machen seltener als ihre Altersgenossen hochwertige Schulabschlüsse und verlassen das Schulsystem deutlich häufiger ohne Abschluss. Das liegt neben der Schulstruktur und wenig lernförderlichen Unterrichtsformen auch daran, dass in der Schule Werte wie *Selbstständigkeit, Selbstdisziplin* und *Selbstreflexion* innerhalb vorgegebener Regeln notwendigerweise eine besondere Rolle spielen, denn viele dieser Jugendlichen wachsen in autoritären Familienstrukturen auf, in denen Gehorsam, Unterordnung und vielfach auch Gewalt den Alltag begleiten. Ihnen fehlt oft die Intimsphäre, die Heranwachsende in Deutschland benötigen, um ein selbstbestimmtes Leben zu üben (wie beispielsweise ein eigenes Zimmer). Zusätzlich führen inkonsistente Erziehungsstile, die sie häufig in ihren Familien, aber auch in der Schule erleben (z. B. unterschiedliche Lehrertypen), zu Irritationen und Orientierungslosigkeit.

Diese Widersprüchlichkeiten im Verhältnis von Schule und Familie, denen sich diese Jugendlichen gegenübersehen, werden dadurch verschärft, dass ihre Eltern sowohl Loyalität gegenüber den traditionellen Werten als auch Erfolg in der Schule und später im Arbeitsleben erwarten (vgl. King 2009) – eine typische Erwartungshaltung von Migranten der ersten Generation gegenüber ihren Kindern. Dabei können die Eltern den Kindern kaum Hilfestellungen geben, auch weil sie traditionsbedingt die Erziehungs- und Bildungsverantwortung vollständig an die Schule abgeben. Insbesondere für junge Männer ergeben sich daraus strukturelle Konflikte in den Passungsverhältnissen von schulischer und familialer Lebenswelt. Eine Gruppe von Bildungsforschern formulierte es folgendermaßen: „Für Kinder aus ‚bildungsfernen' Milieus stellt sich damit beim Eintritt in die Schule die mehr oder minder ausgeprägte Alternative, sich entweder auf den Versuch des Bildungsaufstiegs einzulassen und dabei das eigene Selbst schutzlos den schulischen Zuweisungen von Erfolg und Misserfolg preiszugeben, oder sich den Anforderungen zu verweigern und ihnen die in den Peers und im eigenen Herkunftsmilieu ausgebildeten Bildungsstrategien und Anerkennungsmodi entgegenzuhalten, die das eigene Selbst zu stützen und anzuerkennen vermögen" (Grundmann et al. 2008, 58).

Dieses Problem verschärft sich für Jugendliche mit Migrationsgeschichte zusätzlich, denn sie leben sowohl mit sozialen Unterschieden aufgrund ihrer Schichtzugehörigkeit als auch mit kulturellen Unterschieden aufgrund der Migrationssituation. Für sie bestehen keine „vorgeprägten Laufbahnen", an denen sie sich in Schule und Arbeitsmarkt orientieren könnten. Sie fühlen sich nicht als Deutsche und nicht als Türken. Sie distanzieren sich in gewisser Hinsicht sowohl von der Mehrheitsgesellschaft als auch von der Familie und der traditionellen türkischen Community. Sie suchen nach Orientierungspunkten, die Sicherheit bieten und Identität ermöglichen. Genau dieser Effekt wird durch das Kollektiv von *Peers* mit gleichartiger sozialer und kultureller Herkunft ermöglicht. Die Ausbildung der Hauptschule als Restschule – eine Entwicklung, die nicht zuletzt PISA unbeabsichtigt zugespitzt hat – und die messbare Benachteiligung von Schülern mit Migrationshintergrund bei der Überweisung auf eine Förderschule haben dazu geführt, dass sich dort junge Männer mit Zuwanderungsgeschichte konzentrieren, die keine Vorbilder mehr kennen, die zeigen könnten, dass man Achtung und Respekt auch ohne Gewaltanwendung erfahren kann. Im Gegenteil: Sie finden eine Art Ersatzfamilie bzw. eine zweite Familie, bestehend aus wenigen – in der Regel nur eine Handvoll – Freunden, die füreinander beinahe alles tun, unter Umständen bis zur Gefährdung des eigenen Lebens. So werden Gewalt und Machterfahrung zu einem „effektiven Mittel der Selbststabilisierung" (Heitmeyer 2004, 647). Diese vermeintlichen „Tugenden" werden durch die *Medien* unterstützt – zumindest bei Betrachtung der für diese Jugendlichen bevorzugten Bereiche der Medienlandschaft.

2 Handlungsmuster und Denkstrukturen von türkischen Jugendlichen

Solidarität und Loyalität gegenüber Eltern und Familienmitgliedern sowie gegenüber engen Freunden sind die wichtigsten Werte in den traditionellen Communitys. Diese Werte werden im Kontext des Migrationsprozesses stärker betont und verschärft, weil die Familie bzw. die Freunde die einzigen Rückzugsgebiete sind, ihnen darf uneingeschränkt vertraut werden. Den staatlichen Institutionen (Schule oder Jugendamt) und den sozialen Netzwerken in Deutschland (Freizeit- und Kulturvereine) misstrauen die Migranten auch noch in der dritten Generation, weil sie deren Aufgaben nicht richtig einschätzen (können). Solidarität, Loyalität und Zusammengehörigkeit in der Familie bleiben unantastbar, auch wenn es innerhalb der Familie immense Probleme gibt, die ohne die Hilfe von außen nicht gelöst werden können. Sich mit den internen Problemen der Familie an die Beratungsstellen, das Jugendamt oder die Schule zu wenden, gilt als Verrat bzw. Loyalitätsbruch, weil das Familienbild nach außen hin beschädigt wird.

Ausgehend von diesen Strategien und Deutungsmustern von Migrantenfamilien lässt sich die Denkweise von auffälligen Jugendlichen besser nachvollziehen. Hierfür werden im Folgenden die zentralen Begriffe „Freundschaft", „Ehre" und „Männlichkeit" kurz erläutert (vgl. auch Toprak 2006):

- Nicht selten rechtfertigen die Jugendlichen ihr Verhalten mit *ihrem* Begriff der *Freundschaft*. Sie setzen sich für den Freund ein, auch auf die Gefahr hin, verletzt zu werden. Diese bedingungslose Solidarität bedeutet auch, dem Freund, ohne die Situation zu hinterfragen, Hilfe zu leisten. Sie ist eine tief verankerte Verhaltensnorm, über die nicht nachgedacht und die auch nicht infrage gestellt wird. Wenn eine (riskante) Hilfestellung überdacht würde, wäre nicht nur die Freundschaft gefährdet, sondern der Jugendliche würde auch seine Ehre und Männlichkeit selbst infrage stellen. Ehre und Männlichkeit sind Begriffe, die türkischstämmige jugendliche Straftäter immer wieder artikulieren.
- Der Begriff *Ehre* (im Türkischen *namus*) klärt die Beziehung zwischen Mann und Frau sowie die Grenzen nach innen und außen. Ein Mann gilt als ehrlos, wenn seine Frau, Familie oder Freundin beleidigt oder belästigt wird und er nicht extrem und empfindlich darauf reagiert. Derjenige Mann gilt als ehrenhaft, der seine Frau verteidigen kann, Stärke und Selbstbewusstsein zeigt und die äußere Sicherheit seiner Familie garantiert (vgl. Schiffauer 1983). Gelingt ihm das nicht, dann ist er ehrlos (*namussuz*). Eine Frau, die einen Ehebruch begeht, befleckt damit nicht nur die eigene Ehre, sondern auch die ihres Gatten, weil der Mann „nicht genug Mann" war, sie davon abzuhalten. Ein ehrenhafter Mann steht zu seinem Wort („erek adam sözünü tutar" = „ein Mann hält sein Wort"). Er muss dies klar und offen tun und darf niemals mit „vielleicht" oder „kann sein" ausweichen, weil diese Antworten nur von einer Frau zu erwarten sind. Darüber hinaus muss ein ehrenhafter Mann in der Lage und willens sein, zu kämpfen, wenn er dazu herausgefordert wird. Die Eigenschaften eines ehrenhaften Mannes sind Virilität, Stärke und Härte. Er muss in der Lage sein, auf jede Herausforderung und Beleidigung, die seine Ehre betrifft, zu reagieren und darf sich nicht versöhnlich zeigen.
- Für das Verständnis der Denk- und Handlungsmuster der Heranwachsenden spielt nicht zuletzt auch der Begriff der *Männlichkeit* eine hervorzuhebende Rolle. Traditionell werden muslimische Jungen zu körperlicher und geistiger Stärke, Dominanz und selbstbewusstem Auftreten, insbesondere im Hinblick auf die Übernahme von männlichen Rollenmustern, erzogen. Wenn ein Jugendlicher diese Eigenschaften nicht zeigt, wird er als Frau und Schwächling bezeichnet. Wenn ein Mann zu homosexuellen Männern Kontakt aufnimmt, wird er als unmännlich und Schande begriffen, weil er – aus diesem Geschlechtsbegriff heraus – eine Frauenrolle übernommen hat, die sich mit der traditionellen Männerrolle nicht vereinbaren lässt. Auch freundschaftliche Beziehungen zu homosexuellen Männern werden nicht toleriert.

Dementsprechend werden Beleidigungen der Mutter, Schwester oder Freundin sowie Andeutungen bezüglich der sexuellen Orientierung zu gereiztem, unter Umständen aggressivem Verhalten des Beleidigten sowie seiner Freunde führen. Ähnliches ist zu erwarten, wenn abfällige Äußerungen gegenüber der nationalen Herkunft oder der Religion, aber auch gegenüber dieser Vorstellung von Männlichkeit gemacht würden. Diese Reaktionen sind umso bemerkenswerter, wenn man bedenkt, dass diese Migrantenjugendlichen der dritten Generation weder ihre Herkunftsländer noch ihre Religion gut kennen und zudem vielfach weder in der Lage noch willens sind, ein klassischer autoritärer Familienernährer zu sein. Jugendliche mit geringer Bildung, wenig beruflichem Prestige und mangelndem Selbstwertgefühl klammern sich an diese Verhaltensnormen deutlich stärker als beruflich und sozial etablierte Migranten. Wenn man die Jugendlichen mit den Welten konfrontiert, die zwischen Anspruch (selbst ein Familienernährer zu sein) und Realität (Arbeits- bzw. Ausbildungslosigkeit) liegen, führt das nicht selten zu massiver Gereiztheit.

Die Besonderheit, die sich aus dem Zusammentreffen dieser milieuspezifischen Werte und der sozialen Realität ergibt, verschärft heute die Qualität dieser Problematik deutlich: In einer Zeit, in der Menschen immer häufiger gezwungen sind, nachzudenken, zu reflektieren, nicht mehr klassischen Lösungsansätzen vertrauen können usw., werden die Orientierungen dieser Jugendlichen unweigerlich zu Schwierigkeiten führen. Gleichzeitig schaffen genau diese Orientierungen Sicherheit in unsicheren Zeiten. Dieser Komplex hängt stark mit Perspektiven und Bildung zusammen. Folgende Indizien können auf eine Überbetonung traditioneller Werte hinweisen:
- schwache Lesekompetenz und Allgemeinbildung
- geringe Schul- bzw. Berufsbildung
- Arbeitslosigkeit oder Tätigkeit als Hilfsarbeiter
- Aufenthaltsmilieus
- keine (eigenen) Hobbys.

Dadurch kommen die Jugendlichen nur selten in direkten Kontakt mit der Mehrheitsgesellschaft, mit Gymnasiasten und Studenten, führen kaum reflektierende Gespräche, hören kaum andere Meinungen und können sich dementsprechend auch keine „eigene" Meinung bilden, über- oder unterschätzen ihre Fähigkeiten und haben dann überzogene bzw. keine Zukunfts- und Berufsvorstellungen. Die Frustrationstoleranz ist kaum ausgeprägt. Man beschäftigt sich überwiegend mit „Rumhängen", wodurch sich die prekäre Situation weiter verfestigt.

3 Rahmenbedingungen konfrontativer Pädagogik

Rechtliche Rahmenbedingungen: Die Angebote, die im Kinder- und Jugendhilfegesetz (KJHG) aufgeführt werden, sowie die rechtlichen Bestimmungen nach § 10 Jugendgerichtsgesetz gelten unabhängig davon, ob eine Zuwanderungsgeschichte besteht oder nicht. Diese Angebote bzw. Maßnahmen sind offen für alle Bevölkerungsgruppen, auch für Jugendliche mit Migrationshintergrund. Entscheidend ist die migrationssensible Umsetzung des bestehenden Rechts. Auf aufenthaltsrechtliche Einschränkungen muss allerdings stets geachtet werden.

Die Arbeit mit türkischstämmigen Jugendlichen erstreckt sich auf sämtliche relevante *Institutionen* der sozialen Arbeit, also alle freien und staatlichen Träger. Der *konfrontative Ansatz* kann dabei insbesondere in folgenden *pädagogischen Feldern* eingesetzt werden, weil in diesen Bereichen überproportional viele türkischstämmige Jugendliche vertreten sind:

- Im *schulischen Bereich*, wie z. B. in den Grund-, Haupt- bzw. Berufsschulen: sowohl seitens der Schulsozialarbeiter als auch der Lehrer.
- In *Freizeiteinrichtungen*, in denen eine unverbindliche „Kommstruktur" der Klienten besteht und eine Gruppensituation auf lange Sicht nicht gewährleistet werden kann.
- In der *Heimerziehung*: Hier sind die Jugendlichen zwar länger anwesend, aber eine Vermischung der Rollen beispielsweise des „Betreuers" und des „Anti-Aggressivitäts-Trainers" ist nicht ratsam, weil ein „von außen" kommender Anti-Aggressivitäts-Trainer andere Impulse setzen kann. Außerdem wird dadurch eine Rollenvermischung verhindert.
- In der *berufsbezogenen Sozialarbeit*: Auch hier sind die Jugendlichen länger anwesend. Eine Rollenvermischung ist auch hier nicht ratsam.
- In den Bereichen der *ambulanten Maßnahmen*, wie z. B. Betreuungsweisungen oder angeordneten Beratungsgesprächen nach § 10 Jugendgerichtsgesetz (§ 10 JGG).

4 Konfrontative Gesprächsführung: Ein Beispiel aus der Schule

Ein Dialogbeispiel aus dem Kontext der Schule soll darstellen, wie ein *konfrontatives Gespräch* (schon im Kleinen) aussehen kann. Ali erscheint zu spät zum Unterricht:

> „A: Guten Morgen, Frau Müller! Entschuldigung, ich habe den Bus verpasst. Er ist vor meiner Nase weggefahren.

M: Moment, wann musstest du hier sein?
A: Ja, um acht Uhr.
M: Wie spät ist es jetzt?
A: Ja, wie? ... Ich weiß nicht.
M: Dann schau mal auf die Uhr.
A: Ja, es ist 8 Uhr 30.
M: Wie oft fährt dein Bus?
A: Ja, ich habe den Bus verpasst.
M: Ich habe dich gefragt, wie oft dein Bus fährt.
A: Der ist vor meiner Nase wegge...
M: Du sollst meine Frage beantworten.
A: Ja, halt in 10 Minuten.
M: Und warum bist du eine ganze halbe Stunde verspätet?
A: Ja, weil ich den Bus verpasst habe.
M: Der Bus fährt alle 10 Minuten, und du bist eine halbe Stunde später dran. Das stimmt also so nicht.
A: Ja, ich habe zu spät das Haus verlassen, und ...
M: Beim nächsten Mal verlässt du das Haus rechtzeitig, damit du pünktlich in die Schule kommst. Warum hast du so spät das Haus verlassen?
A: Ja, ich musste frühstücken.
M: Dann musst du früher aufstehen, um zu frühstücken. Dass du zu spät kommst, ist deine Schuld. Daran ist nicht der Bus schuld und auch nicht das Frühstück. Rechtzeitig aufstehen und rechtzeitig das Haus verlassen."

Basierend auf dem Dialog ist Folgendes zu beachten: Am Ende des Gesprächs ist es zu empfehlen, dass die Lehrkraft eine Konsequenz für die Überschreitung ausspricht und in die Tat umsetzt. Voraussetzung ist, dass den Schülerinnen und Schülern vorher erklärt worden ist, dass Regelverstöße Konsequenzen haben. Die Konsequenz muss stimmig und angemessen sein und wird im Idealfall von allen Lehrkräften in gleicher Weise durchgeführt. Diese Art der punktgenauen Konfrontation wird von Kindern und Jugendlichen mit Migrationshintergrund gut angenommen, weil das Fehlverhalten im Mittelpunkt steht und persönliche Merkmale irrelevant sind. Das Individuum wird nicht abgelehnt, sondern ernst genommen. Wichtig ist dabei, dass diese Regeln für alle in gleicher Weise gelten.

Ali wird höchstwahrscheinlich in den nächsten Tagen bzw. Wochen wieder zu spät kommen. Aber er wird die Begründung, dass er den Bus verpasst hat, nicht mehr vorbringen. Er wird sicherlich andere Gründe für seine

Verspätung finden und versuchen, diese auch den Lehrkräften glaubwürdig zu erklären. Die Lehrkraft muss dann erneut konfrontieren und nicht nachgeben, weil die betroffenen Kinder die Grenzen ausloten wollen. Die Vorteile der Konfrontation in dieser Form können wie folgt zusammengefasst werden: Ali lernt unmittelbar, dass er Frau Müller nicht folgenlos erfundene Dinge erzählen kann, weil diese hinterfragt und auf ihre Richtigkeit hin überprüft werden. Das bedeutet, dass Frau Müller Ali und seine Geschichte ernst nimmt und nicht oberflächlich abhandelt.

Allerdings: Nicht immer ist Konfrontation die passende Reaktion auf Fehlverhalten. Sollte ein Kind hartnäckig und glaubhaft erläutern, dass der Bus eine Verspätung hatte, muss man das akzeptieren. Es muss aber im Nachhinein überprüft werden, ob eine tatsächliche Verspätung vorgekommen ist – was häufig schon alleine dadurch feststellbar ist, dass mehrere Kinder verspätet zur Schule kommen. Dadurch zeigt man dem Kind, dass man seine Aussagen ernst nimmt.

Im Falle von Ali kann es sein, dass er zu spät kommt, weil er sein Frühstück selbst vorbereiten muss. Es kommt in vielen Familien vor, dass die Eltern sehr früh arbeiten müssen und die Kinder morgens auf sich gestellt sind. Sollte dies der Fall sein, empfiehlt es sich, mit den Eltern Gespräche zu führen und mit ihnen Absprachen zu treffen. Die Konfrontation alleine löst nämlich keine tiefgreifenden Probleme! Hier benötigt das Kind Unterstützung. Auch diese gehört flankierend zur Konfrontation. Um sich Gewissheit darüber zu verschaffen, ob es sich um ernste (familiäre) Schwierigkeiten handelt, sollte Frau Müller mit Ali ein persönliches Gespräch führen. Hier sollte klar werden, dass sie sich für ihren Schüler interessiert, aber auch, dass sie Regelverstöße nicht dulden kann. Der explizite Hinweis darauf, dass sie ihm gerne Hilfestellungen anbietet, müsste dann mit einer (Ziel-)Vereinbarung (beispielsweise bezüglich der nächsten Woche) kombiniert werden. Es kann auch durchaus hilfreich sein, wenn Frau Müller zugibt, überhaupt keine Vorstellungen davon zu haben, wie Alis Alltag aussieht, und sich interessiert und wertschätzend mit ihm darüber unterhält. Solche Gespräche können nachweislich viel bewirken (El-Mafaalani 2010).

5 Grenzen und Herausforderungen

Der *konfrontative Ansatz* sollte unbedingt durch ressourcenorientierte Maßnahmen flankiert werden, die die Stärken des Jugendlichen hervorheben, loben oder durch Sensibilität gegenüber den persönlichen, sozialen und migrationsspezifischen Rahmenbedingungen Einfühlsamkeit signalisieren.

Folgende Punkte stellen die Fachkräfte, die die konfrontative Gesprächsführung anwenden, vor besondere Herausforderungen und müssen beachtet werden:

1. Kenntnisse der interkulturellen Kompetenz: Unüberlegte und von stereotypen Vorurteilen geprägte Konfrontationen, wie z. B. „alle türkischen Jungen sind Gewalttäter" oder „der Islam erlaubt dir nicht zu schlagen", können verletzend, kränkend und schließlich kontraproduktiv wirken. Auf die Abwertung der kulturellen Wertvorstellungen reagieren Jugendliche sehr gereizt, fühlen sich nicht verstanden und ernst genommen. Da die *konfrontative Pädagogik* auf der Sachebene ansetzt, wird auf suggestive Fragen und stereotype Annahmen verzichtet. Die Fachkraft sollte sich ferner darüber im Klaren sein, welches Verhalten wirklich „abweichend" ist und entsprechend „verändert" werden sollte, und wann es sich lediglich um „persönliche" Vorlieben der Fachkraft handelt. Die Pädagogen sollten entsprechend eine Vielfalt und Andersheit wertschätzende Geisteshaltung haben und über interkulturelle Kompetenz verfügen. Bedauerlicherweise kommt beispielsweise bei der Ausbildung von Lehrkräften oder Anti-Aggressivitäts-Trainern „interkulturelle Kompetenz" als Qualitätsstandard nicht vor, obwohl bekannt ist, dass in Ballungszentren ein Großteil der Schülerschaft bzw. der Teilnehmer solcher Trainings einen Migrationshintergrund hat.

2. Konfrontative Haltung: Die konfrontative Methode ist weder für jeden Jugendlichen noch für jede pädagogische Fachkraft geeignet. Für Jugendliche, die ruhig und schüchtern sind und die Konfrontation nicht suchen, ist die Methode ebenso wenig geeignet wie für Pädagogen, die diese Methode nicht verinnerlicht haben. Die Fachkräfte müssen ihre Haltung in Bezug auf diesen Ansatz überprüfen und gegebenenfalls die Haltung der konfrontativen Gesprächsführung in den Fortbildungen einüben, bevor sie den Ansatz bei Jugendlichen anwenden. Die Erfahrungen in den Fortbildungen mit Multiplikatoren zeigen, dass die methodische Umstellung viele Übungseinheiten und zeitliche Ressourcen in Anspruch nimmt. Insbesondere die starke Orientierung an emanzipatorischer Erziehung vieler Pädagoginnen und Pädagogen *kann* ein hinderlicher Faktor sein – nicht weil Emanzipation nicht anzustreben wäre, sondern weil zunächst die Voraussetzungen dafür geschaffen werden müssen. Genau hierfür ist der *konfrontative Ansatz* geeignet.

3. Erfahrung: Jugendliche mit Migrationshintergrund befinden sich häufig in derart orientierungslosen inneren Zuständen, dass der Einsatz und auch notwendige Pausen gegebenenfalls anders dosiert werden müssen, als in der

Arbeit mit einer anderen Klientel. Denn es kann durchaus sein, dass sich ein Jugendlicher in einer Identitätskrise befindet. Diese kann aus einer Überforderung aufgrund der eingangs erläuterten widersprüchlichen Erwartungen entstehen. In einem solchen Zustand sollte von der Konfrontation Abstand genommen und stattdessen das offene Gespräch gesucht werden. Hierfür sind genaues Beobachten und Fingerspitzengefühl erforderlich. Zudem ist zu beachten, dass sich dieser Stil nicht für jeden Jugendlichen eignet. Beispielsweise sollten die Jugendlichen über eine gewisse kognitive und psychische Stabilität verfügen, um die Konfrontation richtig zu verstehen. Insbesondere bei psychisch labilen Kindern und Jugendlichen ist Vorsicht geboten.

4. Regelbruch: Die Methode wird primär eingesetzt, wenn eine Regel oder eine Vereinbarung nicht eingehalten wird. Die Regeln müssen daher transparent dargelegt und unmissverständlich formuliert sein. Die Regeln müssen entsprechend auch für alle gelten. Dem Gefühl *„bei mir als Türke schaut man ganz genau hin, bei anderen drückt man auch gerne mal ein Auge zu"* muss entgegengewirkt werden. Hierfür ist es für die Fachkraft gegebenenfalls erforderlich, sich über ihre eigenen Vorurteile im Klaren zu sein und diese gegebenenfalls zu kontrollieren.

5. Sinn der Konfrontation: Durch eine Konfrontation wird beim Jugendlichen weder ein einsichtiges Handeln noch Selbstreflexion ausgelöst. Diese Erkenntnis ist wichtig! Durch die Konfrontation schafft man es, Regeln einzuhalten. Wenn das Einhalten der Regeln jedoch zum reinen Selbstzweck geschieht, wird eine dauerhafte Verhaltensänderung unwahrscheinlicher. Das Ziel muss also sein, aus einer Beachtung der Regeln Vorteile für die Jugendlichen zu generieren und diese auch offen aufzuzeigen. Bei strukturellen Problemen (beispielsweise begründete Perspektivlosigkeit) werden Verhaltensänderungen nur kurzfristig sein bzw. stößt auch diese Methode an ihre Grenzen, weil nicht an den Ursachen angesetzt wird. Es gehören also immer flankierende Maßnahmen dazu.

6. Konfrontation (auch) als Prävention: Bei sehr vielen Jugendlichen ist es pädagogisch legitim, die *konfrontative Methode* auch ohne akuten Anlass einzusetzen, weil viele türkische Jungen die Konfrontation suchen und die Grenzen der Pädagogen ausloten möchten. Wird die Grenze sehr früh und konsequent gesetzt, ist die Wahrscheinlichkeit gering, dass es zu massiven Grenzüberschreitungen und Eskalationen kommt. Häufig werden strenge und gleichzeitig faire Fachkräfte von den Jugendlichen bevorzugt. Murat hat dies wie folgt formuliert:

„Ich mag diese Lehrer nicht, die sagen: Mach doch, denk doch mal nach, sei selbstständig, sei kreativ. Und dann helfen die gar nicht. Dann macht man irgendwas und man steht da wie ein Dummkopf. Manche Lehrer haben dann nur noch den Kopf geschüttelt und manche haben sogar gesagt: das ist doch schon ganz gut. So was Bescheuertes, ich wusste genau, dass das Schrott war. […] Ich hatte einen coolen Lehrer, der war knallhart. Hart, aber fair. Man wusste genau, was man machen soll, und man wusste genau, was passiert, wenn man es nicht gemacht hat. Wenn man Fragen hatte, hat der immer geholfen. Aber wenn der gemerkt hatte, dass man sich keine Mühe gegeben hat, dann ging die Post ab."

Wer mit Methoden der *konfrontativen Pädagogik* Jugendliche migrationssensibel, also unter Berücksichtigung ihrer spezifischen Lebensumstände und besonderen Ressourcen, fördern will, damit sie ihr Leben und ihre Zukunft im Sinne des Gesetzes und einer liberalen Gesellschaft gestalten können, kommt nicht umhin, eine Brücke zu schlagen zwischen den migrationsspezifischen Rahmenbedingungen und den Zielen der Institutionen. Analog zu einem Architekten, der für die Konstruktion einer Brücke die Distanz und Beschaffenheiten beider (Ufer-)Seiten analysiert, bevor er mit der konkreten Arbeit beginnt, ist die Vorbereitung und das Hintergrundwissen auch in der pädagogischen Arbeit von fundamentaler Bedeutung. Konfrontation ist also latent immer auch eine Form der Verständigung bzw. ein erster Schritt zur Verständigung. Daher wurde hier den migrationsspezifischen Entstehensbedingungen auffälligen Verhaltens großer Raum gegeben. Dabei sei betont: Was dem Architekten das Gesetz der Schwerkraft, ist dem Pädagogen das deutsche Recht. Das Motto muss lauten: *Grundsätzlich gleiche Regeln, aber nach Notwendigkeit ein anderer Zugang und eine andere Umsetzung!* Das bedeutet, die besonderen Bedingungen, unter denen Jugendliche mit Migrationshintergrund aufwachsen, immer im Hinterkopf zu behalten. Insbesondere die Identifikationskrisen aufgrund der kulturellen und sozialschichtbezogenen Herkunft stellen für sie Belastungen dar, die zusätzlich zu den adoleszenz- und geschlechtsspezifischen Problemlagen die Jugendphase erschweren. Die Konfrontation sollte also als Sprungbrett für Verständigung gesehen werden.

Literatur

El-Mafaalani, Aladin (2010): Ohne Schulabschluss und Ausbildungsplatz. Konzeptgestaltung und Prozesssteuerung in der beruflichen Benachteiligtenförderung. Marburg.

El-Mafaalani, Aladin/Toprak, Ahmet (2010): Hausfrau oder Kauffrau? Beratungssituationen mit jungen Frauen türkischer Herkunft. In: Sozialmagazin, 1/2010.

Fuchs, Marek et al. (2009): Gewalt an Schulen – 1994–1999–2004. Wiesbaden.

Grundmann, Matthias et al. (2008): Bildung als Privileg und Fluch – Zum Zusammenhang zwischen lebensweltlichen und institutionalisierten Bildungsprozessen. In: Becker, Rolf/Lauterbach, Wolfgang (Hrsg.): Bildung als Privileg. Wiesbaden, 47–74.

Heitmeyer, Wilhelm (2004): Gesellschaftliche Integration, Anomie und ethnische Konflikte. In: Heitmeyer, Wilhelm (Hrsg.): Was treibt die Gesellschaft auseinander? Frankfurt am Main, 629–653.

King, Vera (2009): Aufstieg aus der bildungsfernen Familie? Anforderungen in Bildungskarrieren am Beispiel junger Männer mit Migrationshintergrund. In: Henschel, Angelika et al. (Hrsg.): Jugendhilfe und Schule – Handbuch für eine gelingende Kooperation. Wiesbaden, 333–346.

Schiffauer, Werner (1983): Die Gewalt der Ehre. Erklärungen zu einem türkisch-deutschen Sexualkonflikt. Frankfurt am Main.

Toprak, Ahmet (2006): Jungen und Gewalt. Die Anwendung der konfrontativen Pädagogik in der Beratungssituation mit türkischen Jugendlichen. Herbolzheim.

Thomas Viola Rieske

Jungenförderung als Politik: das Beispiel Australien

Diskurse über Jungen und Bildung regulieren und organisieren nicht nur die pädagogische Arbeit mit Jungen. In dem Maße, in dem sie (pro)feministische Politiken interpretieren, Erklärungen und Lösungen für soziale Ungleichheiten präsentieren und spezifische Aspekte von Bildungsprozessen hervorheben, können sie als Einsätze in Verhandlungen über Geschlecht, Bildung und soziale Ungleichheit begriffen werden. Sie schaffen, lenken oder verhindern Aufmerksamkeiten, Denkweisen und Praktiken, indem sie nahe- oder fernlegen, was als problematisch gilt, wer dafür verantwortlich ist und auf welche Weise sinnvoll darin eingegriffen werden kann. An diesen Verhandlungen nehmen in nationalstaatlich organisierten Gesellschaften unter anderem staatliche Akteurinnen und Akteure wie z. B. Regierungen, Ministerkonferenzen, politische Ausschüsse oder wissenschaftliche Expert/innenräte teil, die durch die Produktion von Richtlinien und Berichten und durch die Zuweisung oder den Entzug finanzieller Mittel Einfluss auf Bildungsprozesse und Geschlechterverhältnisse nehmen können und dabei selbst durch gegebene Wissensbestände und Kräfteverhältnisse positioniert werden. Ein Blick auf staatliche Akteurinnen und Akteure im *Boy Turn* gewinnt gegenwärtig im bundesdeutschen Kontext an Relevanz, da die seit 2009 regierende Koalition von CDU, CSU und FDP in ihrem Koalitionsvertrag Männerpolitik als Thema benennt und inzwischen ein Referat „Gleichstellungspolitik für Jungen und Männer" eingerichtet hat. Die Frage entsteht, welche Potenziale solche neuen geschlechterpolitischen Felder in sich bergen, welche Akteurinnen und Akteure diese Felder in welcher Weise „bestellen" und welche Effekte damit verbunden sind.

Zur Erkundung dieser Potenziale möchte ich im Folgenden eine Reihe von politischen Initiativen in Australien diskutieren, wo weltweit zum ersten Mal eine staatliche Regierung Richtlinien zur Jungenpädagogik formuliert und dazugehörige, finanziell sehr umfangreiche Programme durchgeführt hat. Diese Initiativen werden bislang im deutschen Sprachraum wenig, zumeist beiläufig, und anerkennend erwähnt. So nennen beispielsweise Matzner und Tischner (2008) die australische Politik als Beispiel für eine flächendeckende schulische Förderung von Jungen, die anders als sonstige Gleichstellungspolitiken nicht von politischen Instrumentalisierungen gekennzeichnet sei. In meinem Beitrag möchte ich demgegenüber den politischen Charakter dieser Initiativen aufzeigen, die entgegen der Annahme einer nicht von politischen Ideologien gekennzeichneten und rein an den Bedürfnissen der Bevölkerung orientierten Förderung durchaus ein identifizierbares politisches Programm verfolgen und von spezifischen Ausschlüssen gekennzeichnet sind. Ihre politische Programmatik ist von zwei miteinander verwickelten Bewegungen gekennzeichnet: erstens die konservative Modernisierung von Geschlechterpolitik, welche eine Krise männlicher Identität als Folge feministischer Politiken artikuliert und hierarchische Geschlechterdifferenzen durch die Dethematisierung systematischer und struktureller Ungleichheiten erneuert (vgl. Forster 2006), zweitens die Rejustierung der Rolle des Staates bei der Organisation von Bildung infolge des verstärkten Einflusses internationaler Organisationen und medialer Diskurse auf politische Prozesse und des Entstehens einer globalen Wissensökonomie (vgl. Leuze/Martens/Rusconi 2007; Jóhannesson/Lingard/Mills 2009; Liesner 2009).

Während die australische Jungenförderung in diesem Sinne als Fall von Neoliberalisierung, Medialisierung und Maskulinisierung von Gesellschaft gesehen werden kann, sind zugleich gegensätzliche Effekte beobachtbar. Die neoliberale Privatisierung von Verantwortlichkeiten und die Dramatisierung von Geschlechterverhältnissen schaffen auch neue Möglichkeiten zur Diskussion und Verbreitung ungleichheitskritischer und geschlechterdemokratischer Wissensformen und Praktiken. Auch wenn derartigen Möglichkeiten, wie gezeigt werden wird, vielfältige Behinderungen entgegenstehen, so weisen lokale Praktiken darauf hin, dass eine Erzählung von einer beständigen Verringerung von Handlungsoptionen nicht angemessen wäre. Vielmehr müssen die widersprüchlichen Richtungen und Effekte, die der *Boy Turn* beinhalten kann, berücksichtigt werden. Neben diesem spezifischen Interesse an der australischen Jungenpolitik versteht sich der folgende Text auch als Beitrag zu einem internationalen Austausch über Geschlecht, Bildung und Politik, der angesichts der Globalisierung von Bildungsdiskursen geboten ist.

1   Gesellschaftlicher und akademischer Kontext

In Australien lebten Ende 2009 22,1 Millionen Menschen auf 7,7 Mio. km². Das Land gehört damit zu den am dünnsten besiedelten Staaten der Erde, was sich unter anderem in der Existenz von „Schools of the Air" ausdrückt, in welchen Kinder in dünn besiedelten Gebieten ihre schulische Bildung durch Fernunterricht erhalten.[1] Die Kolonialisierung des Landes durch die britische Krone ab 1770 ist von zentraler Bedeutung für die gegenwärtigen sozialen und politischen Verhältnisse wie auch der Bildungspolitik: Die Aufarbeitung begangenen Unrechtes an der indigenen Bevölkerung und der Umgang mit ihren Landrechten und ihrer sozialen Situation, die militärische Zusammenarbeit mit den USA, die hegemoniale Position von Weiß-Sein und Männlichkeiten sind als Folgen der Aneignung und Nutzung Australiens als britische Strafkolonie begreifbar (vgl. u. a. Hage 1998; McKay 1999; Tomsen/Donalson 2003; Weaver-Hightower 2008).

Auch in der politischen Verfassung drückt sich die historische Verbindung zum Vereinigten Königreich aus. Formell ist Australien eine parlamentarische Monarchie und dem britischen Staatsoberhaupt unterstellt, das durch einen Generalgouverneur vertreten wird (der im Normalfall allerdings nicht in das politische Geschehen eingreift). Das australische Parlament ist als Zweikammernsystem organisiert mit einem Repräsentantenhaus und einem Senat. Eine zentrale Rolle für die politische Gestaltung nehmen Ausschüsse ein, die aus Mitgliedern mehrerer Parteien zusammengesetzt sind und Informationen und Empfehlungen an die Regierung geben, auf welche diese zu antworten hat (vgl. Weaver-Hightower 2008). Politisch dominant in der australischen Politik sind die dem sozialdemokratischen Spektrum zugehörige Labour-Partei und eine Koalition aus dem wertkonservativen, wirtschaftsliberalen Spektrum zugehörigen Parteien (als „die Koalition" abgekürzt). In

---

1   Siehe http://www.cultureandrecreation.gov.au/articles/schoolofair.

dem hier diskutierten Zeitraum von 2000 bis 2007 bildete die Koalition die Bundesregierung, während die Bundesstaaten mehrheitlich von Labour regiert wurden.

Anders als Großbritannien ist Australien föderalistisch organisiert, sodass Bildung von den Bundesstaaten geregelt wird. Zur nationalen Koordinierung gibt es ein der Kultusministerkonferenz ähnliches Gremium, das *Ministerial Council for Education, Employment, Training, and Youth Affairs* (MCEETYA)[2]. In allen Staaten besuchen die Kinder sechs bis sieben Jahre die Primar- und im Anschluss daran fünf bis sechs Jahre die Sekundarstufe. 2009 waren 71,4 % der Schulen staatliche, 28,6 % Privatschulen, letztere mehrheitlich katholisch (Australian Bureau of Statistics 2010). Die meisten Schulen werden von Jungen und Mädchen besucht, es gibt aber auch reine Jungen- und Mädchenschulen. Berufliche Ausbildungen werden von privaten und öffentlichen Einrichtungen angeboten. Ein Hochschulbesuch ist kostenpflichtig, wobei in Australien ein Modell nachlaufender Studiengebühren verwendet wird.

2 Die Formierung einer staatlichen Jungenpolitik in Australien

Vorgeschichte

Die Entwicklung von Gleichstellungspolitik im Bildungsbereich begann in Australien, wie in anderen industrialisierten Ländern, mit der Thematisierung der Situation und Anliegen von Mädchen und der Verknüpfung von Gewalt mit Männlichkeit sowie die Problematisierung einengender Geschlechterkonstruktionen. Erste staatliche Initiativen entstanden ab den 1970er Jahren, als es Feministinnen gelang, Geschlechterungleichheiten zuungunsten von Mädchen und jungen Frauen auf nationaler Ebene in Form von Studien zu thematisieren (vgl. Yates 1993; Lingard 2003). 1987 wurde von einer Vorgängerorganisation der MCEETYA ein Bericht mit Leitlinien zur Bildung von Mädchen[3] produziert, der zugleich das erste nationale Richtliniendokument Australiens im Bildungsbereich darstellte. Die darin formulierten Kernziele waren: die Schaffung eines Bewusstseins für die Situation von Mädchen, gleiche Zugangschancen zu und Teilnahmemöglichkeiten an Bildung, die Bereitstellung einer unterstützenden und anregenden Schulumgebung sowie die gleiche Verteilung von Ressourcen (vgl. Keddie 2009). Die Überarbeitung

---

2 Ein Abkürzungsverzeichnis findet sich am Ende des Beitrags.
3 *The National Policy on the Education of Girls* (Commonwealth Schools Commission 1987).

des Dokuments führte fünf Jahre später zu einem nationalen Aktionsplan[4], der weitere Arbeitsfelder thematisierte (beispielsweise sexuelle Belästigung von Mädchen), stärker als das vorherige Dokument praxisorientiert formuliert war und als zentrale theoretische Orientierung ein sozialkonstruktivistisches Verständnis von Geschlecht enthielt (vgl. ebd.).

Beide Dokumente waren nicht lediglich repräsentativ für feministische Positionen, sondern transformierten diese. Vor dem Hintergrund eines wachsenden ökonomischen Rationalismus rückten Abschlüsse und Zugangschancen (insbesondere von Mädchen in den Bereichen Mathematik und Naturwissenschaften) in das Zentrum der Aufmerksamkeit, während andere Aspekte, z. B. die vergeschlechtlichte Arbeitsteilung oder Rassismus als gesellschaftliche Struktur, vernachlässigt wurden (vgl. Yates 1993; Lingard 2003). Die Verstärkung dieser Entwicklung in den 1990er Jahren in Richtung der Reduzierung von Bildungsdiskursen auf quantifizierbare Leistungen[5] bei gleichzeitigem Entstehen von Diskursen über die Situation von Jungen führten 1997 zu einem neuen Dokument, welches erstmalig nicht Mädchen im Titel führte, sondern die Situation von Jungen und Mädchen ansprach: Das *Gender Equity Framework* (GEF)[6]. Vorangegangen war eine Verbreitung von Diskursen, die schulische und soziale Probleme von Jungen thematisierten und im wesentlichen einen Mangel an männlichen Bezugspersonen und feministische Geschlechterpolitiken dafür verantwortlich machten (z. B. Biddulph 1994). Das GEF basierte auf einer Logik der „vermeintlichen Gleichheit" (Foster 1994)[7], wonach der Feminismus seine Anliegen erfüllt habe und nunmehr Jungen und Mädchen gleichermaßen, aber in unterschiedlicher Weise benachteiligt seien. Das Dokument stellte einen Kompromiss zwischen maskulinistischen und feministischen Politiken dar und wurde von beiden Seiten als ungenügend kritisiert (vgl. Lingard 2003). Dem GEF folgten zwei vom Bundesbildungsministerium beauftragte Berichte zur Erklärung vergeschlechtlichter Bildungsmuster bei Mädchen und Jungen (Collins/Kenway/McLeod 2000) bzw. der Bildungssituation von Jungen (Lingard et al. 2002), die entgegen der These von der Jungenbenachteiligung eine „which boys/which girls"-Perspektive zur genaueren Analyse benachteiligter Gruppen von Jungen und Mädchen, eine umfassendere Darstellung der Einflussfaktoren von Bildungsprozessen und eine kritische Diskussion von

---

4 *The National Action Plan for the Education of Girls* (Australian Education Council 1993).
5 Bob Lingard (2007) schreibt diesbezüglich von einer „culture of performativity" (248).
6 *Gender Equity: A Framework for Australian Schools* (MCEETYA 1997).
7 Übersetzungen englischer Zitate in diesem Beitrag stammen vom Autor.

Geschlechternormen und -hierarchien beinhalteten. Zur Jahrtausendwende wurde eine weitere Untersuchung angestrengt, die anders als die vorigen von politischen Mandatsträgern durchgeführt wurde und in den folgenden Jahren zum Referenzdokument für eine Reihe geschlechter- und bildungspolitischer Initiativen wurde.

Boys Getting it Right und anschließende Initiativen

2000 beauftragte David Kemp, der damalige Bundesminister für Bildung, Ausbildung und Jugend, den parlamentarischen Ausschuss für Beschäftigung, Bildung und Arbeitsplatzverhältnisse[8] mit einer Untersuchung zur Bildungssituation von Jungen. Der Untersuchungsauftrag beinhaltete zwei Themenschwerpunkte: erstens die „sozialen, kulturellen und schulischen Faktoren, welche die Bildung von Jungen in australischen Schulen beeinflussen" mit besonderem Bezug auf ihre sprachliche und soziale Kompetenzentwicklung in frühen und mittleren Schuljahren, zweitens erfolgreiche Strategien, die Schulen diesbezüglich anwenden (House of Representatives Standing Committee on Education and Training 2002, 11).

Den damaligen Mehrheitsverhältnissen im Repräsentantenhaus entsprechend war der Ausschuss über den gesamten Arbeitsprozess hinweg (2000–2002) mehrheitlich von Liberalen besetzt (vgl. Weaver-Hightower 2008). Anhörungen des Ausschusses wurden in Zeitungen beworben, weitere Einladungen erfolgten an Bundes- und Länderministerien, Elternverbände, Bildungsorganisationen, Forschungseinrichtungen und Industrieverbände. Die Kommission erhielt 231 schriftliche Eingaben von 202 Individuen bzw. Gruppen und 178 Dokumente (Zeitungsartikel, Statistiken, Projektberichte u. Ä.). Sie hielt Anhörungen im gesamten Land ab, bei denen 235 Personen gehört wurden, besuchte 16 Schulen und hielt sechs Schulforen ab, an denen 124 Schüler/innen teilnahmen. Die Mitglieder des Ausschusses nahmen in unterschiedlicher Intensität an den Anhörungen teil: 8 der 12 Mitglieder zum Zeitpunkt der Berichterstellung hatten durchschnittlich 32 % der Anhörungen besucht. Dies und der Umstand, dass ein großer Teil der Arbeit an dem Bericht nach Angabe von Ausschussmitgliedern von Männern erstellt wurde, lässt vermuten, dass einzelne Ausschussmitglieder die Gestaltung des Berichts dominierten, auch wenn dieser letztlich von allen Mitgliedern einstimmig beschlossen wurde (Weaver-Hightower 2008, 60 ff.).

---

8 *Employment, Education and Workplace Relations Committee*, später in *Standing Committee on Education and Training* umbenannt.

Ergebnis der Untersuchung war ein über 200-seitiger Bericht mit dem Titel „Boys: Getting it Right" (vgl. House of Representatives Standing Committee on Education and Training 2002, im Folgenden: BGIR). Der Titel symbolisiert mit seinen Bedeutungsaspekten „Die Probleme von Jungen werden ausgebessert" und „Jungen erhalten die ihnen rechtmäßig zustehende Bildung" die inhaltliche Stoßrichtung des Berichtes im Sinne des Jungenbenachteiligungsdiskurses der vorangangenen Jahre: Jungen werden darin vor allem unter den Aspekten Bildungsmisserfolge und soziale/schulische Unangepasstheiten dargestellt, welche auf Veränderungen der Arbeitswelt, Erfolge von Frauenbewegungen bei gleichzeitiger Verstärkung nachteiliger Männlichkeitsbilder in Medien, einen Mangel an männlichen Rollenvorbildern und eine Vernachlässigung der Situation von Jungen in bisherigen Geschlechterpolitiken zurückgeführt werden (vgl. BGIR 2002, Kap. 3 und 4). Der Beitrag von Schulen zu dieser Situation bestehe in auf die Bedürfnisse und Interessen von Jungen nicht abgestimmten Inhalten und Unterrichtsstrategien und dem geringen Männeranteil unter Lehrkräften (vgl. ebd., Kap. 4–6, zur ausführlichen Diskussion der Berichtsinhalte siehe Mills/Martino/Lingard 2007).

Der Ausschuss formulierte in dem Bericht 24 Empfehlungen (vgl. BGIR 2002, xxv ff.), von denen das Bildungsministerium – inzwischen von Brendan Nelson geführt, der zu Beginn der Untersuchung noch Vorsitzender des Ausschusses war und ein großer Fürsprecher von Jungenpädagogik war – in seiner Antwort 14 annahm. Zu den angenommenen Empfehlungen gehörten unter anderem die Revidierung des GEF und Strategien zur Einbindung von Vätern und Männern. Ebenfalls angenommen wurden Empfehlungen, die eine stärkere Rolle der Bundesregierung in der Bildungspolitik und eine Vereinheitlichung der Bildungssysteme der Bundesstaaten beinhalteten. Zurückgewiesen wurden eine Unterstützung phonetischer Sprachdidaktik[9], eine Verringerung von Klassengrößen, erhöhtes Gehalt für Lehrkräfte, sowie die Ermöglichung von Stipendien für eine gleiche Anzahl von Männern und Frauen (vgl. Weaver-Hightower 2008, 6 ff.). Letztere Empfehlung wurde später jedoch wieder aufgegriffen.

In den folgenden Jahren startete die Bundesregierung eine Reihe von Initiativen (vgl. Weaver-Hightower 2008, Kap. 4) in vier Bereichen: a) die Revidierung des *Gender Equity Frameworks,* b) die Unterstützung von Pra-

---

9 Dieser, von Weaver-Hightower als „seit Jahren bestehender konservativer Angriff auf fortschrittliche Bildung" (2008, 100) bezeichnete Ansatz der Sprachdidaktik fokussiert Lautaspekte der Sprache zuungunsten eines ganzheitlichen Ansatzes, der ein tieferes Verständnis sprachlicher Strukturen anstrebt und ein Zusammenwirken kognitiver und affektiver Aspekte als bedeutsam sieht.

xiskonferenzen, c) die Finanzierung von Jungenförderungsprojekten und Fortbildungsmodulen sowie d) eine Gesetzesänderung zur Ermöglichung von nur auf männliche Lehrkräfte ausgerichtete Studienstipendien:

a) Die Überarbeitung des *Gender Equity Frameworks* geschah auf der Grundlage der Kritik in BGIR, das GEF würde Jungenangelegenheiten mangelhaft berücksichtigen. Zum ersten Mal in der Geschichte von Gleichstellungsprogrammatiken wurde dessen Ausarbeitung für eine externe Gruppe ausgeschrieben. Um die Ausschreibung konkurrierten zwei Angebote: eine Gruppe (pro)feministischer Wissenschaftler/innen und die GaiSheridan International GmbH, zu der neben zwei früheren Mitarbeiter/innen des Bildungsministeriums zwei Wissenschaftler/innen des erwähnten *Family Action Centre* gehörten. Das zweite Angebot, welches zwar teurer war als das der ersten Gruppe, aber eher den inhaltlichen Positionen des Ausschusses und des Bildungsministeriums entsprach, erhielt den Zuschlag. Der von GaiSheridan veröffentlichte Entwurf der neuen Rahmenrichtlinien entsprach wie BGIR dem Jungenbenachteiligungsdiskurs mit einem Fokus auf Leistung und Abschlüsse (und einer Vernachlässigung der Aspekte Schulkultur und Interaktion), dem Übergehen von Fragen der Macht und Privilegien, einem unpolitischen Verständnis der Konstruiertheit von Geschlecht und der Beschränkung der Verantwortung für soziale Ungleichheit auf Lehrer/innen und Schule (vgl. Weaver-Hightower 2008). Allerdings ist dieses Dokument bislang nicht von der australischen Regierung übernommen worden. Dies könnte damit zusammenhängen, dass diese Programmatik von der MCEETYA angenommen werden müsste, die von der Labour-Partei dominiert ist, welche tendenziell stärker von feministischen Positionen beeinflusst ist.[10]

b) Die zweijährigen Praxiskonferenzen trugen den Titel *Boys to Fine Men*. Sie wurden vom *Family Action Centre* der Universität Newcastle organisiert, dessen geschlechterpolitische Positionen dem Jungenbenachteiligungsdiskurs entsprechen. Dementsprechend waren Vertreter/innen (pro)feministischer Positionen dort nur marginal vertreten (allerdings gab es, entsprechend den vielen feministisch inspirierten Hinweisen darauf, welche Jungen Bildungsmisserfolge erleben, zumindest auf einer der Konferenzen einen Schwerpunkt in der Auseinandersetzung mit Problemen indigener

---

10 Dass BGIR auch von Labour-Mitgliedern des Ausschusses unterstützt wurde, zeigt jedoch, dass nicht grundsätzlich von einer feministischen Haltung von Labour-Abgeordneten ausgegangen werden kann.

Jungen). Die Konferenzen waren nicht nur ein Ort des Austausches, sondern fungierten auch als Ort einer neu gewachsenen Jungenbildungsökonomie. So trug beispielsweise die Registrierungsgebühr für die Konferenz im Jahr 2005 649 AUD (etwa 400 €[11]), zahlreiche Verkaufstische (deren Zulassung etwa die doppelte Registrierungsgebühr kostete) boten Materialien zum Thema an (vgl. Weaver-Hightower 2008, 104 ff.).

c) Die Finanzierung schulischer Jungenförderung geschah durch das *Boys Education Lighthouse Schools Program* (BELS) und *Success For Boys* (SFB). Im Rahmen von BELS erhielten 2003 in einer ersten Phase 230 Schulen je bis zu 5000 AUD (knapp 3000 €)[12], in einer zweiten Phase im Jahr 2005 erhielten 51 Schulen je 100 000 AUD (knapp 60 000 €) für selbst konzipierte Schulentwicklung oder einzelne Projekte wie z. B. Leseförderung, regelmäßige Jungengruppen oder Kampfkunsttrainings für soziales Lernen (vgl. Commonwealth Department of Education 2003; 2006). Die BELS-Berichte entsprechen inhaltlich der Programmatik von BGIR. So gehörte z. B. die Berücksichtigung der von Jungen bevorzugten Lernstile, ein Fokus auf Sprachkompetenzen, soziales Lernen sowie das Aufweichen von Geschlechterstereotypen dazu, während Themen wie die Hierarchisierung von Männlichkeiten oder bestehende Schwierigkeiten von Mädchen kaum eine Rolle spielen. *Success for Boys* war mit einem Gesamtvolumen von 19,4 Mio. AUD (knapp 12 Mio. €) das finanziell umfangreichste Programm der Regierung in der Jungenförderung. Es wurde 2004 drei Monate vor den landesweiten Wahlen angekündigt (bei welcher die Koalition ihre parlamentarische Mehrheit ausbauen und erstmalig in beiden Häusern eine Mehrheit erlangen sollte). Im Rahmen von SFB sollten zwischen 2006 und 2007 bis zu 1600 Schulen durchschnittlich 10 000 AUD zum Erwerb und der Durchführung von Weiterbildung für Pädagog/innen (*„professional development"*) erhalten. Die dabei zur Verfügung gestellten Fortbildungsmodule fokussieren inhaltlich auf die Förderung sprachlicher Kompetenz, den Einsatz neuer Medien, Mentorenarbeit und die Unterstützung indigener Jungen (vgl. Mills/Martino/Lingard 2007).

d) Ein vierter Bereich waren Strategien zur Erhöhung des Anteils männlicher Lehrkräfte. Obwohl eine entsprechende Empfehlung des BGIR vom Bildungsminister zunächst zurückgewiesen worden war, initiierte er (im Wahljahr) 2004 eine Änderung des Gesetzes gegen Geschlechterdiskrimi-

---

11 Bei einem durchschnittlichen Wechselkurs für das Jahr 2005 von 1 €: 1,63 AUD.
12 Bei einem durchschnittlichen Wechselkurs für das Jahr 2003 von 1 €: 1,74 AUD.

nierung, die es ermöglicht hätte, Studienstipendien für zukünftige Lehrkräfte in gleichem Maße an Männer und Frauen zu vergeben. Dies wäre ein radikaler Wandel von Gleichstellungspolitiken gewesen, indem hier Gleichstellungslogiken, die zur Verbesserung der Situation von Frauen entwickelt wurden, auf die Situation von Männern angewendet worden wären. Kritiker/innen argumentierten gegen die Gesetzesänderung, weil es sich bei der ungleichen Verteilung von Männern und Frauen in Lehrberufen nicht um eine Diskriminierung von Männern, sondern um eine Folge gesellschaftlich produzierter Geschlechterbilder und der geringeren Bezahlung und Anerkennung insbesondere von Grundschullehrkräften handele. Darüber hinaus wurde problematisiert, dass Stipendien nicht nach dem Kriterium der Kompetenz der Kandidat/innen vergeben werden würden (vgl. Magarey 2004). Weaver-Hightower vermutet, dass ein Ziel dieser Initiative war, den damaligen Oppositionskandidaten von Labour zu schwächen. Dieser sprach sich zwar für eine Verstärkung des Anteils männlicher Lehrkräfte aus, hätte aber aufgrund der feministischen Anliegen eines Teils der Wähler/innenschaft von Labour einer solchen Gesetzesänderung nicht zustimmen können (vgl. Weaver-Hightower 2008, 126). Letztlich wurde die Gesetzesänderung (obwohl mehrfach kurz vor ihrer Verabschiedung) nicht umgesetzt, was Beobachter/innen darauf zurückführen, dass andere Gesetzesvorhaben jeweils drängender waren und nach einem Kabinettsumbau Anfang 2006 das Ministerium mit einer neuen Ministerin mit anderen Prioritäten besetzt wurde (vgl. Weaver-Hightower 2008; Catherine Davis, pers. Mitteilung am 29.09.2010).[13]

Einschätzung

Die Umstände der Untersuchung des Ausschusses, der veröffentlichte Bericht sowie die folgenden Initiativen sind von den zwei oben genannten Logiken gekennzeichnet: *erstens* zeigt sich ein durchgängiges Engagement der beteiligten Politiker/innen im Sinne des Jungenbenachteiligungsdiskurses bei weitestgehender Ausblendung gegenteiliger Informationen und Positionen. Bereits der Auftrag des Bildungsministers an den Ausschuss legte fest, welche Aspekte des umfassenden und komplexen Themas Jungen und Bildung sichtbar werden würden (Nachteile, die Jungen erfahren, und Schulen als Einflussfaktoren auf vergeschlechtlichte Differenzen) und welche nicht thematisiert werden würden (Privilegien, die Jungen erhalten, die Verschrän-

---

[13] Catherine Davis ist frauenpolitische Referentin der Australischen Bildungsgewerkschaft.

kung verschiedener sozialer Positionen und nicht-schulische Kräfte, die zu Geschlechterungleichheiten führen). Die Ausschussmitglieder waren entschlossen, der aus ihrer Sicht bislang fehlenden Berücksichtigung von Jungenanliegen Raum zu geben, sodass andere in den Anhörungen und in Eingaben vorgestellte Perspektiven wie z. B. (pro)feministische Positionen ebenso ausblieben wie eine umfassende Analyse von Geschlechterverhältnissen, obwohl sie im wissenschaftlichen Diskurs anerkannt sind (vgl. auch Mills/Martino/Lingard 2007).[14] Auch die Kritik am GEF ließ außer Acht, dass es auch von feministischer Seite Kritik an diesem und früheren Dokumenten gegeben hatte (vgl. Mills/Martino/Lingard 2007). Die Namen der Wissenschaftler/innen, die durch BGIR und die Unterstützung des *Family Action Centre* Legitimierung erfuhren, und jener, deren Arbeit nicht Teil des BGIR und der Aufsichtstätigkeiten im Rahmen von BELS und SFB wurde, weisen darauf hin, dass eine gezielte Personalpolitik im Sinne des Jungenbenachteiligungsdiskurses geschehen ist.

Geschlechterpolitisch sind BGIR und die folgenden Initiativen also als Fall von männlicher Resouveränisierung[15] zu begreifen (Forster 2006), als Indikatoren „für den Erfolg, den verschiedene Lobbies dabei hatten, ‚Jungen' als benachteiligte Gruppe in der australischen Bildung hervorzuheben" (Mills/Martino/Lingard 2007, 6). Der finanzielle Umfang der Regierungsinitiativen überstieg mit 29,7 Mio. AUD im Zeitraum 2000–2005 (etwa 17,7 Mio. €[16]) bei Weitem die Ausgaben der Regierung für mädchenspezifische Initiativen in diesem Zeitraum (vgl. Mills/Martino/Lingard 2007). Zentrale Charakteristika der jungenpädagogischen Initiativen waren die Dethematisierung struktureller Geschlechterungleichheiten, die Vernachlässigung der Differenzen innerhalb der Geschlechtergruppen, die Ausblendung (oder Individualisierung) von Männlichkeitskonstruktionen als zentraler Ursache für Schwierigkeiten von Jungen und den geringen Anteil von Männern in Bildungsinstitutionen sowie die Einschränkung der Bekämpfung sozialer Ungleichheiten

---

14 Ein Beispiel für diese Voreingenommenheit ist das Lob des stellvertretenden Ausschussvorsitzenden während einer Anhörung für einen Redebeitrag als „balanciert", weil darin soziales Geschlecht, sozioökonomischer Status und Homophobie *nicht* thematisiert wurden (vgl. Weaver-Hightower 2008, 86).

15 Im englischsprachigen Diskurs wird hierfür der Begriff der „recuperative masculinity politics" benutzt. Er bezeichnet eine Politik, in welcher die Thematisierung von Schwierigkeiten, die Jungen oder Männer erfahren, strukturelle Ungleichheiten zwischen den Geschlechtern ausblendet und dazu tendiert, die hegemoniale Position weißer, heterosexueller Mittelschichtsmännlichkeit zu reproduzieren (vgl. Lingard/Douglas 1999).

16 Bei einem durchschnittlichen Wechselkurs von 1 € = 1,68 AUD für den Zeitraum 2000–2005, eigene Berechnungen nach Angaben der Reserve Bank of Australia.

auf den schulischen Bereich (vgl. Mills/Martino/Lingard 2007). Allerdings muss betont werden, dass BGIR auch ein Zeichen für den Erfolg (pro)feministischer Politiken gesehen werden kann, da er zum einen auf Begriffe und Argumentationslogiken (liberal-)feministischer Bewegungen zurückgreift und zum anderen den hohen Legitimationsbedarf belegt, den nicht- bzw. antifeministische Politiken haben (vgl. Weaver-Hightower 2008, 52).

Zweitens zeigt sich, dass durch Jungenförderung die staatliche Rolle in der Regulierung von Bildung neu verhandelt wird: Die föderale Organisation von Bildungsangeboten, die sich als Hindernis für die Durchsetzung bestimmter Interessen erweisen kann, wird durch Jungenförderung umgangen, indem hier die eigene Vorstellung von Bildung mittels Bundesprogrammen verankert wird. Dabei fand eine zirkuläre Legitimierung statt. Durch die staatliche Finanzierung von Konferenzen oder die Zitierung bestimmter Akteurinnen und Akteure wurden beispielsweise solche Gruppen und Stimmen gestützt, die später für den Beleg bestimmter inhaltlicher Positionen herangezogen werden. Der Staat erscheint infolge solcher Prozesse als starker Akteur und erhält Anerkennung dafür, „ein Problem zu identifizieren, mutig und weitsichtig genug zu sein es anzugehen und den Schulen generös Geld zu geben" (Weaver-Hightower 2008, 141).[17] Verdeckt wird in diesem Prozess, dass der Bedarf nach mehr Geld von demselben Staat produziert worden ist, indem einerseits erhöhte Ansprüche an Bildungsinstitutionen formuliert wurden, diese andererseits mangelhafte finanzielle Unterstützung erhielten (vgl. ebd.).

Darüber hinaus kann mittels Jungenförderung auch die Stellung einzelner Parteien verbessert werden: Die Ankündigung der Schulen, die in der zweiten Phase von BELS gefördert wurden, geschah im Wahljahr 2004. Weaver-Hightower konnte zeigen, dass dabei in statistisch signifikantem Maße Schulen aus Wahlkreisen dominieren, in denen die Regierungspartei Parlamentsmitglieder stellte. Dieser Umstand wie auch die Vorgänge um die Stipendien für männliche Lehrkräfte verdeutlichen, dass Jungeninitiativen ein *„Vote Getter"* sind (Weaver-Hightower 2008, 133). Entgegen der Darstellung von (australischer) Jungenpolitik als unpolitisch oder neutral muss Jungenförderung daher als politisch begriffen werden, denn sie ist ein „wesentlicher Ort der Auseinandersetzung über die Verteilung von Ressourcen, über die Bestätigung und Bekräftigung tief verwurzelter Überzeugungen und über die Möglichkeiten einzelner Personengruppen zur gesellschaftlichen Teilhabe" (Weaver-Hightower 2008, 70).

---

17 Ein ähnlicher Prozess zirkulärer Legitimation ist bei der Beauftragung der OECD zur Durchführung von Ländervergleichsstudien durch nationale Regierungen beobachtbar, da die Ergebnisse der Studien wiederum zum Anlass spezifischer Bildungsreformen genutzt wurden (vgl. Langer 2008).

Auswirkungen

Die langfristigen Auswirkungen der vorgestellten Initiativen sind derzeit nicht absehbar. Sicher ist, dass BGIR und die folgenden Initiativen zu einem Bewusstsein darüber beigetragen haben, dass Geschlecht von zentraler Bedeutung für Bildungsprozesse ist. Sie haben (teilweise) zu einer Differenzierung von Begriffen wie Gleichstellung und Bildung geführt und eine Auseinandersetzung mit der Situation der indigenen Bevölkerung in Australien verstärkt. Eine Reihe von Programmen für (insbesondere sozioökonomisch und durch Rassismus benachteiligte) Jungen wurde entwickelt und finanziert, in deren Rahmen Schulen teilweise geschlechtertheoretisch verkürzte Programmatiken aufgaben und sich für feministisch informierte Herangehensweisen entschieden (Weaver-Hightower 2008, 141). Es ist aber möglich, dass solche Projekte nicht über die Modell- und Erprobungsphase hinaus bestehen bleiben. So erfuhr Weaver-Hightower in einer der an BELS-Phase 1 beteiligten Schulen, dass der Misserfolg bei der Bewerbung um eine Teilnahme in der zweiten Phase zu einem Ermatten der Bemühungen um Jungen führte. Zwar werden BELS-Projekte im Internet mit dem Ziel präsentiert, auch nicht geförderten Schulen einen Zugriff auf das entstandene Wissen zu ermöglichen (vgl. Hartnell-Young/Neal 2005), aber wenn Finanzierung ein zentrales Kriterium zur Aufnahme von Bemühungen um Jungenförderung ist, bleiben derartige Sammlungen ohne große Wirkung.

Weitere Effekte auf der Alltagsebene lassen sich anhand empirischer Fallstudien (Weaver-Hightower 2008, Kap. 5; Keddie 2010) erkennen. Offensichtlich müssen sich Schulen, die eine staatliche Finanzierung im Rahmen der genannten Projekte erhalten wollen, an die Richtlinien und Argumentationsmuster von BGIR halten. Auch jenseits davon wird, so haben Beobachter/innen festgestellt, BGIR in schulischen Kreisen gelesen und zitiert. Insbesondere weil die Erneuerung des GEF bislang nicht abgeschlossen wurde und eine aktuelle, die Jungenthematik einschließende nationale Gleichstellungspolitik im Bildungsbereich fehlt, bekommt BGIR eine orientierende Funktion, das heißt den Status einer Quasi-Richtlinie (vgl. Weaver-Hightower 2008, 10 ff.).[18] Allerdings ist diese Aufnahme selektiv, brüchig und unter Umständen widerständig. Sie geschieht nach Maßgabe bereits existierender eigener Vorstellungen zu dem Themenkomplex Geschlecht und Bildung, sowie im Rahmen lokal spezifischer Diskurse und Handlungsmöglichkeiten (Weaver-Hightower 2008, 12 und 167 ff.; Keddie 2010). Dort, wo feministische Orientierungen bestehen, nutzen Akteurinnen und Akteure die Förderung zu einer Auseinandersetzung mit lokal gegebenen Problemen

---

18 Lingard (2003, 37) benutzt hierfür den Begriff der „de-facto policy".

jenseits des einschränkenden Jungenbenachteiligungsdiskurses. Gerade der Rückzug des Staates aus der Gestaltung von Gleichstellungspolitik gibt Möglichkeiten ihrer Implementierung auf lokaler Ebene (vgl. Keddie 2009). Gleichzeitig sind solche Ansätze mit bereits länger bekannten, aber auch mit neuen Widerständen konfrontiert. Der Diskurs über benachteiligte Jungen und einen vermeintlich destruktiven Feminismus erschwert und verhindert eine Auseinandersetzung mit feministischen Argumentationen und zwingt einzelne Akteurinnen und Akteure dazu, ihre Ziele in eingeschränkter Form und unter Verzicht des vorurteilsbelasteten Begriffs des Feminismus zu verfolgen (vgl. die Analyse der Erfahrungen von Lehrerkräften mit dem SFB-Programm in Keddie 2010).

3 Ausblick

Was lässt sich neben dem Nachweis des politischen Charakters von Jungenförderung und ihrer potenziellen Ausrichtung an männlicher Resouveränisierung aus den Entwicklungen in Australien lernen? Zunächst sind die verschiedenen Effekte der Hinwendung zu Jungen zu betonen: Es findet eine Aufmerksamkeit für Geschlechterproblematiken statt und eine Hinwendung zu Gruppen von Jungen, die aufgrund von sozialer Marginalisierung Schwierigkeiten in der Schule und potenziell auf dem Arbeitsmarkt haben. Zweitens zeigt sich, dass nach personellen Wechseln in einzelnen politischen Ämtern auch die Energie schwinden kann, die in die Verbreitung der Jungenbenachteiligungsthese gesteckt wurde und es bedeutsame Kräfte gibt, die einem ungehinderten Durchsetzen solcher Politiken entgegenstehen.

Notwendig dafür ist vor allem, sich in die gegenwärtigen Verhandlungen über Geschlecht und Bildung einzumischen. Strategien dafür sind der Aufbau und Erhalt politischer Allianzen, die Analyse der politischen Situation mit ihren Akteur/innen, Argumenten, begünstigenden und behindernden Bedingungen und die bereits erwähnte Beteiligung an der Produktion von Diskursen über Jungen (vgl. Weaver-Hightower 2008, 202 ff.). Wie Weaver-Hightower betont, wissen Eltern aus Erfahrung, dass ihre Kinder nicht (ungebrochen) stereotypen Bildern entsprechen und „brauchen manchmal lediglich die Erlaubnis, diese Erfahrungen zugänglich zu machen" (ebd., 205). Der *Boy Turn* ist nicht selbst eine Fehlentwicklung, die Frage ist vielmehr, wie er in progressivem Sinne genutzt werden kann: „The boy turn can indeed have progressive ends, but it requires vigilant steering. Because the boy turn shows no sign of running out of steam, such piloting is even more necessary now" (Weaver-Hightower 2003a, 490).

Ein Beispiel dafür ist die Produktion verständlicher, praxisnaher Literatur zur pädagogischen Arbeit mit Jungen, die die Relevanzmuster derer berücksichtigt, die in einen Austausch eingeladen werden sollen. In seiner Diskussion der Gründe für die geringe Präsenz feministischen Denkens in BGIR weist Weaver-Hightower (2008, 86 ff.) darauf hin, dass sich Ausschussmitglieder einem sozialkonstruktivistischen Verständnis von Geschlecht und einer Differenzierung von Jungengruppen gegenüber verständnislos zeigten. Vor diesem Hintergrund ist ein Gedanke von Corinna Voigt-Kehlenbeck aufzugreifen: „die öffentliche Diskussion über Jungen kann als „Aufforderung an die Genderpädagogik gedeutet werden ..., die beunruhigenden und neuen Erkenntnisse aus der Geschlechterforschung einem breiteren Publikum zugänglich zu machen" (Voigt-Kehlenbeck 2005, 95). Ein gutes Beispiel aus Australien hierfür ist das Buch „Teaching Boys" von Amanda Keddie und Martin Mills (2007), das die Lücke zwischen Praxis und Theorie überbrückt (vgl. Weaver-Hightower 2003b). Die wesentlichen inhaltlichen Prinzipien ihrer „Produktiven Pädagogik" sind auch im deutschen Kontext anwendbar: die Orientierung an der Befähigung junger Menschen zur Teilhabe an und Gestaltung von bestehenden gesellschaftlichen Verhältnissen, die Förderung einer kritischen Haltung gegenüber einschränkenden, normalisierenden und hierarchisierenden Zuweisungen und Konstruktionen (z. B. von Geschlechtlichkeiten), eine Verbundenheit der Bildungsinhalte mit den Interessen der Kinder und Jugendlichen *ohne* Aufgabe von Ansprüchen der sozialen Gerechtigkeit oder Ermäßigung von Ansprüchen durch gruppenbezogene Vorurteile (wie z. B. „Jungen lesen nicht gern und spielen lieber Fußball"), eine unterstützende Haltung und der Aufbau respektvoller Beziehungen und demokratischer Strukturen und eine Wertschätzung und Auseinandersetzung mit Vielfalt: die Befähigung zur Bewegung in den Verhältnissen und über diese hinaus.

Literatur

Australian Bureau of Statistics (2010): Schools, Australia 2009. Canberra.

Australian Education Council (1993): National Action Plan for the Education of Girls (1993–1997). Carlton.

Biddulph, Steve (1994): Manhood: A Book About Setting Men Free. Sydney.

Collins, Cherry/Kenway, Jane/McLeod, Julie (2000): Factors Influencing the Educational Performance of Males and Females in School and Their Initial Destinations after Leaving School. Canberra.

Commonwealth Department of Education, Science and Training (2003): Meeting the Challenge: Guiding Principles for Success from the Boys' Education Lighthouse Schools Programme Stage One 2003. Canberra.

Commonwealth Department of Education, Science and Training (2006): Boys' Education Lighthouse Schools Stage Two Final Report. Canberra.

Commonwealth Schools Commission (1987): The National Policy on the Education of Girls in Australia. Canberra.

Forster, Edgar (2006): Männliche Resouveränisierungen. In: Feministische Studien – Zeitschrift für interdisziplinäre Frauen- und Geschlechterforschung, 24/2, 193–207.

Foster, Victoria (1994): What about the boys? Presumptive equality and the obfuscation of concerns about theory, research, resources and curriculum in the education of girls and boys. Vortrag auf der Australian Association for Research in Education Annual Conference, Newcastle University. Online-Ressource: http://www.aare.edu.au/94pap/fostv94309.txt (29.09.2010).

Hage, Ghassan (1998): White Nation. Sydney.

Hartnell-Young, Elizabeth/Neal, Greg (2005): Addressing the Education of Boys: a community of practice approach. Vortrag auf der Australian Association for Research in Education Conference, Parramatta, Australien. Online-Ressource: http://www.aare.edu.au/05pap/har05457.pdf (28.09.2010).

House of Representatives Standing Committee on Education and Training (2002): Boys: Getting it right. Report on the inquiry into the education of boys. Canberra. (zitiert: BGIR)

Jóhannesson, Ingólfur Ásgeir/Lingard, Bob/Mills, Martin (2009): Possibilities in the Boy Turn? Comparative Lessons from Australia and Iceland. In: Scandinavian Journal of Educational Research, 53/4, 309–325.

Keddie, Amanda (2009): National Gender Equity and Schooling Policy in Australia: Struggles for a Non-identitarian Feminist Politics. In: The Australian Educational Researcher, 36/2, 21–37.

Keddie, Amanda (2010): Feminist struggles to mobilise progressive spaces within the ‚boy-turn' in gender equity and schooling reform. In: Gender and Education, 22/4, 353–368.

Keddie, Amanda/Mills, Martin (2007): Teaching Boys. Developing classroom practices that work. Sydney.

Langer, Roman (2008): Warum haben die PISA gemacht? Ein Bericht über einen emergenten Effekt internationaler politischer Auseinandersetzungen. In: Langer, Roman (Hrsg.): ‚Warum tun die das?' Governanceanalysen zum Steuerungshandeln in der Schulentwicklung. Wiesbaden, 49–72.

Leuze, Kathrin/Martens, Kerstin/Rusconi, Alessandra (2007): New Arenas of Education Governance – The Impact of International Organizations and Markets on Education Policy Making. In: Leuze, Kathrin/Martens, Kerstin/Rusconi, Alessandra (Hrsg.): New Arenas of Education Governance. The Impact of International Organizations and Markets on Educational Policy Making. New York, 3–15.

Liesner, Andrea (2009): Von Pisa nach Bologna: Schöne Landschaften, düstere Aussichten? In: Bernhard, Armin/Dust, Martin/Kluge, Sven/Lohmann, Ingrid/Merkens, Andreas/Mierendorff, Johanna/Steffens, Gerd/Weiß, Edgar (Hrsg.): Jahrbuch für Pädagogik 2009. Entdemokratisierung und Gegenaufklärung. Frankfurt am Main, 93–103.

Lingard, Bob (2003): Where to in gender policy in education after recuperative masculinity politics? In: International Journal of Inclusive Education, 7/1, 33–56.

Lingard, Bob (2007): Pedagogies of indifference. In: International Journal of Inclusive Education, 11/3, 245–266.

Lingard, Bob/Douglas, Peter (1999): Men Engaging Feminisms. Pro-feminism, Backlashes and Schooling. Buckingham.

Lingard, Bob et al. (2002): Addressing the Educational needs of Boys (Research Report). Canberra.

Magarey, Kirsty (2004): Sex Discrimination Amendment (Teaching Profession) Bill 2004. Bills Digest no. 68, Canberra. Online-Ressource: http://parlinfo.aph.gov.au/parlInfo/download/legislation/billsdgs/UFLE6/upload_binary/ufle65.pdf;fileType=application/pdf (12.10.2010).

Matzner, Michael/Tischner, Wolfgang (2008): Auf dem Weg zu einer Jungenpädagogik. In: Matzner, Michael/Tischner, Wolfgang (Hrsg.): Handbuch Jungen-Pädagogik. Weinheim, 381–409.

MCEETYA (1997): Gender Equity. A Framework for Australian Schools. Canberra.

McKay, Belinda (Hrsg.) (1999): Unmasking whiteness: Race relations and reconciliation. Nathan, Qld.

Mills, Martin/Martino, Wayne/Lingard, Bob (2007): Getting Boys Education ‚right': the Australian Government's Parliamentary Inquiry Report as an exemplary instance of recuperative masculinity politics. In: British Journal of Sociology of Education, 28/1, 5–21.

Tomsen, Stephen/Donalson, Mike (Hrsg.) (2003): Male Trouble: Looking at Australian Masculinities. Melbourne.

Voigt-Kehlenbeck, Corinna (2005): Inszenierung qua Geschlecht. Ein Perspektivwechsel und seine Folgen oder: Geschlecht als Bewältigungsanforderung im Zeitalter der Entdramatisierung der Gegensätze. In: Rose, Lotte/Schmauch, Ulrike (Hrsg.): Jungen – die neuen Verlierer? Auf den Spuren eines öffentlichen Stimmungswandels. Königstein/Taunus, 93–116.

Weaver-Hightower, Marcus B. (2003a): The „boy turn" in research on gender and education. In: Review of Educational Research, 73/4, 471–498.

Weaver-Hightower, Marcus B. (2003b): Crossing the divide: bridging the disjunctures between theoretically oriented and practice-oriented literature about masculinity and boys at school. In: Gender and Education, 15/4, 407–423.

Weaver-Hightower, Marcus B. (2008): The politics of policy in boys' education: getting boys right. New York.

Yates, Lyn (1993): What Happens when Feminism is an Agenda of the State? In: Discourse: Studies in the Cultural Politics of Education, 14/1, 17–29.

Abkürzungen

BELS: Boys' Education Lighthouse Schools
BGIR: Boys: Getting It Right
GEF: Gender Equity Framework
MCEETYA: Ministerial Council for Education, Employment, Training, and Youth Affairs

Verzeichnis der Autorinnen und Autoren

Miguel Diaz, Soziologe M.A., seit Mitte der 1990er Jahre in der pädagogischen Arbeit mit Jungen und im Fortbildungsbereich mit Lehrkräften und pädagogischen Fachkräften tätig, ab 2001 Bildungsreferent bei der Jugendgerichtshilfe Stadt Aachen im Bereich tertiäre Gewaltprävention mit männlichen Jugendlichen und jungen Männern. Seit 2005 Projektkoordinator und Fachreferent des Projekts Neue Wege für Jungs, beim Kompetenzzentrum Technik, Diversity und Chancengleichheit e.V. in Bielefeld.

Aladin El-Mafaalani, Erstes und Zweites Staatsexamen in Politikwissenschaft, Wirtschaftswissenschaft und Pädagogik, Diplom-Arbeitswissenschaftler, Studienrat am Berufskolleg Ahlen (insbesondere berufliche Benachteiligtenförderung), Lehrbeauftragter und Doktorand an der Fachhochschule Dortmund und der Ruhr-Universität Bochum.

Edgar Forster, Prof. Dr., lehrt Erziehungswissenschaft und Gender Studies an der Universität Salzburg. Zu seinen Forschungsinteressen zählen Gender Studies und Männlichkeitskritik sowie die Analyse des Verhältnisses von politischen Akteuren, Ökonomie und Bildungsprozessen. Er ist Mitherausgeber des Jahrbuchs für Frauen- und Geschlechterforschung in der Erziehungswissenschaft.

Michael Kimmel ist Professor für Soziologie an der State University of New York in Stony Brook. Er ist Autor des Buches „Guyland: The Perilous World Where Boys Become Men" (2008) sowie von „Changing Men" (1987), „Men's Lives" (8. Aufl. 2009), „Against the Tide: Profeminist Men in the United States, 1776–1990" (1992), „The Politics of Manhood" (1996), „Manhood: A Cultural History" (1996; 2. Aufl. 2006) und von „The Gendered Society" (3. Aufl. 2008). Er ist Mitherausgeber von „The Encyclopedia on Men and Masculinities" (2004) und „Handbook of Studies on Men and Masculinities" (2004) sowie Gründer und Herausgeber der Zeitschrift „Men and Masculinities". Er und seine Frau und Co-Autorin Amy Aronson leben mit ihrem Sohn Zachary in Brooklyn, New York.

Felix Krämer ist wissenschaftlicher Mitarbeiter des Exzellenzclusters „Religion und Politik in den Kulturen der Vormoderne und Moderne" an der

Westfälischen Wilhelms-Universität Münster. Er hat 2007 ein Studium der Geschichte, Politik, Gender und Queer Studies an der Universität Hamburg mit der Magisterarbeit „Playboy tells his story. Hegemoniale Männlichkeit und Krisenszenario in den USA der 1970er Jahre" abgeschlossen. Seine Dissertation beschäftigt sich mit dem Thema „Geschlecht, Religion und soziokulturelle Ordnung in den USA zwischen 1969 und 1989".

Erich Lehner, Mag. Dr., Psychoanalytiker und Lehranalytiker im „Wiener Kreis für Psychoanalyse und Selbstpsychologie". Männer- und Geschlechterforschung sowie Palliative Care an der Universität Klagenfurt, Fakultät-IFF, Abt. Palliative Care und OrganisationsEthik. Arbeitsschwerpunkte: Gender und Schule, Männer in der Pflege (von Kindern, kranken Angehörigen), Gender und Palliative Care, Männlichkeit und Gewalt.

Claudia Mahs, Dr., ist Diplom-Pädagogin und seit 2009 Geschäftsführerin des Zentrums für Geschlechterstudien/Gender Studies der Universität Paderborn.

Michael May, Prof. Dr., lehrt an der Hochschule RheinMain Theorie und Methoden der Jugendarbeit, der Randgruppenarbeit und der Gemeinwesenarbeit; Studiengangsleiter des Masterstudiengangs Soziale Arbeit mit dem Schwerpunkt Sozialraumentwicklung/Sozialraumorganisation; Privatdozent für Allgemeine Erziehungswissenschaften am Fachbereich Erziehungswissenschaften der Goethe-Universität Frankfurt. Arbeitsschwerpunkte: Politik und Pädagogik des Sozialen, Diversity, Sozialraum.

Carrie Paechter ist Professorin für Erziehungswissenschaft an der Goldsmiths University of London. Ihre Forschungsinteressen konzentrieren sich auf Fragen der Verbindung von Geschlecht, Macht und Wissen und die Geschlechterthematik im Kontext von Schule (hier kommt ihr die Berufserfahrung als Mathematiklehrerin zugute). Sie versteht sich als an Foucault orientierte poststrukturalistisch und feministisch orientierte Wissenschaftlerin. Zuletzt erschienen zu diesem Themenbereich: „Educating the Other: gender, power and schooling" (1998), „Changing School Subjects: power, gender and curriculum" (2000), „Being Boys, Being Girls: learning masculinities and femininities" (2007) und „Girls and Education 3–16" (2010, hrsg. mit Carolyn Jackson und Emma Renold).

Rolf Pohl, Dr. phil., Professor für Sozialpsychologie am Institut für Soziologie an der Leibniz Universität Hannover. Zu den Arbeitsschwerpunkten gehören im Bereich der Politischen Psychologie die Themen Antisemitismus, NS-Täter und Fremdenfeindlichkeit sowie in der Geschlechterforschung die Themen Männlichkeit, sexuelle Gewalt und männliche Adoleszenz. Einschlägige Publikationen (Bücher und Aufsätze) zum Thema des Sammelbands: „Feindbild Frau. Männliche Sexualität, Gewalt und die Abwehr des Weiblichen" (2004), „Sexuelle Identitätskrise. Über Homosexualität, Homophobie und Weiblichkeitsabwehr bei männlichen Jugendlichen" (2005), „Genitalität und Geschlecht. Überlegungen zur Konstitution der männlichen Sexualität" (2007), „Männliche Sexualität und ihre Krisen" (2010), „Männer – das benachteiligte Geschlecht? Weiblichkeitsabwehr und Antifeminismus im Diskurs über die Krise der Männlichkeit" (2011).

Barbara Rendtorff ist Professorin für Schulpädagogik und Geschlechterforschung an der Universität Paderborn. Ihre Arbeitsschwerpunkte und Forschungsinteressen konzentrieren sich auf die Theorie der Geschlechterverhältnisse sowie auf die Frage, wie Geschlechterbilder und -stereotype tradiert werden und wie sie in komplexen gesellschaftlichen und pädagogischen Situationen wirksam werden. Veröffentlichungen zu diesem Themenbereich z. B. „Geschlecht und symbolische Kastration" (1996), „Kindheit, Jugend und Geschlecht" (2003), „Erziehung und Geschlecht" (2006), „Was kommt nach der Genderforschung?" (hrsg. mit Rita Casale, 2008), „Bildung, Schule und Geschlecht" (2011).

Thomas Viola Rieske studierte Psychologie und Geschlechterstudien in Berlin und Sydney und arbeitet zurzeit an einem Promotionsvorhaben zur Praxis von Jungenarbeit an der Universität Potsdam (gefördert von der Hans-Böckler-Stiftung). Zu seinen Arbeitsschwerpunkten gehören Sexualität und Geschlecht in der Pädagogik, Homo- und Transphobie, Rassismus und Drag.

Tim Rohrmann, Dr. phil., Diplom-Psychologe, lebt mit seiner Frau und seinen zwei Töchtern in Denkte an der Asse. Mitarbeiter der Koordinationsstelle Männer in Kitas an der Katholischen Hochschule für Sozialwesen Berlin sowie Leiter von Wechselspiel – Institut für Pädagogik und Psychologie, Denkte. Arbeitsschwerpunkte: Entwicklungspsychologie, Gender, Bildung, geschlechterbewusste Pädagogik in Elementar- und Primarstufe. Zahlreiche Fachveröffentlichungen unter anderem zu Jungenentwicklung und Gender in Kitas und Grundschule, unter anderem: „Gender in Kindertageseinrichtungen. Ein Überblick über den Forschungsstand" (2009),

"Zwei Welten? Geschlechtertrennung in der Kindheit: Forschung und Praxis im Dialog" (2008), „Echte Kerle. Jungen und ihre Helden" (2001), Rohrmann, Tim/Thoma, Peter: „Jungen in Kindertagesstätten. Ein Handbuch zur geschlechtsbezogenen Pädagogik" (1998).

Sigrid Schmitz studierte Biologie in Aachen und Marburg; 1998 Habilitation über Geschlechterunterschiede in der Raumorientierung. Von 1999 bis 2009 arbeitete sie am Institut für Informatik und Gesellschaft der Universität Freiburg. Zusammen mit Prof. Britta Schinzel leitete sie das Kompetenzforum „Genderforschung in Informatik und Naturwissenschaft [gin]"; 2002–2009 Hochschuldozentin an der Universität Freiburg; Gastprofessuren zu Genderforschung in den Naturwissenschaften und transdisziplinärer Geschlechterforschung in Graz (Sommersemester 2003), an der HU Berlin (Sommersemester 2008), an der Universität Oldenburg (Wintersemester 2009/10); seit März 2010 ist die Professorin für Gender Studies an der Universität Wien. Letzte einschlägige Veröffentlichungen: „Geschlechterforschung und Naturwissenschaften: Einführung in ein komplexes Wechselspiel" (hrsg. mit Smilla Ebeling, 2006), „Geschlecht zwischen Determination und Konstruktion: Auseinandersetzung mit biologischen und neurowissenschaftlichen Ansätzen" (2009).

Olaf Stieglitz, Dr., vertritt gegenwärtig den Lehrstuhl für Nordamerikanische Geschichte an der Universität Erfurt. Arbeitsschwerpunkte: Sozial- und Kulturgeschichte der USA, vor allem im 20. Jahrhundert; Geschlechter- und Körpergeschichte; Geschichte und Film; Kulturgeschichte von Denunziation und Verrat. Veröffentlichungen unter anderem: „Väter, Soldaten, Liebhaber. Männer und Männlichkeiten in der nordamerikanischen Geschichte. Ein Reader" (hrsg. mit Jürgen Martschukat, 2007), „Geschichte der Männlichkeiten" (hrsg. mit Jürgen Martschukat, 2008); zahlreiche Aufsätze in Zeitschriften, Sammelbänden und Lexika.

Ahmet Toprak, Prof. Dr., Diplom-Pädagoge, ist Professor für Erziehungswissenschaft an der Fachhochschule Dortmund, Fachbereich Angewandte Sozialwissenschaften, zuvor: 1998–2002 bei der AWO-München als Anti-Aggressivitäts-Trainer, 2002–2007 Aktion Jugendschutz (Bayern) als Referent für Gewaltprävention.